KB169301

역사, 길을 품다

역사, 길을 품다

풍찬노숙에 그려진 조선의 삶과 고뇌

강민구
강석화
김대길
김종서
설석규
오수창
이선희
이지양
차미희
최기숙

글항아리

■차 례

길을 떠나기 전 • 7

열 갈래 인생길이 펼친 한 권의 조선시대

조선시대는 우리에게 호기심과 상상력을 자극하는 역사와 전통의 시대다. 멀지 않은 과거지만 생활문화를 형성하는 모든 기본적 요건이 지금과는 현저히 달랐기 때문이다. 풍성하고 고아한 선의 한복이나 반듯하게 접은 한지에 정갈한 해서체로 적은 한문책으로 기억되는 조선시대는 현대인이 선망하는 유기농 채소와 목조건물, 흙길과 도보의 시대이기도 했다. 목숨을 초개같이 버렸어도 충과 열이라는 명분만 있다면 기려지고 숭앙받던 삼강의 시대였으며, 감히 거스를 수 없는 반상의 서열이 엄존하던 시대였다. 오늘날의 의사나 과학자, 엔지니어, 예술가 등이 천민으로 폄하되던 인문학 제일주의의 시대이기도 했다.

겉으로 보기에 조선시대는 지금과는 전혀 다른 이질적 문화의 시대였음이 분명하다. 그렇다면 조선시대는 진정 우리에게 영원히 낯선 타자의 시대일까? 더 먼 고조선이나 삼국시대, 고려시대가 아닌 조선시대를 승계해야 할 전통의 대상으로 생각하면서도 정작 그 시대를 살아간 사람들의 구체적인 모습이 낯설기만 하다면, 거기에는 일정 부분 조선시대를 연구하고 공부해온 학자들에게 책임이 있을 것이다. 반면 풍성하고 넉넉한 표정으로 시정 문화를 즐기는 김홍도의 풍속화가 친근하게 여겨지고, 메마른 목청으로 시련의 세월을 길어 올린 듯한 판소리 가락에 마음이 끌린다면, 여전히 우리에게는 조선시대의 생동감 넘치는 삶을 기꺼이 이해할 수 있는 가능성이 자리하고 있는 것이다.

이 책은 이런 소소하지만 근원적인 문제에 구체적으로 접근하기 위해 서로 다른 전공의 연구자 열 명이 모여 조선시대 생활 현장을 생동감 있게 이해할 수 있도록 마련해보았다. 조선시대를 설명하는 추상적인 이론을 제시하는 대신, 실제 그들 삶의 이모저모를 구체적인 인물이나 사건, 대상을 중심으로 소개함으로써 조선의 실체를 경험하게 하자는 것이 이 책의 취지이자 바람이다. 그리고 그 길은 조선시대를 살아간 이들이 실제로 겪은 열 가지 인생길에서 채택됐다.

오늘날의 입시 열풍이나 취업·고시 열풍 못지않게 조선 선비들의 무한 열정을 자극하던 과거길에서부터, 평민의 행색으로 민심을 직접 파악하고 부패한 관리들을 처벌했던 암행어사가 직접 걸었던 행로, 뚜렷한 명분도 없이 어명을 받고 오지로 떠나야 했던 청천벽력의 유배길, 선비들이 의견을 모아 격식을 갖춰 전하던 상소길, 회한과 고통 그리고 그리움으로 아내를 저세상으로 떠나보낸 장례길, 목숨을 걸고 압록강을 건너 적의 정보를 입수하기 위해 위장을 하고 염탐에 나섰던 첩보길, 부와 명예를 뒤로 하고 평생 고통받게 했던 질병을 치료하기 위해 떠났던 절망의 요양길, 봇짐 하나 들고 팔도를 횡단하며 마을과 마을의 소식을 덤으로 전해주던 보부상길, 업무 때문에 타지인 한양에 나와 있다가 고향이 그리워 잠깐 떠난 하급관리의 휴가길, 매일매일 찾아오는 손님 치르기 바빴던 지방 수령의 마중길 등 조선시대를 몸으로 살았던 사람들의 실제

이야기들을 펼쳐놓은 이유가 여기에 있다.

 읽다보면 어느새 조선시대는 먼 과거의 옛일이 아니라 바로 눈앞에 펼쳐진 현재의 풍경처럼 손으로 만져질 듯 생생하다. 그것은 전통과 역사의 대상이 되어버린 조선시대의 풍경이 오늘날에도 우리 삶 속에 살아 있는 무엇과 연결돼 있기 때문일 것이다. 삶의 태는 바뀌었어도 살아가는 이유나 속내는 여전히 변하지 않은 채 우리 삶의 핏줄 속에 이어져 내려오는 것이다. 이 책이 전하는 사람살이의 열 갈래 길은 그것이 우리의 변하지 않는 모습이며 문화적 유전자라고 말해주는 것이다.

 사람이 살아가는 한 인생길은 무한히 지속된다. 어느 곳이 머물 만한 곳이며 무엇이 가치 있는지 생각하는 바로 그 순간, 역사와 미래를 잇는 시간의 이정표가 창조된다. 조선시대 사람들이 두 발로 걷고 디딘 삶의 현장을 따라 책장을 넘기면서 의미 있는 한 발을 어디에 디딜지 마음으로 알아갈 수 있기를 바란다.

 자기만의 인생길을 찾는 모든 분께, 그리고 사라지지 않는 빛으로 그 길을 터준 옛사람들께 이 글을 바친다.

2007년 8월 저자들 씀

첩보길

목숨을 건 외로운 길
후창군 장교들의 만주지역 정탐기

강석화

이날 해는 불같이 뜨겁고 세 사람 모두 너무 피곤해 강물이 맑고 모래가 깨끗한 곳에서 쉬었다. 저녁때까지 움직이지 못했으며 그 자리에 앉아 밥을 지어 먹고 노숙했다. 한 달 가까이 산길을 다니느라 심신이 피곤했지만 "옛말에 이른바 돌베개 베고 냇물로 입가심한다는 것이 오늘의 일이다"라며 여유를 부리기도 했다.

1872년 5월 30일, 평안도 후창군수 조위현의 밀명을 받은 최종범, 김태홍, 임석근 세 장교는 관아를 떠나 죽전리에 있는 주중겸의 집에 도착해 준비해둔 비품을 인계받았다. 최종범은 수향이며 좌채장(관청의 행정 책임자)을 역임했고 김태홍은 무과출신으로 조방장(주장을 도와서 적의 침입을 방어하는 장수)을 지낸 바 있다. 임석근 역시 무인이며 중국어에 능숙했다. 비품은 미숫가루와 곡식, 취사용 솥, 나침반, 청심환과 소합원, 몇 권의 한지, 동전 등이었다. 이튿날 오후, 이들은 후창군 하산면 금창리 상류 오구배의 인적 없는 곳에서 압록강을 건넜다. 대안지역의 사정을 정탐하는 임무를 띠고 있어 남의 눈을 피해야 했다.

　　조위현이 이들을 특별 선발해 보낸 까닭은 무장한 청인들의 후창 침입 사건이 여러 번 있었기 때문이다. 후창군은 조선초기에 여진인을 몰아내고 개척한 사군(자성, 여연, 무창, 우예)의 동쪽지역이다. 한때 행정중심지를 폐지하고 주민들의 거주를 금했으나 18세기 이래 이주민이 늘고 개간지가 확대되자 1863년(고종 6)에 다시 군郡을 두었다. 한동안 행정력이 미치지 못하는 틈을 타 압록강 건너편의 청인들이 무리지어 월경해 벌목하는 일이 잦았다. 그러나 1871년에 새로 부임한 군수 조위현이 이를 엄금하자 청인들이 크게 반발해 충돌이 일어난 것이다.

조선의 스파이, 청나라로 떠나다

1871년 10월 20일 밤, 청인 70여 명이 두지동 산간에 몰래 모여들자 후창군수는 군사들을 보내 이들을 쫓아냈다. 그러자 11월 9일 700~800명의 무리가 두지동 건너편에 집결했으며, 11월 24일에는 이들 중 400~500명이 강을 건너 쳐들어와 민가 28호를 불태우는 소란을 피웠다. 청인들의 침입은 이전에도 간간이 있었다. 압록강 부근에서 인삼을 캐거나 사냥하던 청인들은 강변의 파수처 장교나 군사를 납치해 인질로 삼고 식량이나 소금을 요구했다. 하지만 총으로 무장하고 깃발까지 내걸며 수백 명이 쳐들어온 사건은 전례 없는 일이었다.

군사들을 징발해 이미 방어 태세를 갖추고 있던 후창군수는 곧바로 반격해 9명을 사살하고 10여 명에게 중경상을 입혀 격퇴시켰다. 1866년의 병인양요와 1871년의 신미양요를 거치면서 외세 침입에 대비해 방어 태세를 갖추어왔고, 후창에도 특별무과를 실시한 바가 있어 주민들을 무장시켜 동원하는 일은 쉬웠다.

강 건너로 쫓겨난 청인들은 일단 두지동 건너 금창리 부근에 재집결했으나 후창군수가 병력을 추가 징발하고 강변에 대한 경계를 늦추지 않자, 다시는 침범하지 않으리라는 서약서를 보내고 해산했다.

조정에서는 이 사실을 청에 알려 서약서에 적힌 우두머리의 명단을 통보하면서 강변 거주자들을 엄히 단속해줄 것을 요구했다. '즉시 재발 방지에 노력하겠다'는 청의 회신이 도착했으나 실질적인 조치는 없었다. 후창군수가 직접 나서는 수밖에 없었다. 비록 침공한 청인들을 무력으로 격퇴하는 데 성공했지만 재침입할 가능성이 컸다. 그 지역 사정이 어떠한가를 탐문하기 위해 군수는 장교들을 정탐객으로 파견하기에 이르렀다.

"압록강 이북의 실체를 파악하라"

정탐의 주요 목적은 지역별로 조선인과 청인의 가호 및 인구, 생계 수단, 총기류의 숫자 및 관리 실태를 파악하는 것이었다. 더불어 조선인들이 자꾸 압록강 건너편으로 월경하는 이유도 알아내야 했다. 1860년대 후반 함경도와 평안도 북부지역에 널리 유행했던 승지고인설勝地高人說의 진위와 지역 주민에게 미친 영향도 조사 대상이었다. 후창군의 압록강 건너편 어느 곳에 나선동羅善洞, 양화평楊花坪, 옥계촌玉鷄村이라는 천하의

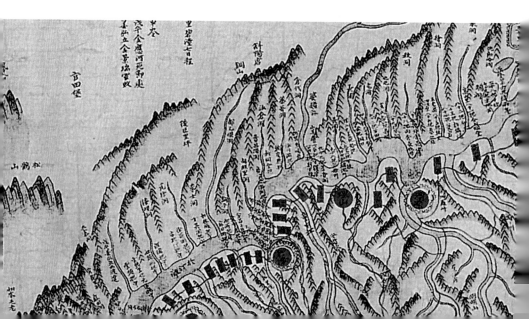

명승지가 있고 그곳에는 채선생, 곽장군, 갈처사, 김진사 등 영웅이 있으므로 이주해서 살기 적당하다는 이야기가 나돌고 있던 터였다. 많은 주민이 이를 믿고 월경을 감행해 사회적인 문제가 되었는데, 그들이 건너가 어떻게 자리잡고 사는지, 승지고인설은 과연 근거 있는 소문인지를 확인할 필요가 있었다.*

활동은 비공식적으로 이뤄졌다. 관령에 따른 행동이었고 휴대 물품도 관에서 미리 준비해준 것이며 40여 일 활동하면서 숙식비를 빼놓지 않고 지불할 정도로 자금도 넉넉했다. 그러나 후창군수나 평안도 관찰사 혹은 평안병사가 이들을 보냈다는 기록은 없었다. 이들의 신분을 보증할 수 있는 관첩이나 공문도 발급된 바 없으며 파견 사실을 청에 알리지도 않았다. 문자 그대로 밀정密偵이자 스파이였던 것이다.

선발된 이유도 밝혀져 있지 않다. 이들은 좌채장이나 방장을 지낸 적이 있고 청인들과의 싸움에서 맹활약해 조선인은 물론 청인들에게도 널리 알려진 유명 인사들이므로 비밀 정탐원으로 적당하지는 않았다. 그러나 경유지의 지리, 대화 및 문견 내용을 바르게 기억하고 적을 수 있는

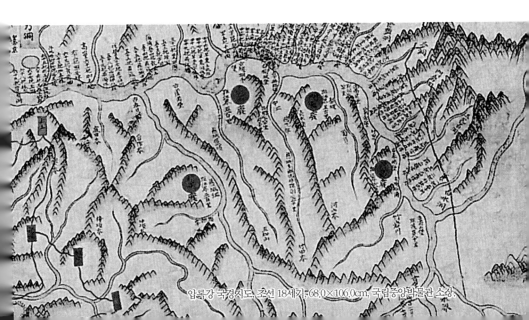

압록강 국경지도 조선 18세기 68.0×106.0㎝ 국립중앙박물관 소장.

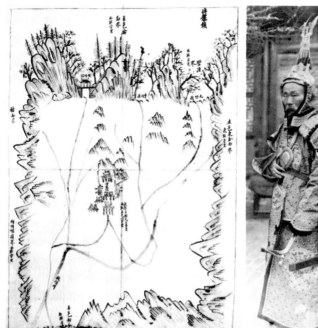

고종대 압록강 유역에 위치했던 조선 군진(軍陣) 배열도와 19세기 말 청나라 무사의 모습.

지적 수준, 청인들과의 의사소통 능력, 도보로 험난한 지역을 장기간 강
행군할 수 있는 체력 등의 조건은 첩보원으로 발탁하기에 충분했다.

　6월 1일 금창리를 떠난 일행은 건너편 마록포에 닿자마자 사금을 채취
하고 있던 조선인, 청인들과 마주쳤다. 청인들이 강을 건너온 이유를 묻

＊ 이들이 다녀와서 제출한 정탐 보고서에는 날짜별로 날씨와 이동 거리 및 방향, 특이한 지형지물
과 주변 형세 및 지명, 대화와 견문 내용이 상세히 실려 있다. 비를 맞으면서 한데 잠을 자고 길을 잃
어 헤맨 적도 있어 매일 기록하긴 어려웠을 듯하며, 조금씩 적거나 기억해뒀다가 귀환 후 종합적으
로 정리한 것으로 보인다.

자 거짓으로 둘러댔다. "별세계가 있다는 말을 들어 진경을 찾아다니는 중이오." 하지만 청인들은 절대로 보내줄 수 없다며 이들을 억류했다. 강을 건너온 조선인 중에 도둑이 많아 단속하고 있다는 것이다. 지난달부터는 주민자치 조직까지 만들어 회상會上, 회두會頭, 통수統首 등 우두머리까지 정했다고 했다. 일행은 임호범이라는 사람의 집에 구금됐는데 그는 몇 년 전 금창리를 통해 월경한 인물이었다. 최종범이 임호범과 오래전부터 사귄 우의가 있어 생면부지인 것보다는 나았지만 마음을 놓을 수는 없었다.

압록강 도강부터 맞은 첫번째 위기

강을 건너온 둘째 날, 일행은 큰 곤욕을 치렀다. 정탐은 고사하고 목숨까지 잃을 뻔했다. 저녁 무렵에 50여 명의 청인들이 총과 몽둥이를 들고 나타나 "교전 시에는 원수처럼 우리들을 쏴죽이더니 무슨 속셈이냐"며 때려죽일 듯이 위협했던 것이다. 이들은 최종범과 김태홍이 채장과 방장을 지낸 것도 이미 알고 있었다. 이들의 말을 알아들은 임석근은 "우리는 조선에서 채장이나 방장을 할 때 성심을 다해 봉직했던 것처럼 이곳에 와서 살게 되면 역시 최선을 다해 어울릴 것이다"라며 변명했다. 거기다 애걸까지 했다. "죄 때문에 직책에서 쫓겨나고 문책을 당해 조선에서 살 마음을 버리고 인심 좋다는 소문을 듣고 이곳에 옮겨와 살려고 하니 우리를 구타하거나 죽이는 건 대국인의 풍도가 아니다."

임석근의 변명은 통했다. 회상의 통수인 청인 이서팔과 가호假胡, 즉 청인 행세를 하는 조선인 통수 추성률, 김성필 등은 일행을 풀어주면서 통행증명서까지 만들어줬다. "이 지역 사람들은 수건으로 머리를 싸매고 다니기로 결정했으니 옷과 갓을 벗고 머리는 수건으로 싸매고 다니시오"라는 충고도 잊지 않았다. 기존 복색으로 다니면 봉변을 당할 수 있다는 것이다.

본격적인 정보 입수에 돌입

위험한 순간을 면했을 뿐더러 통행첩까지 받아 신변의 안전을 보장받게 된 일행은 옷을 바꿔 입고 의관을 임호범의 집에 맡겨두었다. 이튿날 일행은 마록포를 출발해 본격적인 탐사활동에 나섰다. 먼저 북쪽으로 20리 떨어진 혈암평에서 이 지역의 도회두 신태를 만나 기본 정보를 파악했다.

신태는 10여 년 전에 월경한 조선인으로 청인 행세를 하고 있었다. 일행은 그의 환심을 사기 위해 청심환 두 알, 소합원 일곱 알, 백지 한 권을 선물하면서 말을 건넸다. "당신이 이역에 살면서도 조선인들을 위해 많은 활동을 펼쳐 수천 명을 구해냈다는 사실을 후창에서 들었다. 군수도 당신의 선행을 높이 평가해 표창하려 한다." 이 말을 듣자 신태는 매우 기뻐하면서 자신이 관리하고 있는 회상의 장부를 일행에게 보여줬다. 거기에는 인정의 성명과 인원, 병기의 수량이 적혀 있었는데 일행은 내용을 모두 암기해버렸다.

"함경도 삼수군 인차외보仁遮外堡의 건너편에서 후창군 마지막 경계의 건너편 청금동에 이르기까지 400리 연변에 18개 부락이 있으며 하나의 회상을 이루고 있다. 회두는 조선의 이임里任*에 해당하고 도회두는 풍헌風憲**의 일을 맡는다. 이 지역에 사는 조선인 가구는 모두 193호이고 인구는 1673명, 청인들의 집은 163호이고 주민들의 성명은 적혀 있지 않았으며 군인이 310명이다. 무기는 호총 85자루, 대총 20자루, 조선인의 조총 48자루가 있는데, 이 가운데 조선인들의 총만 입동立冬이 되면 거두어 회두의 집에 모아뒀다가 이듬해 한식 때 나눠준다. 입동 무렵 압록강이 얼면 조선에서 이 지역을 공격할 가능성이 커지는데 그때 이곳 조선인들이 호응해 청인들을 공격할까 우려했기 때문이다. 조선인들의 직업은 농사짓기, 산삼 채취, 사냥, 사금 채취, 삼포蔘圃(삼밭)에서 일하기 등이며 열에 아홉은 호인들에게 예속되어 있다.”

4일 40리를 이동한 일행은 칠도구 경계 끝에 이르러 방성민의 집에 묵었다. 그는 3년 전에 월경한 무산의 향족인데, 신선세계니 선인이니 하는 말은 모두 허황된 이야기니 얼른 돌아가라고 권고했다.

5일에는 북쪽으로 50리를 지나 물을 건넜고 다시 동쪽으로 7리를 이동했다. 그날은 오도구의 깊은 골짜기 청금동, 무산의 향족 출신 박문권의 집에 묵었다. 그는 청인에게 고용돼 벌목한 나무를 물길로 운송하는 일을 하고 있었는데 파강에서 봉황성을 지나 평안도 용천부 건너의 고산까지 오가는 데만 꼬박 1년이 걸린다고 했다. 또한 향마적響馬賊에게 조선인 집 일곱 채가 몰살당한 일도 있었음을 알려줬다. 일행은 마적에 대해서는 금시초문이었다. 압록강변에서는 그의 횡포에 대한 소문이 많지 않

* 조선시대에 지방의 동리에서 호적에 관한 일과 그 밖의 공공 사무를 맡아보던 사람
** 조선시대에 유향소에서 면(面)이나 리(里)의 일을 맡아보던 사람

앉던 반면 북서쪽으로 갈수록 점점 자주 들렸다. 그러다가 그들로부터 피해 입은 사람을 직접 목격하자 일행은 귀환을 떠올리기도 한다.

공교롭게 이날 최종범의 가슴과 배에 통증이 와 하루 더 머물 수밖에 없었다. 하지만 오래 쉴 수는 없는 터라 이틀 후 고통을 무릅쓰고 출발했다. 화개산을 향해 가다가 길이 막히자 미숫가루를 물에 타 마시고 나무 아래에서 노숙했다.

8일, 화개산을 올라 서북쪽으로 40리를 가니 판내동 곧 삼도구에 이르렀으며, 2리를 더 가 김여옥의 집에서 묵었다. 무산 출신인 그는 1862년(철종 13) 백두산 중턱에서 사냥을 했지만 빚만 져 그냥 눌러앉았던 인물이며, 청인 행세를 하고 있었다.

일행을 만나자마자 김여옥이 말을 꺼냈다. "그대들은 땅을 살피기 위해 왔다고 하지만 나는 그대들이 온 뜻을 알고 있소. 지난번 연경燕京에서 차원差員*이 와서 살피고 갔고, 자성(평안지역 사군 중 하나)에서도 와서 탐문한 적이 있소. 그대들은 후창의 탐객이 아니겠소?" 정체를 이미 알고 있다는 뜻이다. 김여옥은 지난해 교전할 때 호인들에게 내몰려 억지로 끌려가게 됐다고 털어놨다. 두지동 침범사건 참여자가 청인들만은 아니었던 것이다. 그는 일행에게 당시 전투의 상황을 자세히 알려줬다.

김여옥에게 중요한 정보를 캐내다

"청의 군사가 많았지만 화약과 탄환이 모두 떨어져 후창군의 병력만으로도

---

* 어떤 임무를 맡겨 다른 곳에 파견한 사람

이들을 강변에서 몰아낼 수 있었을 것이오. 헌데 월경을 금지하는 법에 얽매여 멀리까지 출격하지 못했으며, 약속 문건을 받자 진을 파해버려 아주 안타까웠소. 조선군이 강을 건너오지 않자, 이 지역의 청인과 조선인들은 후창의 군사들이 범금에 얽매여 절대로 쳐들어오지 못할 것이라 생각하고는 가을에 다시 후창을 공격하기 위해 무장을 갖추기 시작했소.

이 지역의 청인들은 조선과 청 양측에서 협공받을 것을 우려하고 있소이다. 조선은 두지동 전투에 관련된 청인들의 명단을 청 예부에 통보했고 북경에서는 사건의 내용을 조사한 적이 있는데, 이를 두고 거주민들은 양국에서 이곳을 협공하려는 의도가 있다고 보는 것이오. 만일 그런 일이 벌어진다면 차라리 귀국해 형벌을 받고 죽는 게 여기에서 피살되는 것보다 나을 것이니, 혹 그런 기미가 있으면 미리 알려주시면 고맙겠소."

그는 자기가 조선인 200여 호의 실질적인 우두머리이므로 그들의 신변안전도 보장해줄 것을 요청하면서 대회두인 자신의 부친 김원택이 파악하고 있는 인원과 병장기가 기록된 책을 보여줬다.

"청금동 아래 삼도구에서 왕절로까지 150리 지역에 조선인 가옥 277채, 인정 1465명, 조총 74자루, 청인들의 집 222채, 남정 792명, 대총 20자루, 호총 216자루가 있다. 그 지역의 청인 우두머리는 왕양춘王陽春, 한오정韓五亭, 이만성李萬成, 유실인자柳實仁子 등 4인이고 각각 왕절로往絶路, 죽암동竹嚴洞, 판내동구板乃洞口, 이도구구二道溝口를 관장하고 있다."

이 가운데 왕양춘과 한오정은 두지동 침범사건의 주동자로 후창군수

삭막하게 아름다운 밤하늘을 지나 첩보객 일행은 계속 북쪽 내륙으로 이동했다.

에게 다시는 침범하지 않겠다는 맹세와 연명서를 올렸던 인물들이었다. 중요한 정보를 입수한 것이다.

비가 계속 오는 바람에 다음날 일행은 출발을 미루고 김여옥의 집에 머물러 계속 정보를 수집했다. 그러다가 최종범은 "1863년 고종이 즉위한 이래 정치가 나아져 양화평이니 옥계촌이니 하는 설이 이미 사라졌다"며 김여옥에게 귀국을 종용했다. 길지를 찾아온 탐객이라는 자신들의 주장을 스스로 부인한 것으로 신분을 노출해버리고 만 것이다.

"현지에 남아 있으면 수백 호의 우두머리 노릇을 하니 작은 수령보다 권력이 나은데 귀국하면 무엇으로 살아가겠습니까?" 김여옥은 돌아가기 어려운 이유를 설명했다. 게다가 청의 변경지역 단속은 유명무실했다.

그 지역에 거주하는 주민들을 쫓아낸다며 관원들이 온다 해도 돈을 모아서 주면 무사했기 때문에, 군대가 동원될 경우도 마찬가지일 거라 예상했다. 청은 압록강변 거주나 개간을 금지했고 여러 번 관원을 보내 강변지역 거주민들을 적발하고 이주시킨 적이 있다. 그러나 19세기 말에는 단속도 지극히 형식적인 것이 돼버렸다. 즉, 김여옥은 현명한 선택을 했던 것이다.

김여옥은 "청인들이 무리를 지어 월경해 후창, 자성, 삼수, 갑산 등지에서 함부로 벌목하는데도 아무도 단속하지 않아 분개했습니다. 조선의 지방관이라도 뒤늦게 이를 금하려 한 것은 잘한 행동입니다"라고 평가했다. 또 교전 시에 만약 후창의 군사들이 도강渡江해왔다면 현지의 조선인들도 일어나 청인들을 도륙했을 것이라고 했다. 그러나 그곳에는 강계출신 권실과 무산 출신 김이정 같은 이도 있었다. 그들은 현지 조선인들을 억지로 전투에 참여시키고 거부할 경우 가족을 볼모로 삼거나 심지어는 가옥에 불을 지르기도 하면서 청인들의 앞잡이 노릇을 했다. 조선인들 간에도 현지 적응 방식을 둘러싸고 갈등이 있었던 것이다.

최종범은 대화의 주제를 돌려 무산에서 후주에 와 살다가 범월犯越*한 안봉룡의 안부를 물었다. 김여옥은 "그는 사학邪學, 천주교에 빠져 주변 조선인들에게까지 영향을 줄까 우려돼 그해 봄 마을 밖으로 쫓아냈습니다. 지금은 홍실라아자紅實羅阿子에 살고 있습니다"라며 알려줬다. 천주교 박해의 여파가 이 지역까지 미쳤고 또 압록강 대안지역에도 천주교가 전파되었음을 알 수 있었다.

---

* 남의 국경을 침범하거나 남의 나라에 몰래 들어감

10일 일행은 서쪽으로 50리를 지나 장돌리에 사는 풍헌 김여백의 집에 들렀다. 무산에서 후주로 이주해 살다가 4~5년 전에 월경한 인물로 최종범 등과 일찍이 친분이 있었다. 그도 "길지설은 모두 허황된 것이니 얼른 돌아가라"고 권했다. 이튿날 강물을 따라 80리를 이동해 고려성高麗城을 지났다. 그곳에서 서쪽으로 두도구까지 10리쯤 돼 보였으나 청인 우두머리 왕양춘의 양자가 된 권실이 사람들을 모아 사금을 채취하고 조선인들을 해치려 한다는 이야기가 들려 가보지 못했다. 성 아래 사는 청인 진재동의 집에 묵으면서 길지니 영웅이니 하는 설이 허황된 것임을 확인했다. 조선인과 청인 모두에게 정보를 수집해 종합적인 결론을 내리려 한 것이다. 청인에게 고용된 조선인들은 어디서나 볼 수 있었는데 조선인은 김원택의 회상에, 청인들은 왕양춘에게 매여 있다는 것을 알았다.

북쪽으로, 다시 서쪽으로

12일, 비가 추적추적 내리기 시작해 출발이 늦어졌다. 압록강변을 벗어나 북쪽으로 떠났는데, 30리 길이 굽이굽이 돌아가는 길인데다 5리, 10리를 가야 집이 보일 정도로 인가가 아주 드물었다. 마침 인적 없는 곳에서 날이 저물어 시냇가에서 노숙했는데 밤비는 쓸쓸히 내리고 계곡 물소리는 더욱 시끄러웠다. "만약 다른 사람이 우리를 봤다면 '세 귀신이다' 하고 외치면서 놀라 도망쳤을 것이다"라고 일기에 적었다. 밤새도록 비가 내려 잠을 한숨도 못 이루고 아침밥도 먹지 못한 채 이튿날 길을 떠났다. 하루 종일 40리를 걸어 닿은 곳은 유거우자楡巨于子였다. 진재동의 집에서 물길을 거슬러 북쪽으로 70리 떨어진 곳인데, 그 사이에 여울을 37

개 건넜고 청인들의 집이 34채, 조선인 가옥이 27채가 있음을 확인했다.

청인들은 집마다 조선인을 부리고 있었으며, 자기 집을 갖고 있던 조선인들조차 청인에게 매여 있기는 마찬가지였다. 범월한 조선인들이 청인의 노예 노릇하는 것에 대해 일행은 "나라를 배신한 자들의 처지가 나빠진 것은 당연하다"고 평했다. 월경인들에 대한 시각이 좋을 리가 없었던 것이다.

이날은 왕파두王把頭라는 청인의 집에 머물렀다. 김태홍이 눈병을 앓아 밤새 잠을 이루지 못하자 "세 사람이 귀뚜라미나 노래기처럼 의지하여 이역에서 서로 안쓰러워하니 형제끼리 가엾어하는 정도가 아니었다"라며 걱정하는 마음을 일기에 적었다. 이역에서 첩보활동은 외로움과 매사의 걱정거리를 동반했다.

추적추적 비가 계속 내렸다. 갈 길은 한참인데 14일에도 출발은 지연됐다. 길을 떠나 서쪽으로 큰 고개를 넘었다. 이 고개를 기준으로 남쪽 압록강 방향을 영전嶺前, 북쪽 파강 방향은 영후嶺後라 부른다 했다. 매우 험준해 20리를 가서야 겨우 고갯마루에 도착했다. 미숫가루로 요기하고 북쪽으로 10리를 더 갔지만 아직 중턱에밖에 못 미쳤다. 하늘을 가릴 정도로 무성한 숲 때문에 앞으로 나가지 못하고 나무에 의지해 노숙했다.

다음날 20리쯤 이동하니 왕구에 도달했고, 5리쯤 더 가니 소구가 나왔다. 울창한 숲속에 있는 팔두강八頭江 근원을 건너니 비로소 청인들의 집이 보였다. 청인과 그들이 부리는 조선인은 사냥, 농사, 인삼 재배에 종사하고 있었다. 무산에서 온 허유사라는 인물을 만나 지형과 인구에 대해 물으니 "80리 골짜기에 청인들의 집이 20여 채, 조선인은 6호가 산다"고 했다.

정담길은 계속 서쪽 방향으로 이어져 삼천동에서 다시 40리를 이동해 팔두강가에 이르렀다.

16일에는 북쪽으로 6~7리 길을 가다가 고개 아래에서 통순통사通巡通使가 오갈 때 사용하는 큰길을 만났다. 그 길을 따라 서쪽으로 40리를 이동하니 통사가 오갈 때 접대하는 빈집이 나왔다. 그곳에서 하룻밤을 묵었다.

이튿날 서쪽으로 20리 고개를 내려갔으나 인가는 없었다. 일행은 미숫가루로 요기를 하고 가던 길로 10리를 더 가니 홍실라아자에 도착했다. 이곳에는 인삼밭이 많은데 모두 흰색 서양목으로 덮여 있었다. 서양에서 들여온 무명이 인삼밭 그늘막으로 널리 쓰이고 있었던 것이다. 인삼밭 주인인 청인 유성운의 집에 찾아가 길지와 진인에 대해 묻고 허황된 이야기임을 재차 확인했다.

"가난한 거지들", 또 한 번 죽을 고비를 넘다

18일의 정탐길은 서쪽 방향이었다. 30리를 가 삼천동三千洞에 닿았는데 20여 호의 청인들이 모두 인삼 재배를 하고 있었다. 삼밭의 면적은 2~3일 갈이나 5~6일 갈이였으며 역시 흰 서양목으로 덮여 있었다. 조선인들은 청인에게 고용살이하고 있었으며 가정을 이룬 경우는 없었다.

다시 40리를 이동해 팔두강가에 이르렀다. 영전에서 압록강으로 흘러가는 물줄기는 도구道溝라 하고 영후의 파강으로 향하는 물은 두강頭江이라 부르니 팔두강은 영후의 여덟번째 강이라는 뜻이라 했다. 경치가 좋고 물이 맑아 골짜기마다 살 만한 곳이었다. 이날은 왕파두의 집에 묵었다.

비가 자주 왔다. 19일 출발이 늦어진 것 역시 비가 내린 탓이었다. 15리를 가서 팔두강물이 파강에 합류하는 곳에 닿았는데 포도천暴濤川의 물소리가 커서 옆에서 큰소리로 말해도 들리지 않을 지경이었다. 아주 좁다란 강변길을 따라 2~3리 이동해 80리에 달하는 파저평, 혼강평에 이르렀다. 일행은 알봉_{訐峰} 아래에 사는 청인 왕보태_{王保太}의 집을 방문했는데 그는 영후 회상 중 대회두였다.

왕보태는 자기 관할 아래 수천 명이 있다고 떠벌였으며 조선인은 모두 청인의 고용살이를 하는데 지난겨울 이래 400여 호가 홍호적에게 약탈당하고 부녀자 수백 명이 납치됐는데도 계속 이주해온다고 알려줬다. 마적의 횡포가 컸음을 알 수 있었다.

왕보태의 집에도 고용살이하는 조선인 7~8명이 있어 이곳 생활이 어떠한가 물어봤다. "청인들은 빚을 주면서도 이자에 대해서는 말하지 않고 초면에 꿔달라고 청해도 어렵다 하지 않는다. 또 떼어먹고 도망해도 찾아오지 않는다. 겉보기에는 이들이 주인이지만 먹고 입는 것은 우리다. 우리는 이들을 옷이나 밥주머니로 본다. 이 때문에 이곳에 머물고 가지 않는 것이다." 이주한 조선인들은 비록 청인의 노비와 같은 처지였으나 생계가 보장됨을 기쁘게 생각하고 있었다.

이들은 또한 "근래에 조선인이 아주 많이 와 청인들은 해침을 당할까 우려하고 있다. 길을 막고 물건을 빼앗는 일도 있으니 당신들 일행도 위험하다"는 경고를 덧붙였다. 이 말을 듣자 일행은 바늘방석에 앉은 듯 두려움에 떨었다. 때마침 왕보태가 가까이 오더니 옷깃을 잡아끌면서 "보물이 있나 주머니와 배낭을 뒤져보자"고 했다. 값나가는 물건이 없으니 죽임을 당할 수도 있다고 생각한 일행은 더욱 겁을 먹었다. 그러나 그는 배낭이 허술한 것을 보고 "가난한 거지들!"이라고 비웃으며 그의 집에 묵게 해줬다.

20일에는 서쪽으로 20리 이동해 파저강이 나타나자 배를 타고 도강했다. 그곳은 지형이 평탄하고 경치 좋은 곳이었지만 일행의 마음은 무거웠다. 조선을 떠난 지 스무날째인데 점점 깊이 들어가고만 있었다. 이들은 강가에 앉아 잠시 쉬면서 생각에 잠겼다가 서로 돌아보고 눈물을 흘리기도 했다. 조금 있다 자리를 털고 일어나 큰길을 따라 20리를 더 가 초산에서 온 김연지의 집에 들렀다.

　일행을 맞닥뜨리자 김연지는 경고부터 했다.

　"강 아래쪽에서 수천 명의 홍호자 마적들이 지나가는 이들의 재물을 빼앗고 함부로 죽이고 있어 무사할 수 없을 것이다."

　"재물도 없는데 말만 잘 들으면 별일이 없을 것 아닌가? 혹 마적을 단속하는 법은 없나?"

　"그 지역은 중국 변경에서도 바깥지역이라 30리 이내에 파수처만 하나 있을 뿐이다. 무법천지로 힘센 자는 우두머리가 되고 무리가 많으면 강한 도적이 되는데 누가 법을 따지겠는가."

　일행 중 임석근이 울먹거렸다. "잘못 들어왔으니 얼른 돌아가자." 치안이나 행정력이 미치지 못하는 19세기 후반 만주의 상황은 이러했다. 이에 김태홍은 "살다보면 언제든 죽을 텐데 이곳까지 온 이상 죽음을 두려워한들 어쩌겠는가" 하며 오히려 큰소리를 쳤다.

　이튿날은 북쪽으로 20리를 가 육두강에 닿았다. 청인들의 움막 23채, 조선인의 집 6채가 있었다. 공죄貢罪 때문에 월경해 파강 존위尊位(한 마을의 어른) 노릇을 하고 있는 평안도 영변 출신의 김영변을 만났다. "부근 조선인은 모두 청인에게 고용살이하며 자활하지 못했다. 올봄에는 의주 출신 홍진사란 인물이 집안의 장정 수십 명과 권속 300명을 데리고 압록강을 건너오다가 도리사하치道里沙河峙에서 홍호적 일당을 만났다. 재물을 모두 빼앗겼을 뿐 아니라 일행 30여 명이 살해됐다. 나머지 일행도 모두 흩어져 구차하게 살아가고 있다. 공죄 때문에 월강하는 자들이 많으나 삶은 더 고통스러울 뿐이다." 그는 일행에게 돌아가면 절대로 월강할 생각도 말 것을 전해달라고 당부했다.

22일 아침, 출발하기 전에 옥당미玉唐米 한 되를 샀다. 서쪽으로 50리 길을 가는 동안 만난 조선인은 모두 청인에게 고용살이를 했고 가정을 꾸린 이가 없었다.

이날 일행은 홍호적의 위험을 피하기 위해 더이상 깊이 들어가지 않고 파강 하류를 건너 2리쯤 가 선천에서 온 이훈장의 집에 들렀다. 그는 "이 무법천지에 별세계가 있다는 말을 퍼뜨려 평안도와 함경도 주민을 선동한 자는 후손이 없을 것이다"라며 저주를 퍼부었다. 그 집에서 마적에게 피해를 입은 사람도 만났다. 강계에서 세 명이 함께 출발했는데 그만 나단동 고갯길에서 홍호적을 만나 모든 걸 빼앗기고 둘은 살해당했다고 했다. 그는 숲속으로 도망해 가까스로 살아남았지만 절벽에서 떨어지는 바람에 팔이 부러졌다. 겁에 질린 일행은 이훈장의 집에 묵으면서 무사하기만을 빌었다. 다음날 발걸음을 재촉하긴 했으나 강도를 만날지도 모른다는 두려운 마음에 길을 따라갈 엄두를 내지 못하고 풀숲을 헤쳐 30리 길을 갔다. 오두강에 닿을 무렵 날은 저물었는데 홍호적이 무서워 청인들 집에는 찾아가지 못하고 길가 밭고랑에 은신했다. 미숫가루로 요기하고 밤을 지새웠다.

24일에는 서쪽으로 10리 이동하니 사두강四頭江에 이르렀다. 강가에 청인들의 움막 수백 채가 있고 수천 명이 줄지어 앉아 사금을 일고 있었다.

내륙 깊숙한 곳에는 평화로운 풍경과는 달리 홍호적이 자주 출몰해 지나가는 사람의 목숨을 파리 목숨 빼앗듯 하고 있었다. 일행은 일제히 겁에 질렸다.

그러나 그곳도 도둑의 소굴로 보여 일행은 반 리쯤 더 가서 사두강을 건 넜다. 그곳에는 여관같이 큰 청인의 집이 있었다. 70세쯤 되는 장순張淳의 소유였다. 명의 유민이라고 자신을 소개한 그는 "길지를 믿고 찾아오는 조선인이 많으나 여기 와서 죽임을 당하는 자가 부지기수다"라며 안타까 워했다.

장순으로부터 부근 지형에 대해 상세히 들을 수 있었다.

"이곳은 파저강인데 근원은 선춘령에서 시작되며 300리 너른 들을 지 나 흘러온다. 사두강 서쪽 30리에 삼두강, 다시 40리에 이두강, 또 40리 에 초두강이 있으며, 북쪽으로 흐르는 봉황성의 후강後江과 합류하고 다 시 봉황성 후강을 따라 80리를 가면 신병보新兵堡가 있다. 초두강과 후강 이 합류하는 곳에서 물길을 따라 300리를 가면 압록강이 나오는데 초산 산양회진山羊會鎭의 대안이다. 파저강 부근에서 북쪽으로 200리 떨어진 곳 에 고성관古城館이 있고 남쪽으로는 큰 고개를 넘어 190리를 가면 장사복 동長沙福洞이며 압록강이다."

그는 "부근 지역이 모두 홍호적의 소굴이며 일행이 너무 깊이 들어왔 으니 돌아가라"는 권유도 빼놓지 않았다.

이튿날 고마운 마음에 출발하기 전 장순에게 청심환과 소합원, 백지 등을 선물했다. 그는 "나는 비록 오랑캐의 옷을 입고 있지만 본래 명나라 사람이라 조선과 일가라 할 수 있다. 계속 가봐야 볼 것도 없고 위험하니 돌아가라"고 거듭 강조했다. 이에 일행은 더이상 전진할 엄두를 못 내고 물을 거슬러 동쪽으로 향했다. 50리를 가다보니 청인의 집 30여 채가 있 고 모두 농사를 지었다. 토질은 비옥했으나 모두 밭이었다.

이날 해는 불같이 뜨겁고 세 사람 모두 너무 피곤해 강물이 맑고 모래가 깨끗한 곳에서 쉬었다. 저녁때까지 움직이지 못했으며 그 자리에 앉아 밥을 지어 먹고 노숙했다. 한 달 가까이 산길을 다니느라 심신이 피곤했지만 "옛말에 이른바 돌베개 베고 냇물로 입가심한다枕石漱水는 것이 오늘의 일이다"라며 여유를 부리기도 했다. 아직 어려운 상황이지만 복귀할 결심을 하니 마음도 가벼워졌다.

26일에는 동쪽으로 60리 이동해 육두강구와 파강을 건너 김영변의 집에 찾아갔다. 그는 자기 말을 믿지 않아 고생만 하다 돌아왔다며 놀려댔다. 다음날은 왔던 길을 되짚어 70리를 가 왕보태의 집에 묵었다. 이전에 묵었다고 식비만 받고 방값은 받지 않았다. 28일에는 팔두강을 건너 동쪽으로 90리를 걸었으며 산차자山大子라는 곳의 빈집에서 밥을 지어 먹고 잤다.

이튿날 동쪽으로 5리를 더 가니 조선인의 집 9채가 있었다. 무산에서 온 사람들이었는데 모두 가난해 남자들은 호복을 입었고 여자들은 치마도 없이 다 떨어진 고쟁이 차림이라 허벅지가 보일 지경이었다. 계속 길을 재촉해 소춘령小春嶺이라는 곳에 닿았는데 깊은 숲속이라 대낮에도 어두웠다. 50리 길을 더 가서야 고개 정상에 올랐다. 그날은 그곳에서 밥을 해 먹고 노숙했다.

7월 1일, 25리를 걸어 고개를 내려가니 방출라아자方出羅阿子라는 곳에 다다랐다. 청인의 사냥막이 있어 사슴 잡는 법을 물으니 "나무로 울타리를 치고 사이사이 문을 만든다. 문밖에 함정을 판 후 울타리 안의 사슴을 몰아대면 함정에 빠지게 되니 쉬이 많은 사슴을 잡을 수 있다"고 알려줬다. 울타리 둘레가 300~400리가 넘으니 많은 비용을 들여야 가능한 일이었다. 엽막獵幕(임시 막사)을 지키는 이들은 고용인이며 물주는 따로 있음을 알 수 있었다.

북쪽으로 10리를 가 탕하수(湯河水)의 원두(源頭)에 닿았는데, 들이 넓고 기름지며 서양종인 옥당(옥수수)을 집중적으로 재배하고 있었다. 이곳 조선인들 역시 무산 출신이었다. 정탐의 가장 큰 목적이 가호와 지역 인원 파악인지라 최장의라는 이에게 주민의 숫자를 물으니 회상도록이 있다는 것은 알지만 기억하지 못한다는 답변만 돌아왔다.

"김유사의 시체를 만 조각내고 뼈를 천 조각내도…"

2일에 북쪽으로 10리를 가니 동쪽으로부터 흘러와 탕하에 합류하는 시두강(始頭江) 하류였다. 강변에는 청인들이 경영하는 삼포가 있었는데 6~7일이나 10일 갈이 규모였다. 다시 북쪽으로 20리 이동해 서대령(西大嶺)에서 온 강줄기에 이르렀다. 귀환 중에도 이동 지역의 지형과 지세, 지명 관련 정보를 꾸준히 수집하는 것을 잊지 않았다.

배를 타고 북쪽으로 건너 30리를 지나니 대영(大營)이었다. 무산에서 온 이덕희의 집에 묵었는데, 서울에서 전주 이씨 족보를 편찬하다 길지설에 홀려 식구들을 이끌고 넘어왔던 자다. 그는 "길지설은 7~8년 전에 이 지역에 왔다가 돌아간 무산 출신의 김유사라는 자가 꾸민 것으로 산수, 지형, 거리까지 기록해 그럴듯하게 만들었기 때문에 많은 사람이 속았다"고 했다. 북부지역 주민들이 집단 월경한 배경에는 1869년과 그 이듬해의 흉년뿐만 아니라 길지설이 크게 작용했던 것이다. 이덕희는 지어낸 이야기 때문에 조선인들이 이주하다가 죽고, 살아남은 자도 모두 청인에게 고용살이하고 있다며 "김유사라는 자의 시체를 만 조각내고 뼈를 천

현재 북한 무산시의 모습. 일행은 정탐하면서 이곳 지방관의 가혹한 징세로 주민들이 집단 월경했다는 정보를 수집했다.

조각내도 만분의 일도 죄 갚음이 안 될 것이다!"라고 저주했다.

지방관의 가혹한 징세 조치도 주민 이주의 원인이었다. 최종범이 그 지역의 조선인들 중에 무산 출신이 많은 까닭을 물었다. 그러자 이덕희는 "1867년(고종 4)에 무산부사로 온 마행일이 묵은 환곡 10만여 석을 주민들에게 부과해 빈부 가릴 것 없이 고통을 겪었다. 그러다가 길지설이 유포되자 주민들이 길을 떠났는데 백두산 남쪽 무인지경의 500리 길을 오다가 여름에는 더위를 먹고 겨울에는 춥고 굶주려 수많은 사람이 죽었다"고 전했다.

그러나 중앙의 기록을 보면 마행일은 사리사욕을 채우는 탐관오리와는 거리가 있는 인물이었다. 그는 오랫동안 받아내지 못한 세금을 거둬

들여 읍의 재정을 확보하고 자신의 녹봉을 반납해 군대의 장비를 갖춘 공으로 표창을 받았다. 그는 대원군의 심복으로 '북에는 마행일(무산부사), 남에는 정현덕(동래부사)이 있다'고 불릴 정도였다. 한 사람의 행적에 대한 조정의 판단과 지역 주민들의 평가가 이렇게 달랐다.

이덕희는 또한 "여기서 북쪽으로 300리에 창계성唱鷄城이라는 중국 길림 소관의 땅이 있는데, 그 근방에 사는 조선인 30여 호는 언제 왔는지 모르지만 머리 깎고 호복을 입었으며 세금 내고 역에 응하는 것이 호인과 다름이 없다. 인정상 어찌 그리할 수 있는가?"라며 강하게 비난하고 개탄했다. 그리고는 고향과 고국을 그리워하는 내용의 시와 부를 써주었다. 이주 기간에 따라 해당 지역의 풍속에 순응하는 정도는 달랐던 것이다.

3일 일행이 떠나려 하자 이덕희가 조선 사람을 집에서 보낼 수 없다면서 85리를 동행했다. 이날 묵은 곳은 시두하 부근 무산 출신 포수 이성윤의 집이었다.

이성윤은 청인들의 강압을 이기지 못하고 마록포의 싸움에 참여한 바 있다. 그는 당시 화약이 다 떨어졌는데, 후창의 조선군이 도강해 호인들을 몰아냈더라면 자신들이 그곳의 주인이 되어 편히 살 수 있었을 거라며 애석해했다. 그로부터 정보도 입수했다. "봄부터 여러 청인이 뜻을 모아 규칙을 정하고 지역별로 4회상을 조직했으며 각 회상의 인구와 병기를 일일이 기록해 도회두에게 맡겨뒀다. 이미 조총 50여 자루를 모았고 다시 쳐들어갈 계획을 치밀하게 세우고 있다. 영전의 두 회상에서는 화약 구입 자금 이 천 냥을 이미 거둬두었다." 후창군 두지동을 침범했다가 격퇴된 청인들은 재침공과 토벌 대비를 위해 조직과 무장을 정비하고 있었던 것이다. 바로 일행이 원했던 정보였다.

4일 이들이 출발하려 하자 이성윤은 자신이 후창의 포과砲科에 응시할 예정이라면서 합격자를 발표할 때 이곳에서 자신을 봤다는 사실을 남에게 알리지 말라고 부탁했다. 그러나 보고서에 그의 성명을 그대로 적었으니 귀국 즉시 이성윤의 범월 사실을 알린 셈이었다.

이덕희는 근방의 지리를 설명해줬다. 동쪽으로 70리를 가면 운령, 운령에서 180리를 가면 서대령, 다시 50리를 올라가면 송화강 근원, 다시 30리를 올라가면 흑룡강 근원이었다. 여기서 흑룡강 근원이란 백두산 장백폭포를 가리키는 듯하다. 이덕희와 작별한 후 동쪽으로 10리를 이동해 만난 장가張哥라는 청인에게 좁쌀 두 되를 구입하고 60리를 더 가서 노숙했다.

귀환길과 마지막 위기

6일 운령을 넘다가 일행은 길을 잃었다. 나침반을 써서 남쪽 방향을 잡아 40~50리를 이동했으나 비가 내려 더이상 가지 못했다. 이때부터 사흘 동안 일행은 길을 찾지 못하고 노숙하면서 남쪽으로 이동했다. 밤에는 호랑이 소리를 들으며 공포에 떨었고 길을 찾아 헤매다가 금강수 열매를 따먹기도 했다.

9일, 더이상 헤맬 수만은 없어 방향을 바꿔 물길을 따라 내려가기로 했다. 대개 물가에는 인가가 있으니 길을 물을 수 있을 터다. 냇물을 따라 20리 만에 사냥막을 발견했고, 거기서 이어진 좁다란 길을 따라 30리를 가니 비로소 동대동東臺洞 입구에 닿았다. 골짜기를 벗어나니 팔도구

나침반, 작자미상, 조선후기, 목제, 지름 9.8cm 두께 3cm, 국립중앙박물관 소장.
조선후기에 제작된 휴대용 나침반으로 패철이라 불린다. 원형 합의 형태로 만들어졌고 5층으로 구성되어 있
다. 나침반의 뚜껑에는 십장생 무늬를, 몸체 바닥에는 성시도 문양을 고급스럽게 조각했다.

부운동으로, 후창군 부성면 포평葡坪 건너편이었다. 오랜만에 길도 찾고
고국 땅을 보게 되니, 일행은 너무 기뻐 피곤함도 잊고 발걸음도 가뿐해
졌다.

　이날 일행은 안면이 있던 허긍의 집에 묵었다. "청인과 조선인 모두 대
회두 신태에게 매여 있다. 지난겨울 후창에서 도벌을 금지해 청인들이
많은 손해를 봐 다시 싸우려고 청인과 조선인에게 각각 천 냥씩 거두어
들였다. 화약을 구입하는 등 전투를 준비하고 있다." 지난 3일 이성윤으
로부터 들었던 것과 똑같은 내용을 허긍에게도 전해 들었다.

　10일 허긍과 작별하고 마록포 임호범의 집에 맡긴 짐을 찾으러 서쪽으

로 가다가 그 지역 회상 도회두인 신태의 집에 들렀다. 그는 일행을 맞이하면서 "길지와 고인이 없다는 내 말을 듣지 않아 결국 한 달 이상 고생만 했다"고 놀렸다. 그러고는 낯빛을 바꾸더니 말을 이었다.

"매년 후창지역에 몰래 들어간 청인들이 벌목하는 것은 관행이 되다시피 했고 그동안 한 번도 금하지 않아 이익이 컸다. 그 지역 청인이나 조선인은 자신들이 농사지은 곡식을 벌목하는 청인들에게 팔아 돈을 벌었는데, 후창군수 조위현이 무력까지 동원해 이를 금하는 바람에 모두 생계가 곤란해졌다. 청인들이 월경해 벌목하는 것을 금해서는 안 될 것이다."

심지어 신태는 "가을에는 청인들이 죽음을 무릅쓰고 벌목을 강행할 것이고 그 지역 주민들도 화약을 많이 사 모아뒀는데 후창군수가 또 불허하겠는가?"라며 무력충돌이 재발할 수 있음을 경고했다. 그는 최종범 일행이 그곳에 나타난 이유가 지역 사정 정탐임을 이미 알고 있었기에 이들을 통해 자신들의 입장을 전달하려 한 것이다. 앞서 만난 삼도구의 김여옥이나 이성윤과는 전혀 다른 태도였다. 월경 이주자들 간에도 거주기간이나 생활 방식에 따라 입장이 매우 달랐다.

최종범과 김태홍도 지지 않고 맞섰다. "지난겨울에 금한 것을 다시 허락할 리 없고, 교전 시 비용을 관에서 모두 부담해 민폐도 없었다. 화재 피해를 입은 주민도 구제했기 때문에 백성들이 모두 감격해 군수의 뜻에 따르려 한다. 후창군수는 '만일 청인들이 다시 침범하면 채장, 방장부터 목을 베어 내걸고 직접 군사를 지휘해 박멸할 것'이라 했으니 벌목을 허락할 가능성은 아예 없다." 아울러 봄여름에 병기를 수리하고 화약과 탄환도 넉넉히 준비해뒀으니 청인들이 쳐들어와도 겁나지 않는다고 강

〈풍우산수도〉, 여문영, 비단에 수묵채색, 169×104cm, 명나라, 클리블랜드 미술관 소장.

첩보길은 순탄치 않았다. 목숨을 걸고 넘었던 그 길은 광폭한 바람과 빗줄기에 나뭇가지가 버티지 못하고 흔들리듯 위기의 연속이었다. 하지만 이제 고난의 끝을 알리는 서광이 비치고 있었다.

조했다.

언쟁 끝에 일행은 신태의 집을 떠나 길을 재촉했는데 거시동(巨柴洞)에서 청인들과 실랑이가 벌어졌다. 한 집에서 쏟아져 나온 10여 명의 청인이 이들을 에워싸고 죽이겠다고 위협했다. 청인들은 "후창군수가 작년 겨울에 우리 편을 100명 가까이 죽이고도 부족해 무기를 더 갖춰 우리들을 몰살하려 하니 후창에서 온 탐객임이 확실한 이 자들을 죽여 분을 풀어야 한다"고 떠들어댔다. 그러나 청인들과 함께 있던 정씨라는 조선인이 만류해 일행은 겨우 벗어나 저녁 무렵에 마록포 임호범의 집에 닿을 수 있었다.

11일 새벽에 잠에서 깬 일행은 임호범의 집을 떠나 강변으로 달렸다. 소변을 보러 나갔다가 급히 돌아온 임석근에 따르면, 청인 몇몇이 모여 일행을 결박하고 후창에서 보낸 탐객임을 자백받기 위해 사람들을 모으러 갔다는 것이다.

강변에 도착한 일행은 오구배 별파방장(別把防將) 이언표에게 건너게 해달라고 소리쳤으나 그는 도리어 이들에게 총을 쏘려 했다. 최종범이 나서서 작년에 좌채장이었던 자신의 신분을 밝히고 여러 차례 간청한 끝에 겨우 건널 수 있었다. 강을 반쯤 건넜을 때 이들을 추격해온 청인 수십 명과 신태가 강가에 나타났다. 신태는 몽둥이를 흔들며 "때려서 보내려 했는데 도망을 가버리다니 애석하구나"라며 야유했다. 정탐활동의 마지막 위기를 겨우 모면한 것이다.

이날 낮에 주중겸의 집에 돌아왔으나 최종범과 김태홍이 갑자기 오한이 나서 나흘이나 크게 앓았다. 그 바람에 15일에야 관아에 나아가 귀환 보고를 할 수 있었다. 긴장감을 놓자 장기간의 무리한 일정에 따른 정신적 피로가 한꺼번에 몰려왔던 것이다.

정탐의 성과

압록강 대안지역을 정탐한 후창군 장교들은 활동 기간 중 여러 번 죽을 고비를 넘겼다. 도강 직후 신분이 노출돼 위험에 처했고 돌아올 때는 사전 정보를 갖지 못한 강변 파수장의 오해를 받기도 했다. 길을 잃거나 인가가 없는 곳을 다니다가 미숫가루로 허기를 달래고 노숙한 사례도 많았다. 이렇게 고생하며 수집한 지역 정보는 당시 후창군의 방어 태세 확립에 기여했을 뿐 아니라 오늘날 우리에게도 19세기 후반 압록강 대안지역의 사정을 알려준다.

이들은 장교였고 목숨이 아깝지 않다고 큰소리 친 적도 있으나 대개의 경우 마적을 겁내고 강도에게 상해를 입을까 무서워하는 등 담력이 큰 인물들은 아니었다. 또 비밀 정탐객으로서의 소질이나 능력이 충분하지 않아 스스로 신원을 노출한 적도 있었다. 귀환할 때 죽을 뻔했던 것은 벌목 금지를 풀어야 한다는 신태의 말에 맞대응하며 오히려 후창군의 무장과 방비 태세를 낱낱이 알려준 자신들의 탓이 컸다.

이렇게 어수룩한 점도 있었지만 기본적인 임무는 충실히 수행했으며 후창 대안의 벌목 청인들에게 후창군의 방비 태세와 의지를 전달함으로써 재침공을 포기하도록 유도하기도 했다. 첩보원으로서의 능력과 자질은 미흡했지만 결과적으로 충돌을 방지한 점이 이들의 가장 큰 공적이라고 할 수 있을 것이다.

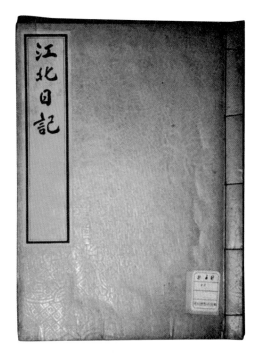

『강북일기』는 1872년(고종 9)경 최종범崔宗範, 김태흥金泰興,
임석근林碩根 등 3명이 관령을 받고 압록강 건너 국경지대에
있는 호인胡人과 우리나라 사람들의 취락상태를 조사, 기록한
책이다. 장서각 소장. 2005년 『강북일기』(최창현 옮김, 신성출
판사)로 번역, 출판되었다.

첩보길 일지—◉

5월 30일   최종범, 김태홍, 임석근 세 장교가 평안도 후창군수의 첩보 수집 명
            을 받고 비품을 인계받음

6월 1일   금창리에서 출발. 마록포에 닿았으나 억류, 구금당함

6월 2일   50여 명의 청인들에게 목숨을 잃을 뻔하다 풀려남

6월 3일   본격적인 탐사활동에 나섬. 북쪽으로 20리 가 혈암평에 도착. 신태
            를 만나 기본 정보 파악

6월 4일   40리 이동해 칠도구 경계 끝에 이름. 방성민의 집에서 숙박

6월 5일   북쪽으로 50리를 가 물길을 건넌 후 동쪽으로 7리 이동. 청금동 박
            문권 집에 투숙

6월 6일   최종범이 홍통과 복통으로 고생해 하루 더 머묾

6월 7일   화개산을 향해 떠남. 길이 막혀 나무 아래에서 노숙

6월 8일   화개산을 올라 서북쪽으로 40리 이동, 삼도구에 도착. 2리를 더 가
            김여옥의 집에 묵음

6월 10일   서쪽으로 50리 이동해 장돌리에 도착. 김여백을 만남

6월 11일   강물 따라 80리 이동. 고려성을 지남. 길지설이 허황된 것임을 확인

6월 12일   비가 와 늦게 출발. 압록강변을 벗어나 북쪽으로 향함. 시냇가에서
            노숙

6월 13일   아침도 거른 채 40리를 걸어 유거우자에 도착. 여울을 37개 건넘.
            청인과 조선인의 가옥을 확인하고 조선인의 생활 실태 파악. 왕파
            두의 집에 묵음. 김태홍이 눈병에 걸림

6월 14일   비가 와 늦게 출발. 서쪽으로 큰 고개를 넘음. 나무 아래에서 노숙

6월 15일   25리 이동, 소구에 도착. 팔두강 건너 청인과 조선인의 정보 파악

6월 16일   북쪽으로 6~7리 이동 후, 서쪽으로 40리 감. 빈집에 투숙

19세기 말 국경에서 바라본 압록강 이북. 당시 목재시장이 활성화돼 있었음을 알려준다.

6월 17일 서쪽으로 20리 고개를 내려감. 미숫가루로 요기한 후 다시 10리를
          이동해 홍실라아자에 도착. 청인 유성운으로부터 길지설이 허황된
          것임을 재차 확인

6월 18일 서쪽 길로 향함. 30리를 가 삼천동에 이름. 조선인들의 청인 고용살
          이 확인. 40리를 이동해 팔두강에 이름. 왕파두 집에 숙박

6월 19일 비가 와 늦게 출발. 15리를 가 팔두강과 파강이 합류하는 곳에 닿
          음. 강변길을 따라 2~3리 이동해 파저평, 혼강평에 이름. 왕보태의
          집에 묵음

6월 20일 서쪽으로 20리 가 파저강이 나타나 배를 타고 도강. 20리를 더 가

김연지의 집에 들름

6월 21일 북쪽으로 20리 이동, 육두강에 닿음. 김영변을 만남. '월경할 생각
도 말라' 는 당부를 들음

6월 22일 홍호적의 위험을 피해 파강 하류를 건넘. 2리쯤 더 가 이훈장의 집
에 들름. 마적에게 동료 둘을 잃은 사람을 만나 겁에 질림

6월 23일 강도를 만날까 두려워 풀숲 길을 따라 30리 이동. 밭고랑에서 노숙

6월 24일 서쪽으로 10리 이동, 사두강에 이름. 강 건너 청인 장순을 만남

6월 25일 전진하지 못하고 물을 거슬러 동쪽으로 향함. 50리를 가 강가에서
노숙함. 고국으로의 복귀를 결심

6월 26일 동쪽으로 60리 이동, 육두강과 파강을 건너 김영변의 집을 찾아감

6월 27일 왔던 길을 되짚어 70리를 가 왕보태의 집에 유숙

6월 28일 팔두강을 건너 동쪽으로 90리 이동. 산차자라는 곳의 빈집에서 숙
박

6월 29일 동쪽으로 5리를 가서 조선인들의 실상 파악. 소춘령에 닿음. 50리

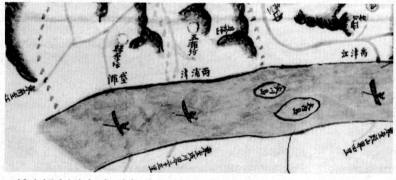

조선후기 압록강 유역 지도에 표현된 도강(渡江) 모습.

	를 더 가 고개 정상에서 노숙
7월 1일	25리 이동해 방출라아자에 닿아 정보를 파악함. 북쪽으로 10리를 가 탕하수의 원두에 닿음. 인원과 가호를 파악하고자 했으나 뜻대로 되지 않음
7월 2일	북쪽으로 10리 이동, 시두강 하류에 닿음. 강변에서 청인들의 밭갈이 규모를 파악. 배를 타고 북쪽으로 건너 30리를 가 대영에 닿음. 이덕희를 만남
7월 3일	이덕희가 85리를 동행. 이성윤의 집에 묵고 정보를 입수
7월 4일	동쪽으로 70리 이동. 노숙
7월 6일	운령을 넘다가 길을 잃음. 나침반을 써서 남쪽으로 40~50리 이동했으나 비가 와 지체함. 사흘 동안 길을 잃음
7월 9일	물길을 따라 50여 리를 내려가 동대동 입구에 닿음. 허긍의 집에 머묾
7월 10일	마록포 임호범의 집에 맡긴 짐을 찾으러 서쪽으로 가다가 신태의 집에 들름. 신태와 언쟁을 벌이고 길을 재촉함. 거시동에서 청인들과 실랑이가 벌어짐. 죽음의 위협을 느꼈으나 가까스로 벗어남
7월 11일	새벽에 임호범의 집을 떠나 강변으로 달려 무사귀환. 낮에 주중겸의 집에 돌아왔으나 일행 최종범과 김태홍이 나흘 동안 크게 앓음
7월 15일	관아에 나가 정탐활동 보고

장례 길

아내의 죽음이
마음속으로 五十리 길을 내다

김 종 서

책을 읽어봐야 마음이 거기 있지 않고, 사람과 얘기를 나눠봐야 남만 괴롭히게 되며, 바둑이라도 구경하려 하나 짝이 없고, 거문고를 듣자니 이는 상중喪中의 예의가 아니다. 벽을 마주해 혼잣말을 하자니 자학함이 너무 지나치고, 옷을 걷치고 한가로이 걸어보고자 하나 미친 사람에 가까울 것 같다. 오직 술을 마셔보자만 취하면 잠들 수 있으나 중간에 술이 깨면, 더욱 잠들기 어렵게 됐다.

아내 유인孺人 완산이씨가 임자년(1792) 5월 27일 귀녕歸寧*간 삼청동 친정에서 죽었다. 청송 심노숭**은 아내의 목소리와 얼굴이 점점 멀어짐을 슬퍼하고 이제 몽매간에도 만나보지 못하게 된 것을 애도하며 마음에 한을 새기고, 뱃속엔 아픔을 담아둔 채 아내의 영전에 글을 올린다. 정조 연간 시벽時僻 대립의 과정에서 노론 시파의 선봉에 섰던 부친 심낙수沈樂洙는 몇 해 동안 정치적 부침을 겪었다. 부친의 정치적 실의와 시련 외에는 그리 큰 고통이 없었던 그에게 이 해 아내와 어린 딸의 잇따른 죽음은 생애에서 처음 겪는 큰 아픔이었다.

＊ 근친(覲親), 시집간 딸이 친정에 가서 부모를 뵘
＊＊심노숭(沈盧崇, 1762~1837) 본관은 청송(靑松), 자는 태등(泰登)으로 효종 때 영의정을 지낸 심지원의 7대손. 부친은 영·정조 연간의 문신이며『정변록』이란 당론서를 남긴 심낙수다. 심노숭은 1790년 진사가 되었으나 1801년부터 6년간 경남 기장에 유배된 적이 있다. 해배된 후에는 줄곧 포의(布衣)로 지내다가 50대 중반에야 노성현감, 천안군수 등을 역임했다. 저술로『효전산고』『유배일기』가 있고 방대한 야사총서인『대동패림』을 편찬했다.

아내를 잃은 심노숭의 심사는 이렇게 헝클어진 빛깔과 모양이었다.

옛날, 아내를 잃은 후 애도한 글을 지은 이로 반악潘岳과 장자莊子가 있다. 반악의 「도망부悼亡賦」는 문사文思가 매우 짧지만 봄날의 밤을 원망하며 일어나기 싫어하는 모양이 있고, '사람이 죽고 사는 것은 자연의 변화일 따름'이라는 장자의 노래는 예로써 방비하여 지킴이 있다고 생각한다. 한없는 답답함을 품으니 아내의 죽음으로 그는 속이 꽉 막힌 듯하고, 시절을 느끼니 더욱 슬퍼진다. 좋은 아침에 음식을 차려놓고 한마디 말을 붙여 술을 따르면서 평소 화락했던 모습을 추억하고 아내의 신령이 내려오기를 바란다.

그는 1792년 6월 15일에 연궤筵几 앞에서 곡하며 「망전제망실문望奠祭亡室文」을 읽는다.

그 목소리 그 얼굴 점점 멀어지네

"사람들 말에 삶과 죽음에는 다 정명正命이 있다고 하나 나는 그렇게 생각하지 않소. 어떤 이는 혹 횡사하기도 하니 어찌 다만 형틀과 낭떠러지나 함정 등으로 죽을 뿐이리오? 당신의 죽음은 무엇 때문인가요? 그것은 나로 말미암았소. 불교에 원업冤業이란 말이 있으니 곧 인과라오. 낙토樂土에는 당신이 가시고, 악도惡塗에는 내가 떨어지리라. 당신은 인자하고 너그러웠으니 내 어찌 차마 슬퍼하지 않으리오? 당신은 하늘에서 내려다보고 나를 가엾게 여길지니 어찌 죽었다고 아무것도 모르겠소? 장인 장모 나를 마주하고 눈물을 흘리시니 내 마음은 깜짝 놀라 칼날이 피부에 닿는 듯하오.

당신의 품성은 지구력이 있고, 당신의 관상은 박덕하지 않았으며, 당신의 기운은 강함을 받았기에 병마와 싸우기를 오래할 것 같았건만, 여기에서 그치고 마니 이는 나의 어질지 못함 때문이오. 병이 빌미가 되었다고 말하려 하지만 당신은 응당 듣기 싫어할 것이오. 시래깃국마저도 배불리 먹지 못한 처지이니 인삼, 복령인들 어찌 써볼 수 있었을까? 눈 내리는 겨울 집에 밤새 굶주려 아이는 울어대지만 나올 젖도 없었지요. 강보에 감싸 따뜻하게 안고서 웃으면서 달랬지요. 훗날에 이런 일 추억으로 함께 얘기할 수 있으리라고.

업장의 괴로움이 다하지 않아 병이 고질이 되니 당신은 어린아이를 가장 걱정하여 제수씨께 돌봐달라 부탁했었지요. 그런데 차마 아청阿淸이 그대보다 먼저 황천으로 갔다고 말하게 될 줄이야! 고복皐復*하던 날 새벽 처제의 꿈에 그대는 곱게 단장한 모습으로 서 있고 아이는 곁에서 놀고 있는데, 따라가려 하니 뒤돌아보며 전송하더라 하오. 기운은 혹 서로 감응이 있을 수 있으나

---

* 초혼하고 발상(發喪)하는 의식

이치로는 절통하더이다. 내 이 말을 듣고 간장이 다 타는 듯하였소. 송이는 너무 어려 통곡할 줄 모른다오. 그 애가 아는 것도 안쓰러운데 아직 아무것도 모름에 있어서랴. 우리 사이 아이 넷을 낳아 셋을 일찍 잃었으니 남은 거라곤 이 아이뿐이오. 당신은 아이가 당신을 빼닮은 걸 기뻐하였고, 아이는 흉내 내며 안 하는 짓이 없었지요. 그러나 또한 당신이 먹일 수 없으니 그 보답을 어찌 기약할 수 있을까요?"

그는 아내와의 사이에 3녀 1남을 두었다. 막내딸 송이 하나를 제외하고 다 일찍 죽었다. 1789년에 난 셋째 딸 아청은 네 살로 1792년 5월에 아내의 병중에 아내보다 먼저 죽었다. 아내를 위해 글을 짓지만 이제껏 말한 것은 산 자가 자위하는 것이니 이미 죽은 아내에게 아무 소용이 없다. 그는 본디 아녀자같이 정에 약하여 아내의 병이 심해진 후로 곁에서 머뭇거렸다. 아내 또한 이런 그의 성격을 알아서 보고 싶다는 말을 자주 안 했다. 죽음을 앞두고 한 말이란 "공연히 서방님 잠 깨우지 마오"라는 것뿐이었다.

예로부터 임종을 지키지 못하는 것은 예의가 아니다. 6일 저물녘이 되니 아내는 말도 그치고 혀가 굳어져가면서도 "서방님께 인사를 못 드리니 죽어가면서도 마음 더욱 아픕니다"라고 했다. 전날 보내온 서찰에는 아청이를 부탁하고 "가슴에다 당신을 놓아두었으니 손수 염해주십시오"라고 적혀 있다. 그는 울며 허락했지만, 여러 사람이 예가 근거가 없고 일이 떳떳하지 않다고들 한다. 아청이는 죽음에 이르러서도 효심을 보이더니 제 어미보다 먼저 유명을 달리했다. 돌이켜보면 일마다 서글프고 마음이 아프다. 친정에서 병치레한 것도 본래 아내의 뜻이 아니었다. 좁은 집에 세 들어 살면서 초상을 치르게 되면, 장맛비에 일이 불편할까봐 식구들과 떨어져 처가에 머물게 된 것이리라.

파주에 새집을 꾸리려고 아내와 상의했던 그 오랜 계획을 아내는 아직도 기억할까? 사묘祠廟를 봉안하고 이어 어머니를 모셔놓고 나서, 그는 서울에 남았다가 결국 관 속에 든 아내와 함께 파주의 새집으로 오게 됐다. 새벽 베개엔 온갖 상념이 찾아들고, 등불도 없는 가운데 창 밖에는 낙숫물 소리가 들린다. 이런 때 문득 깨달음을 얻은 승려인 듯 지나온 삶을 참회하니, 아내의 죽음이 진실로 슬프지만 살아 있는 그로서는 또한 즐거움이라곤 전혀 없다. 아내와 살았던 일들은 유유한 시간 속에 한바탕 꿈인 듯하다. 자신도 뒤따라 갈 것이지만 아내는 먼저 그 먼 곳을 구경하겠지.

작년 이날을 추억하니 남산 아래 집에서 쟁반에는 떡이 담겼고, 마루 위엔 웃음소리 넘쳐났었다. 아이는 찹쌀떡을 이어놓고, 아내는 그를 위해 술을 따라줬다. 그는 아내를 위해 시를 읊조리다 밤을 맞았다. 지금은 그 혼자 덩그러니 남아 있어 나그네인 듯하다. 아내의 혼령이 아직 어두워지지 않았다면, 이런 남편을 보고 깊이 근심할 것이리라. 심어놓은 꽃들 집을 둘러 피어 있고 나무에서 매미들 울어대는데 하늘엔 구름이 유유히 지나가고 땅에는 강물이 흘러간다. 아, 인생의 무상함이여!

그리움과 상심으로 날을 보내며

심노숭은 1792년 5월에 네 살 된 셋째 딸을

잃고 그로부터 한 달이 못 돼 아내마저 잃게 된다. 그후 두 해 동안에 아내를 애도하는 시 26제문 23편을 지어 그 비통함과 그리움을 달랜다. 『침상집』과 『미안기眉眼記』가 그것이다. 임자년 7월 10일에 심노숭은 파산坡山 분암墳菴에서 『침상집』의 서문을 짓는다. 그가 아내의 상을 당해 근심으로 날을 보내게 된 후로부터 지은 시문이 대부분 베갯맡에서 나왔기에 이렇게 이름했다.

그는 본디 잘 자서 누우면 바로 잠에 푹 빠지는 사람이었다. 사람들이 말하기를 "마음에 번민이 있으면 잠을 못 잔다"고 하지만 그는 잠만이 마음의 번민을 이길 수 있다고 생각했다. 그러나 아내를 떠나보내고부터 요사이는 상황이 완전히 다르다. 삼경·사경·오경 그 어느 시간에도 잠들지 못해 촛불 아래서나 이불 속에서나 정신은 말똥말똥하다. 책을 읽어봐야 마음이 거기 있지 않고, 사람과 얘기를 나눠봐야 남만 괴롭히게 되며, 바둑이라도 구경하려 하나 짝이 없고, 거문고를 듣자니 이는 상중喪中의 예의가 아니다. 벽을 마주해 혼잣말을 하자니 자학함이 너무 지나치고, 옷을 걸치고 한가로이 걸어보고자 하나 미친 사람에 가까울 것 같다. 오직 술을 마셔보지만 취하면 잠들 수 있으나 중간에 술이 깨면 더욱 잠들기 어렵다.

이전에 말한 "잠이 번뇌를 이긴다"는 것은 그가 일찍이 정말 큰 번뇌를 겪어보지 못해 그랬던 것뿐이다. 작은 번뇌라면 이기겠지만 큰 번뇌에는 애초 전혀 잠이 들지 못하니 번뇌를 이길 수 없다. 아내를 잃은 슬픔이 그리 큰 번뇌인 줄은 예전에 몰랐다. 열흘이 지나고 한 달이 다 가도록 끝내 잠들 수 있는 방법을 찾지 못한다.

서울을 떠나 파주에 머문 뒤로는 사람 만날 일도 적어졌다. 아내가 누운 빈산에는 매미 소리 어지러운데 종일 하늘만 바라보고 지낸다. 그는 자신의 몸을 스스로 돌아봐도 사람 꼴이 아닌 듯했다. 대낮에도 거의 베갯맡에 있으니 저녁이야 말할 것도 없다. 그래도 세월은 가는지 어느덧 교외에 싸늘한 가을 기운이 일어 온갖 벌레 울어댄다. 서쪽 숲으로는 달이 지고 빈집에는 고요한 채 아무도 없다.

그는 모든 시름을 다 잊고 오로지 잠을 자야겠다는 일념뿐이다. 진실로 잠들어 꿈꾸게 할 수 있다고 해도 저 죽은 아내의 캄캄함은 다시 보기를 원치 않는다. 차라리 북쪽 창가에 나가 복희씨伏羲氏를 뵙고 사슴가죽 한 쌍을 예물로 삼아 남녀가 혼인하는 제도는 무엇하러 만들어 이러한 화의 싹이 생기게 했는지 먼저 묻고 싶어한다. 그러나 이것은 오히려 불가능한 일이라 다만 혀만 쯧쯧 차며 허공에다 글씨를 쓰는 꼴일 뿐이니, 마치 가슴속에 병이라도 있는 듯하다.

그러다 문득 그는 스스로 깨달은 것이 있었다. '시문을 지으면 바야흐로 그 마음이 손과 함께 움직여 눈으로 보고 입으로 읊조릴 것이다. 시문 짓는 일과 잠드는 것이 서로 도모하는 것은 아니지만 시문 짓는 것이 점차 많아지면 잠 또한 많아질 것이고, 마침내 잠이 시문 짓는 것보다 많아져 시문을 지을 시간도 없게 될 것이야.' 생각이 여기에 이르자 절로 웃음이 나오고 기분이 좋아져 드디어 밤낮으로 베갯맡에서 시문을 지어나갔다.

처음에는 수심만 보태는 듯하고 잠도 들지 못하더니, 조금 있자 수심과 잠이 반반쯤 됐고, 또 조금 뒤에는 잠이 많아지고 수심은 적어지게 됐다. 이제는 거의 수심을 잊은 채 잠들 수 있다. 이렇게 해서 지은 시문이 책을 이룰 정도가 돼 꺼내어 사람들에게 보였다. 어떤 이는 말한다. "그대의 운명이 시문으로 인해 궁해졌거늘 어째서 억지로 시문 짓기를 그치지 않아 그 궁함을 더하고 있나요?" 그 말을 듣고 그는 다음과 같이 답한다. "운명 그 자체가 궁한 것이지 그게 어찌 시문의 죄겠습니까? 오히려 시문으로 궁함을 잊고 있으니 그 공이 있다 할 만합니다."

서문의 말미에 "그 삶과 죽음의 사이에서도 정은 아녀자에게 가까운데, 오래도록 만나지 못하는 사이에 자취는 나그네 같아, 때로는 슬픔이 지나쳐 상함에 이르기도 하고 후회가 극에 달해 원망이 일기도 하니 이러한 나의 심사가 다 이 책 안에 담겼다. 이는 홀아비의 정이니, 홀아비일지라도 홀아비의 심정을 아는 자가 아니면 함께 이 안의 글들을 읽을 수 없을 것이다"라고 자신의 상황을 밝힌다. 그의 아우 심노암은 형의 작품을 두고 "거사가 이렇게 짓고 있는 것은 슬픔이 지나친 것임에도 그 스스로를 알지 못해서인가?"라고 했다.

뜬눈으로 밤을 새운들

심노숭은 『침상집』 이후에도 계속 도망시문悼亡詩文을 짓는다.

> 길이길이 뜬눈으로 온밤을 지새워서 惟將終夜長開眼
>
> 평생토록 눈썹 못 편 당신에게 보답하리 報答平生未展眉

미지微之는 당唐나라 시인 원진元稹의 자다. 원진은 27세로 죽은 아내를 애도하며 여러 편의 도망시를 지었다. 이 시구는 원진의 「견비회遣悲懷」 세 수 중 마지막 시의 미련이다. 그는 이 구절을 염두에 두고 아내를 위해 지은 시문을 모아 『미안기』라고 했다.

이미 아내가 살았을 땐 아내의 눈썹을 펴는 데 아무 조치도 해주지 못했는데 지금 그가 뜬눈으로 밤을 지샌다 한들 아내의 펴지 못한 눈썹에 무슨 도움이 될 것인가? 아내는 이미 눈썹을 펴지 못한 채 고생하다 죽음에 이르렀는데 그가 장차 온몸으로 속죄하길 원한다 해도 어찌 눈만 오래 뜨고 있다고 해서 보답할 수 있겠는가? 그렇게 한다 해도 그가 아내의 사랑에 보답하기에는 부족한 것인거늘. 눈썹을 펴지 못한 것은 아내의 수심이 한때에 그친 것이지만, 길이 눈을 뜨고 있음은 그 자신의 수심이 죽을 때까지 간다는 것이다. 자신의 수심으로 아내의 수심에 보답한다는 것으로써 남음과 모자람을 논할 수 없다. 옛사람들이 "슬픔이 지극할 때는 글이 나올 수 없다"고 한 이 말이 참으로 그러한 줄을 그는 체험했다.

그는 1792년에 딸을 잃고 곡하였고 또 아내를 잃고 곡해 슬픔이 지극했다. 한동안 그는 상을 당하고 장례를 치르기까지의 과정을 적은 글인 상장기喪葬記나 망자의 앞에 고하는 글과 제사를 지내면서 바치는 글인 고제문告祭文 외엔 문장을 짓지 않았으며 시는 말할 것도 없었다. 얼마 뒤 슬픔을 삭이기 위해 힘껏 시문을 짓는다. 문에 서序·기記·편지·발跋·명銘·묘지명·잡문 등이 있고, 시에 근체近體·고체古體·가행歌行이 있다. 무려 26제의 시와 23편의 문을 남겨 아내를 애도한다. 이것은 그에게 있어 문장도 아니며 시도 아니다. 그저 슬프면 바로 지은 것일 뿐이니 모두 밤을 지새우면서 얻은 그 자신의 슬픔덩어리였다. 그 글들을 합해 『미안기』라 이름한다.

조선시대 초상집 풍경.

'해은가'에 발문을 붙여 병풍을 만들다

　제 어미를 꼭 닮은 막내딸아이 송이가 엄마의 상자를 정리하다가 예전에 아버지가 썼던 「해은가偕隱歌」를 발견한다. 그 끝쪽에는 '신해년(1791) 7월 27일'이라고 날짜가 적혀 있다. 아내가 죽기 한 해 전의 것이다. 이것은 병중에 있는 아내를 위해 베개 곁에 병풍으로 만들려고 지어둔 것이었다. 그림 두 폭에 자신이 지은 「해은가」 한 폭을 합해 병풍을 꾸미려 했던 것인데 글만 먼저 이루고 그림은 미처 완성하지 못했다. 탄식이 인다. 돌아보니 이는 이른바 규방의 즐거움이요 한묵의 유희였건만 아내는 가고 없다. 「해은가」를 짓고 그 뜻을 번역해 아내에게 읊어줬던 그때 일이 지금도 눈에 선하다.

> 아내: 옛분들 가운데 누가 이런 것을 한 적이 있나요? 서방님 뜻이 너무 고맙답니다. 다만 함께 은거하는 데도 법도가 있으니 높은 벼슬을 한 귀인이 되어 부부가 함께 안빈낙도하던 일을 잊는다면 달관귀인을 지속하기 어렵고, 부부가 안빈낙도하면서 달관귀인 되기를 사모한다면 안빈낙도조차 할 수 없겠지요.
>
> 나: 당신이 이를 어찌 알았는지요?
>
> 아내: 제가 무얼 알겠습니까만, 세상 사람들을 보니 귀하게 되어서는 천했던 때를 미워하는데 천하고자 해도 끝내 그리될 수가 없고, 가난함을 싫어하고 부유함을 사모하나 부유함은 얻지 못하고 가난함만 더욱 심해지니 이로써 알게 된 것이지요.
>
> 나: 당신은 왕안석의 아내보다 뛰어나건만 내게는 왕안석만한 뜻이 없으니 그게 걱정이구려.

현숙한 아내의 그 고운 뜻이 그를 놀라게 했고 서로 바라보며 웃었다. 슬프게도 이 말은 이제는 훌쩍 옛일이 되고 말았다. 아내는 평소 행실이 겸손해 뽐내는 빛이 전혀 없었다. 그가 혹 어떤 일에 대해 물으면 번번이 말하기를, "아녀자가 어떻게 알겠어요, 설령 안다 할지라도 어찌 말할 수 있겠습니까?"라고 했다. 돌이켜보니 평소 과묵해 무능한 듯 보였지만 천성이 지혜롭고 이치에 매우 밝았으며 말도 조리 있게 잘했으니 왕왕 뛰어남이 드러나는 것이 이와 같았다.

아내에 비해 그는 품성이 성기고 게을러 출세하려는 뜻이 적었다. 아내가 죽기 두 해 전에 진사에 급제해 과거 공부에 힘썼으나 그때까지 이룬 것이 없어 아내를 하루도 편안하게 해주질 못했다. 그렇지만 아내는 그 때문에 걱정하는 일이 없었고, 다른 이의 영달을 보고도 전혀 시기하거나 부러워하는 뜻이 없었다. 이러했기에 그렇게 말할 수 있었던 것이리라. 아쉽게도 이제는 그 말도 더이상 들을 수가 없다. 함께 안빈낙도도 할 수 없는 상황이 되고 말았고, 그리도 빼어났던 아내의 뜻은 그치고 말았다. 이것이 운명이겠지만 아내의 운명이 박한 것이 아니라, 그 자신의 운명이 박하게 된 것이라 탄식한다. 이것이 임자년(1792) 8월 19일에 그가 아내의 죽음을 애도하면서 「해은병발偕隱屏跋」을 지은 까닭이다.

그는 화공을 시켜 그림을 완성하고 「해은가」를 붙이고 또 지금 지은 이 발문까지 붙여 도합 4폭으로 병풍을 만들었다. 그는 늘 이 병풍을 자신의 자리 곁에다가 놓아두고 있었다. 아내는 비록 죽었지만 이것을 마주하는 한 아내를 보낸 것이 아니다. 지난날 그랬듯이 늘 아내와 대화하면서 생을 마칠 수 있다면 그의 마음은 아내를 저버리지 않는 것이 된다. 또한 이 병풍을 보는 이들로 하여금 그와 아내가 부부만이 아니라 지기였음을 알리고자 했다.

그리움이 눈물이 되어

그는 죽은 아내를 생각하기만 해도 눈물을 흘린다. 아내에 대한 그리움이 있으면 그 순간 아내의 영혼이 이르러 와 그에게 감응하기에 눈물이 맺힌다고 여긴다. 그렇게 되는 이유를 살펴 지은 글이 「누원淚原」이다.

눈물이란 무엇인가? '원原'이라는 문체는 어떤 사물 또는 추상 개념의 근원을 소급해 탐구하는 논설문이다. 그는 눈물을 대상으로 해 이런 논설문의 형식으로 감상적인 애도문을 남긴 것이다.

그는 눈물이 눈에 있는 것인지 마음에 있는 것인지에 대해 화두를 던진다. 눈에 있다고 하면 마치 물이 웅덩이에 고여 있는 듯한 것인가? 마음에 있다면 마치 피가 맥을 타고 다니는 것과 같은 것인가? 눈에 있지 않다면, 눈물이 나오는 것이 다른 신체 부위와는 무관하게 오직 눈만이 주관하니 눈에 있지 않다고 할 수 있겠는가? 마음에 있지 않다면, 마음의 움직임 없이 눈 그 자체로 눈물이 나오는 일은 없으니 마음에 있지 않다고 할 수 있겠는가? 만약 오줌이 방광을 경유해 나오는 것처럼 눈물이 마음으로부터 눈을 통해 나온다면, 저것은 다 같은 물의 유형으로서 아래로 흐른다는 성질을 잃지 않는데, 왜 유독 눈물만은 그렇지 않은가? 마음은 아래에 있고 눈은 위에 있는데 어찌 물인데도 아래로부터 위로 가는 이치가 있단 말인가? 그러면서 마음을 땅에, 눈은 구름에 비유한다.

"한번은 이렇게 생각해봤다. 마음은 비유하자면 땅이고 눈은 구름이다. 눈물은 그 사이에 있으니 비유하자면 비와 같다. 비는 구름에 있지도 않고 땅에 있지도 않다. 그러나 비가 구름에서 생기고 땅은 관여하지 않는다고 한다면, 하늘 위에는 늘 비가 있어야 하지 않겠는가? 비는 땅에서 생기고 구름은 관여하지 않는다고 한다면, 비는 어째서 하늘에서 내린단 말인가? 이는 기의 감응에 불과할 따름이니 곧 눈물은 마음으로부터 나오고 또 눈으로부터 나오는 것이다."

눈물은 기의 감응으로 마음에서도 눈에서도 모두 작용한다는 것이다. 무릇 감응한다는 것은 사람과 신 사이가 비록 아득히 멀어도 서로 통할 수 있다는 것이다. 제사를 드리면 선조의 영혼이 강림하므로 옛사람들은 다 성실하고 돈독하게 제사를 올린 것이다. 까마득한 후손이 먼 조상을 제사 지낼 때에도 어렴풋하고 숙연한 사이에 눈물까지 나오지는 않더라도, 또한 눈물이 나올 듯한 마음이 아주 없지 않아 눈물을 쏟는 이도 볼 수 있다. 시대가 내려오면서 인심이 박해지자 어떤 이는 상을 당해서도 눈물을 흘리지 않게 됐다. 그러니 상을 마치고 슬픔이 줄어든 제사에 있어서는 말할 것도 없다. 그러므로 제사를 드릴 때 곡만 하고 눈물이 없는 것은 이미 느낌이 없는 것이므로 신의 응함이 없다. 입으로는 울부짖으나 마음속으론 기뻐한다면, 다른 사람이 그 진실되지 못함만을 볼 뿐이니 그 신이 강림하는지는 말할 것도 없다.

그는 자신이 눈물을 흘리는 이유를 설명한다. 그에게 아내에 대한 그리움이 있을 때면 눈물이 난다. 그것은 바로 아내의 영혼이 응한다는 증거로 여긴다. 상사가 생겨 초빈草殯으로부터 계속 묘를 지키는데 어떤 때는 한 번 곡하고도 눈물이 나다가 어떤 때는 천백 번 곡해도 눈물 한 방울 나지 않을 때도 있다. 하지만 아내를 생각하면 자리에 있지 않고 곡하지 않는데도 문득 눈물이 줄줄 흘러내리기도 한다.

"신과 인간 사이의 이치는 진실로 아득하다. 느낌이 없는데도 응함이 있거나, 느낌이 있는데도 응함이 없는 일은 없다. 여기의 느낌으로 저기의 응함을 알 수 있으니 곧 다만 기거하고 음식을 먹을 때에만 서로 통하는 게 아니다. 천 리나 떨어져 있고, 세월이 오래되었다 해도 즐거운 마음으로 거문고·피리가 가득한 자리에 있을 때, 일 처리를 하느라 글과 상소문이 책상 위에 수북할 때, 술을 마셔 내 몸의 구속을 잊을 때, 바둑·장기로 뜻을 부칠 때 이 모든 경우는 다 눈물과 관계없지만 무언가에 저촉이 되면 감응이 있게 된다."

그는 무언가에 자극받아 느낌이 있어 아내를 떠올리고, 눈물이 나오면 아내의 영혼이 이른 것이라 여긴다. 느낌이 있는 그 순간 아내는 늘 자기 곁에 있다고 확신한다. 느낌은 눈물과 함께 도모한 적이 없지만 눈물은 느낌을 따라 생겨난다. 향을 사르고 처연해지는 제사 때에만 신이 응하게 되는 것이 아니라 어떠한 상황에서든 응함이 있는 것이다. 그러니 그 자리와 자리 아님, 곡함과 곡하지 않음을 또한 논할 필요가 없다. 그는 이런 까닭에 제사에 임해 곡하고 눈물을 흘리면 제를 지냈다고 여기고 그렇지 않으면 제를 지내지 않은 것과 같다고 여긴다. 때때로 느낌이 있어 눈물이 나면 아내의 넋이 자신의 곁에 왔다고 여기고, 그렇지 않으면 황천길이 멀다고 생각한다. 그는 눈물이 무엇인지를 밝혀 자신이 죽은 아내를 지금도 사랑하고 있으며 그리워하고 있음을 입증했다.

그대 얼굴에 쑥은 다시 돋고

무정한 세월은 흘러간다. 아내를 떠나보낸 지가 어제인 듯한데 봄이 다시 찾아왔다. 그는 아내와 살았던 서울 남산 집을 다시 찾는다. 양지바른 동쪽 뜰에 문득 눈에 들어오는 초록빛 여린 싹, 쑥이다. 평소 쑥으로 음식을 잘 만들었던 아내, 죽기 전 쑥을 보면 자신을 기억해달라던 아내

의 얼굴이 떠오른다. 그는 쑥 하나에서도 사랑하던 사람을 느낄 수 있는
그런 사람이다.

　　동쪽 밭에 눈이 녹자 냇물 불어 흘러가고
　　낮게 드린 흐린 하늘 고운 구름 떠있구나.
　　겹겹 문은 쓸쓸한 채 후당은 닫혀있고
　　대발 머리 거미줄엔 먼지만이 걸려있네.

　　성가퀴 동쪽 편의 느티나무 고목 아래
　　실 같은 초록빛 싹 여린 쑥 잎 돋아나면
　　당신 있던 해마다 쑥지짐 모임 열어
　　당 안에는 웃음 가득, 시누 동서 다 모였지.

　　치마를 걷어 올려 허리춤에 졸라매고
　　손에 쥔 짧은 칼은 낫처럼 굽었구나.
　　어머님은 지켜보며 많고 적음 매기시고
　　딸아인 소쿠리 들고 쑥 뜯는 줄 따랐지.

　　깜짝할 새 국이 되고 밥도 뜸이 다 들었고
　　북쪽 시장 장 사오고 서쪽 저자 기름 사니
　　문 앞에 장사치는 한 꿰미 생선 팔아
　　나물이며 생선이며 제철 반찬 풍성했네

나 또한 밥상 앞에 한잔 술을 찾노라니
당신은 패물 풀어 여종에게 건네주며
조곤조곤 거듭 말해 늦지 않길 당부했지
골목 어귀 신씨 아낙 새로 술을 걸렀다고
잔칫상에 둘러앉자 웃음소리 왁자하고
나도 한 수 시를 읊자 온갖 시름 다 잊었지

지난해 내 여행길 관서 땅을 나가서
삼개월간 강산 구경 천리 밖서 노닐다가
돌아오니 당신은 병들고 쑥도 또한 시들어
당신 울며 말했었지. "여행이 왜 이리 길어졌나요?
제철 물건 유수 같아 사람 아니 기다리고
사람 사는 기간이란 하루살이 같은 거니
제가 죽고 내년에도 쑥은 다시 나오리니
그 쑥 보면 당신께선 저를 생각 하실까요?"

오늘은 뜻밖에도 제수씨가 차린 상에
접시 안의 여린 쑥이 문득 목을 메게 하네
당시에 나를 위해 쑥을 캐던 사람아!
얼굴 위로 흙 덮이고 쑥만 거기 돋아나네.

그에게 아내의 이미지는 쑥과 흡사하다. 봄 한철이 얼마나 길다고 그
짧은 시간 나타났다 사라져버리는지. 그러나 쑥국의 향기처럼 그의 가슴

심노숭과 아내는 파주의 아
름다운 보금자리를 다만 꿈
꾸었을 뿐이다. 한 사람의 먼
저 떠남으로 꽃정원의 기약
이 무한 연기된 모습이 이와
같은 모양이었을까.

속에 오래도록 남아 있다. 짧은 인생 향긋한 향내를 뿌려놓고 그렇게 가
버린 아내. "여행이 왜 그렇게 길어졌는지요?" 귀를 울리는 아내의 음성.

봄이 얼마나 길다고, 3개월이 얼마나 길다고 쑥이 시들듯이 그렇게 아내는 병이 들었을까?

봄이 되어 쑥은 다시 돋아났다. 이제는 그 향기만 맡을 수 있을 뿐이다. 그때 그를 위해 쑥을 캐주던 이, 그 곱던 아내 얼굴 위로 흙이 덮였다. 쑥을 좋아했던 아내라서 그 서러운 뫼 등 위로 쑥이 되어 돋아났을까? "제가 죽고 내년에도 쑥은 다시 나오리니, 그 쑥을 보면 당신께선 저를 생각해주실 건가요?" 유언으로 남겨진 사랑의 기약을 지키라는 듯이.

무덤가에 나무를 심어

동갑내기 아내를 떠나보낸 지 한 해를 바라본다. 한식이 다가오니 아내에 대한 그리움이 더욱 사무친다. 그는 한식날에 아내의 무덤에 술을 올리고 주위에 나무를 심기로 했다. 자신의 그리움을 「신산종수기新山種樹記」에 담았다. 한식날인 이날은 계축년(1793) 4월 3일이었다.

아내는 평소 정원 가꾸기를 좋아했다. 남원 집은 예로부터 꽃과 나무가 많았다. 서울 남산 아래에 살면서 아내는 집이 낡은데다 꽃과 나무마저 시들어버린 황량한 정원을 보며 집안 분위기를 일신하고자 꽃과 나무를 심자고 했다. 그는 서울살이를 접고 낙향을 생각했기에 곧 이사를 할 것이니 이대로 방치해둔다고 답했다. 그의 게으른 성격 때문에 가꾸지 않은 것이지만 집이 낡아서 그 꽃과 나무까지 아울러 가꾸기 싫은 데서 말미암은 것이기도 했다.

아내: 다른 집들을 보면 남편이 꽃과 나무에 대한 벽이 심해 어떤 이는 방에

들어와 비녀와 팔찌를 찾아 팔기까지 한다는데 당신은 이와 반대로 집이 낡았다고 꽃과 나무까지 팽개쳐두고 계십니다. 집은 비록 낡았어도 꽃과 나무를 잘 가꾼다면 또한 집의 볼거리가 되지 않겠어요?

나: 그 꽃과 나무를 가꾸려 한다면 집 또한 손볼 수 있을 것이오. 다만 나는 여기 오래 살 생각이 없으니 어찌 남의 볼거리를 위해 마음 쓸 필요가 있겠소? 늙기 전에 당신과 고향으로 돌아가 집을 짓고 꽃과 나무를 심고 싶소. 그 열매는 따서 제사상에 올리거나 부모님께 바치고, 꽃은 구경하면서 당신과 머리가 다 세도록 서로 즐기려는 게 내 생각이라오.

이 말을 듣고 아내는 참으로 즐거워했다. 지난해에 고향 파주에 조그만 집을 새로 짓기로 하자 아내는 그가 뜻을 이룬 것으로 여겨 기뻐했다. 아내는 새로운 보금자리에 부푼 희망을 갖고 있었다. 그는 정원과 담장을 배열하고 창문의 위치를 잡는 데 있어 아내와 상의해 정했다. 공정이 끝나면 꽃과 나무를 심기로 했다. 호사다마好事多魔라고 할까? 일이 끝나기도 전에 아내는 병들고 말았다.

아내의 병이 조금 차도가 있으면 그는 틈틈이 파주로 와서 집 짓는 일을 도왔다. 일이 끝날 무렵 아내는 병이 위독해져 거의 죽어가고 있었다. 아내는 그에게 파주의 새집 곁에 묻어달라고 했다. 서로 얼굴을 마주하고 손을 맞잡은 채 하염없이 눈물을 흘렸다. 집이 파주로 이사 오던 날 아내는 관에 실린 채 왔다. 그는 집에서 100보도 되지 않는 곳에 아내의 무덤 자리를 정했다. 아내는 가고 없지만 기거할 때도 음식을 먹을 때도 아내의 넋이 통하는 듯했다.

아내의 무덤 자리는 파주의 조부 묘 아래에 썼다. 이곳은 아름드리나무가 많아 그 울창함이 황해도 여러 산이 바라보고 있어 더이상 나무를 심지 않아도 될 만했다. 그러나 장례를 치르고 무덤 주변의 나무를 쳐 넝쿨이 뻗치고 그늘이 드리우는 것을 막았다. 또 가시나무들을 베고 소나무·잣나무·삼나무만을 남기니 조금 성기게 됐다. 이에 나무를 좀더 심으려는 계획을 세우고 한식날에 삼나무 치목 30그루를 심은 것이다. 그는 이 나무를 돌보며 자신이 죽는 날까지 봄가을로 나무를 심을 것을 생각한다.

"아! 이것은 참으로 오래된 계획이었다. 남원을 버리고 파주로 가겠다던 그 계획을 이제야 이뤘는데 아내와는 하루도 함께 거하지 못했다. 뒤에 죽는 자는 다만 슬픔만을 더하게 됐으니 사람이 구구하게 삶을 도모해 스스로 오랜 계획을 세우는 것이 또한 미혹된 짓이 아니던가!

돌아보면 나는 심기가 약해 홀홀히 스스로를 믿고 의지하지 못했다. 남은 생애를 생각해보니 불과 삼십 년이요, 한 번 죽고 나면 천백 년 무궁할 것이다. 이에 내가 택할 바를 알겠으니 남원 집과 파주 집에 대한 것일 뿐이 아니다. 아내는 살아서는 파주의 집을 얻지 못했지만 죽어서는 영원히 서로 파주의 산을 얻을 것이니 즐거움이 그지없다. 이것이 내가 아내의 무덤을 만든 신산新山에 나무를 심고, 집에다 심어본 것의 품종 등을 하나하나 헤아려 산에다 옮기는 까닭이다. 아내에게 나의 뜻을 갚고 나의 슬픔을 부치는 것이요, 또 나의 자손, 후인들로 하여금 내 마음을 알게 하려는 것이니 훼상치 말지어다."

나무심기는 죽은 아내에 대한 사무치는 그리움을 대신하는 행위였다. 아내의 소망이었던 꽃과 나무를 가꾸는 즐거움을 끝내 살아서는 아내에

심노숭은 저 아름다운 다리를 건너듯 아내에게로 매일 건너가고 싶은 마음이었을 것이다.

게 보여주지 못했으니 그 회한이 그의 가슴에 남아 있었기 때문이다. 나무를 심으려는 것은 그가 죽은 뒤에도 아내와 같이 묻혀 영원히 함께하리라는 다짐이다. 어떤 이가 묻는다. "장차 살아갈 것은 도모하지 않고 사후의 계책만 세우고 있는가? 죽으면 아무것도 알 수 없거늘 죽은 자를 위해 무슨 계획을 한단 말인가?" 그러자 그는 아내를 떠올리며 절규한다. "죽으면 아무것도 알지 못한다는 말은 내가 진정 참을 수 없는 말이오."

봉록 있어도 봉양할 수 없구려

그는 아내를 여의고 몇 해를 보냈지만 그사이 단 한 순간의 기쁨도 있지 않았다. 아내에 대한 사무치는 그리움은 여전히 식지 않았다. 그는 아내가 죽은 지 24년이 지난 1816년에 와서야 55세의 나이에 음직蔭職으로 처음으로 노성현감에 부임했다. 부임하기 전에 아내의 무덤을 찾아서 고

유문을 올린다.

"슬프다, 나의 지극한 아픔이여! 녹 있어도 당신을 봉양할 수 없으니 녹을 얻어도 못 얻어도 모두 이마에 땀이 나오. 아직 무슨 생각 남았을까만, 간혹 조강지처 떠오르곤 하오. 그런걸 보면 인정이란 차마 빨리 잊히진 않는가 보오. '녹봉 받아 제사 올림俸錢營祭'은 고인의 시에도 있지만 그대가 막 죽고부터 내 슬픔 깊었다오. 흰 머리로 현감 되니 두록斗祿*의 박봉이지만 범인에겐 박할지라도 나에게는 후하다오. 부귀영화 누려본들 무슨 낙이 있으리오? 하류배의 종복이나 외부의 벗들까지 내 행차를 따른 자는 모두 옛사람들 아니라오. 딸아이가 낳은 아들 총각머리 나이라오. 그 어미가 우리 집안 옛 사적을 얘기해주니, 우리 딸아이 곁에서 듣고 웃고 떠들며 즐거워하오. 슬픈 가운데서도 기쁠 수 있어, 삶이 간혹 죽음보다 낫기도 하오. 임지 가면 당신 무덤 오래 비게 될 것이니 회포를 금할 수 없소. 대략 적어 고하나니 가까이서 살펴주오."

아내는 늘 고운 모습으로 남아 있는데 세월은 흘러 그도 머리가 희끗해졌다. 젊은 날 맞이했던 아내를 잃은 아픔은 한풀 누그러졌다. 간간이 떠오르는 아내의 모습, 인정이란 차마 쉽게 잊히지 않는 건가 보다. 그는 이제 지방 고을을 맡아 박봉을 받게 됐다. 하지만 이런 작은 영광이나마 함께 누려야 할 아내는 죽고 없으니 부귀영화도 덧없고 다만 아내의 제사나마 정성스레 차리고 싶어한다. 그와 아내 사이에 둔, 장성해서 시집

---

* 몇 말의 녹이라는 뜻으로 얼마 안 되는 녹봉을 이름

간 딸이 낳은 외손주는 총각머리를 할 나이이고 집안의 옛 사적을 이야기하며 웃고 떠든다. 이걸 보니 당신을 여읜 슬픔 속에도 기쁨이 있어, 산다는 것이 그래도 죽음보다 낫다고 생각한다. 이제 임지로 가면 아내의 무덤을 비우게 되어 금할 수 없는 회포를 이 「고망실묘문告亡室墓文」에 담아 아내에게 바친다.

심노숭은 노년의 10여 년을 본격적인 관직생활을 하여 천안군수·임천군수 등을 지냈다. 이 글을 짓고 6년이 흘러 회갑년을 맞았다. 동갑내기 아내가 살아 있었다면 함께 맞았을 회갑에 다시 한번 최후의 도망문 「망실주갑일침참고문亡室周甲日寢參告文」을 남긴다.

심노숭은 아내의 제문에 죽은 자에 대해 살아 있는 자의 진실한 감정을 토로하는 것이 중요하다고 여긴다. 마치 먼 길을 떠난 이에게 편지를 부치면서 그 혼자 떨어져 있는 쓸쓸함을 말하듯 하고, 나그네 된 고충을 위로하는 듯 글을 짓는다. 평일 아내가 지녔던 언행의 착함과 재덕의 높음만을 자랑하여 실상을 넘는 과장을 하지 않는다. 거짓은 신령을 감동시킬 수 없는 것이다. 그는 죽은 아내의 덕을 높이기보다는 죽은 아내를 감동시키기 위해 그의 진정을 토로한 것이다.

"무릇 사람이 죽으면 친하고 아꼈던 이가 그를 위해 그 덕을 기록한다. 그러나 사사로움에 가려 혹 허여함이 과하기도 하니 죽은 이를 아첨한다는 기롱을 천고의 세월 속에서 면치 못했다. 살아서는 일컬어짐이 없다가 죽고 나자 볼 만해지니 그 사람이 다시 살아난다면 그 꼴을 보고 부끄러워하지 않겠는가? 나는 그런 까닭에 덕을 기술함에 죽은 이로 하여금 부끄러워하지 않을 정도면 족하다고 하겠다." (「망실언행기서亡室言行記敍」)

장례길과 망가 —◉

"상여 소리에 그대는 멀어지는데……"

장례길의 백미는 상여 소리, 즉 만가挽歌에 있다. 지적이거나 현학적인 표현은 만가와 어울리지 않는다. 우울하고 슬픈 감정도 직접적으로 표출되는 것이 아니라 속으로 삼키고 억눌러 "어허 어어어 어리넘자 어허어"라고 내뱉는 게 만가이다.

만挽이란 끌어당긴다는 뜻으로 만가는 원래 상여를 끈다는 뜻에서 온 말이다. 즉, 죽은 사람을 애도하여 그가 이승에 남긴 행적을 기리며, 저승에서 좋은 곳으로 가도록 인도하는 뜻으로 부르는 노래라는 것이다.

만가는 전국적으로 가장 널리 퍼진 민요다. 죽음은 보편적인 것이고 그것을 애도하고자 하는 심정은 비슷한 수준이었을 것이다. 우리가 잘 아는 김소월의「진달래꽃」도 사실 만가의 운율과 격식을 지니고 있다.

현재 진도에서 불리는 만가, 즉 상여 소리는 상여를 메고 나갈 때 상두꾼들이 불렀던 노래의 원초적 형태로 볼 수 있다. 서양의 엘레지elegy가 우리의 만가에 해당한다.

하지만 실제 장례 행렬이 이 만가처럼 축 늘어지는 것은 아니었다. 우리 민속에는 "상여 나갈 때 잘 놀아야 한다"는 인식이 들어 있다. 저승길을 춤과 노래로 인도하기 위해서, 그리고 이승에 남은 가족들에게 위안을 주기 위해서라도 행렬은 목청을 높게 뽑아야 했다. 상여가 출발하기 전 자손을 불러 절을 시키는 장면에서는 폭죽을 터뜨리기도 했다.

관을 열고 그 얼굴 모습을 마지막으로 보고, 다시 관을 닫고 그 위에 올라가 세 번 읍하고 나면 이윽고 길을 나선다. 상여의 가운데 있는 장대 앞쪽에는 날개를 꽁꽁 묶은 수탉을 세

1950년대 한 시골에서 상여가 나가는 모습.

워놓고, 뒤쪽에는 커다란 은색 종이학을 세워놓는다. 목심칠면木心漆面에 눈이 네 개 달린 방상시方相氏 탈을 쓴 상두꾼이 "만가를 불러라" 하고 외치면 노래는 시작된다. 잘그랑 잘그랑 딸랑 딸랑 요령을 흔들고 더엉 더엉 징이 울리면 그 틈을 가늘게 파고드는 만가는 죽은 자가 떠날 먼 길을 향해 길고도 찰지게 드러눕는다. "이제 가면 언제 오나 북망산 가는 길을……."

마을 주민들은 떠나는 행렬을 멀리서 지켜보고, 동구 밖을 나선 꽃상여가 멈췄다가 다시 가기를 반복하면서 천천히 장례길은 긴 꼬리를 이루기 시작한다. 장례길은 다른 길과 달리 구불구불하다. 산으로 가는 길이기 때문이다. 그래서 만가와 간혹 울리는 태평소는 오장육부를 구석구석 다 헤집는 것처럼 기막히게

상여가 산간 소로에 막 접어들려 하는 모습.

슬프다.

들판을 지나 산간 소로小路에 접어들면 산 전체에 징과 북소리가 스며들고, 그렇게 행렬은 미리 파놓은 구덩이가 있는 장지에 다다랐다. 관을 내리고 흙을 담으면 다시 흙 다지는 상여 소리가 이어지고, 이윽고 붕긋한 타원형의 봉분이 완성된다. 봉분을 감싸 안듯 두른 원장垣墻까지 합쳐서 묘소는 큰 꽃봉오리 같아 보인다. 봉분이라는 꽃망울을 꽃받침이 받치고 있는 아름다운 모양새는 장례길의 끝에 피어난 한 송이 연꽃을 연상시키기도 한다.

이 기막힌 '꽃 무덤'을 밀어내고 이제 유래도 근원도 알 수 없는 '납골당'이 들어서 있다고 언성을 높인 적이 있는 원로 민속학자 김열규 교수는 어느 상가를 찾았다가 충격적인 사태를 목격하기도 했다.

상가에 다 와가는데 아파트 15층에서 줄에 매달려 대롱대롱 내려오는 관을 보고 "내 이놈의 상갓집에는 도저히 못가겠구나" 하고 발길을 되돌려왔다는 일화는 어쩔 수 없는 현실 때문에 더 서글픔을 부른다. 오늘날 만가는 간혹 녹음기 소리로 대체되기도 하는데 중국의 소설가 위화는 "고음의 나팔로 만가를 내보내는 트럭이 서서히 움직였다. 소리가 찢어질 듯 컸기 때문에 만가는 흡사 행진곡처럼 울리며 화장터를 향해 나아갔다"라고 묘사하기도 했다.

참고 문헌

강웅식, 『시 위대한 거절』, 청동거울, 1998

김열규, 『메멘토 모리, 죽음을 기억하라』, 궁리, 2001

옌쩐, 『창랑지수 1』, 공빛내리 외 옮김, 비봉출판사, 2003

위화, 『내게는 이름이 없다』, 이보경 옮김, 푸른숲, 2000

상소길

서원 빼앗긴 안동사림의 처절한 항의

설 석 규

잠시 뒤 서리가 나와 "승지들의 의견이 일치하지 않아 봉입할 수 없었다."라고 전했다. 이대로 주저앉을 순 없었다. 그에게 다시 한번 시도해달라고 청했더니, 발끈 화를 냈다. "전례도 없는 일이다. 승정원 승지를 거친 사람이 요청하지 않으면 봉입할 수 없을 것이다." 결국 섭섭하고 실망한 마음을 안고 물러날 수밖에 없었다. 얼굴을 때리며 부는 세찬 바람과 함께 내리는 눈은 뼛속에 사무치는 듯했다. 눈물이 앞을 가려 제대로 걸을 수 없을 지경이었다.

아침부터 하늘이 잔뜩 찌푸려 있더니 결국 눈이 쏟아지기 시작했다. 안동 향교의 강당으로 사용하는 청아루에서 회의 준비를 서두르던 유생들의 얼굴에 낭패의 기색이 역력했다. 오늘(1717년 12월 3일)은 사빈서원과 관련한 임원회의가 있는 날이 아니던가.*

　경상도 암행어사 이명언은 안동지방을 순시하다가 임하에 있는 사빈서원을 보고 의심을 품었다. 통상 서원은 향촌사림의 공론에 의해 건립되어야 하는데, 이 서원은 특정 집안에서 사사로이 세운 혐의가 있었던 것이다. 여기에는 김진金璡(1500~1580)과 그의 다섯 아들 김극일, 김수일, 김명일, 김성일, 김복일 등 의성 김씨 여섯 부자의 위패가 봉안되었는데,

---

* 이 글은 「정유소행시일기(丁酉疏行時日記)」(『사빈지(泗濱志)』에 수록, 안동시 임하면 김춘대씨 소장 자료)를 기본 사료로 쓴 것이다. 『사빈지』는 사빈서원의 건립에서부터 훼철(毁撤)에 이르기까지의 전말을 기록한 각종 자료들을 수록한 서원지(書院志)로서, 여기에는 배향자의 경력을 비롯해 설립 및 이건 당시의 상황을 기록한 일기도 포함되어 있다.

〈소쇄원 48영도〉 중 하나. 함박눈이 내린 서원의 이른 아침 풍경.

이명언은 혐의가 있으므로 "사빈서원은 철거해야 한다"고 주장했다.

번번이 좌절되는 소두 선발

후손과 유생들은 당황했다. 인조반정 이후 서인세력이 관직을 독점하더니만 남인세력인 영남 사림들은 이제 완전히 재야세력 취급을 당했다. '급기야 조상의 위패가 봉안되어 있는 서원까지 철거해야 한다니.' 조정에서 철거 명령을 내리자 당황한 후손들은 공론정치에 희망을 걸고 상소길에 나섰다.

다급한 사안인 만큼 오늘 예정돼 있던 임원회의를 미룰 순 없는 터다.

저녁때가 돼서야 사람들이 모였다. 밤에 불을 밝히고 향교의 장의掌議 김윤하를 비롯해, 서원의 재임齋任 20여 명이 자리를 잡아 앉았다. 좌장인 정창홍이 사람들에게 그동안의 전말을 설명하며 "일이 급한 만큼 소청의 설치를 늦출 수 없습니다"라고 하니 모두 동의했다. 그 자리에서 곧바로 공사원公事員을 비롯해 소청조사疏廳曹司 등 소임疏任들을 선발한 다음 술을 세 순배 돌리고 자리를 거두었다.

이같이 소청이 설치되면 상소의 공론화를 위해 다시 통문通文으로 향촌 사람들에게 그 사실을 알린다. 이튿날 제통製通 김명잠이 작성한 통문을 각 향교와 서원에 보냈다.

> "사빈서원을 철거하라는 명령은 전혀 뜻밖에 내려진 사림의 변고로서 무엇이 이보다 더할 수 있겠습니까? 우리의 처지로서 이미 내려진 왕명을 피할 수 없는 노릇이니 가만히 앉아 철거를 보게 됐습니다. 이에 서로 의견을 수렴해 연명連名으로 상소하기로 결정했습니다. 바라건대 모든 분은 각자 근심하는 마음으로 모여서 이 같은 막중한 일이 낭패에 이르지 않도록 해주신다면 천만다행이겠습니다."

상소와 관련된 모든 업무는 소청에서 관장한다. 각종 사안을 논의하기 위한 소회를 열기도 하고 상소를 주도할 소두疏頭를 선발하거나 선임된 소임들을 수시로 교체하기도 하며, 대궐까지 가는 소행疏行에 참여할 배소유생陪疏儒生 등을 선발한다. 이날 오후에 열린 소회에서도 소임 여럿을 교체하는 한편, 이정설 등 여섯 명을 배소유생으로 선발했다. 다만 후손들은 제외했는데, 혹 조정에서 의혹을 살 수 있기 때문이다. 소행은 늦어도 열흘 안에 출발시키기로 결정했고 소두는 6일 선출하기로 했다.

그러던 중 5일 오후에 열린 소회의 참석자들이 새로운 의견을 내놓았다. "서원을 철거하라는 조정의 명령이 있었음에도 불구하고 현판을 그대로 두는 것은 극히 미안한 일이다. 그러니 먼저 현판을 떼어낸 후 상소하는 것이 합당할 것 같다." 현판을 그대로 두고 상소할 경우 자칫 조정의 조치를 거부하는 것으로 비쳐 파장을 불러올 수도 있다는 것이다. 모두 이에 동의하자 다음날 김용석이 소청의 명의로 작성한 통문을 사빈서원에 보냈다.

"모든 일에 길은 있기 마련이라는 것이 무슨 말이겠습니까? 서원을 철거하라는 비변사의 관문關文이 도착하자마자 경상감사의 지시도 따라서 도달했습니다. 이미 왕명이 있었는데 어찌 감히 거역하겠습니까? 지금 우리가 상소하려는 것은 만에 하나 임금이 마음을 바꾸지나 않을까 기대해서 하는 일이니, 이러한 사정을 알지 못하는 자는 심히 한심하다고 생각합니다. 금일의 변고에 대처하는 길은 힘써 따르는 일만 한 것이 없습니다. 일시적으로 현판을 철거해 백성의 도리를 펴야만 하나같이 막힘이 적고 관청도 조치를 늦추게 될 것입니다."

저녁에는 예정대로 청아루에서 30여 명이 모여 소두 선발에 들어갔다. 모두 5명이 추천됐는데, 권점圈點*으로 가장 많은 점수를 얻은 이는 진사

* 조선시대에 벼슬아치를 뽑을 때 후보자의 이름 아래에 둥근 점을 찍던 일, 또는 그 점. 점수가 많은 사람이 뽑히는 것으로, 홍문관 등 주요 관아의 벼슬아치를 임명하는 과정에서 시행하던 일종의 예비 선거 제도였다.

이재악이었다. 그는 의성 김씨 집안의 외손이기도 해 여러 면에서 유리하다고 판단되었다. 하지만 이재악은 읍내로 들어가고 자리에 없었다. 청좌조사請座曹司 등을 임명해 소두에게 보낸 다음 모두가 기다렸다. 그러나 청좌조사가 돌아와서는 소두가 "나는 일을 맡을 수 있는 명망도 없는데다 고질병에 시달리고 있어 몸이 감당하지 못할 것 같습니다"라며 사양하더라고 전했다. 관례상 소두로 추천됐다고 곧바로 오는 것은 경솔한 행동으로 비칠 수 있다. 몇 차례 사양하다 수락하는 게 일반적이다. 소회 참석자들은 소두가 오지 않는 것도 그런 관례 정도로 여길 뿐 별로 우려하지 않는 분위기였다.

거절의 이유는 다른 곳에 있었다

소두가 선발되면 그의 주관으로 모든 소사가 이뤄지고, 소청은 뒤에서 지원만 할 수 있다. 즉 소두가 불참하면 소사는 진행될 수 없는데, 급기야 그런 일이 벌어지고야 말았다. 7일 아침부터 본격적으로 소사를 추진하기 위해 소두가 오기를 기다렸지만 감감무소식이었다. 뒤늦게 청좌조사가 와서는 "소두가 참석할 뜻이 없다고 했습니다"라고 하니, 모두가 망연자실할 수밖에 없었다.

일단 헤어졌다가 저녁에 다시 모였다. 밤이 돼도 소두는 한사코 거절하며 요지부동이었다. 이 소식을 듣고 참다못한 후손들이 소청에 글을 보냈다. "이것이 어찌된 일입니까? 자손들의 통분과 절박이 친손과 외손이라고 어찌 다르겠습니까? 그럼에도 팔짱을 끼고서 한 번이라도 참석해 듣고 보려 하지 않으니 해괴한 일입니다"라며 소두에 대한 섭섭함을 드러냈다.

　그럼에도 소두는 태도를 바꿀 기미가 없었다. 그는 8일 아침 단자單子를 보냈는데 "저를 소두로 거론한 것이 잘못입니다. 작년부터 복부가 팽창하는 증세가 있었습니다. 이렇게 추운 날씨에 먼 길을 가는 일은 감당하기 어렵습니다. 바라건대 여러분께서는 저를 빨리 교체해주었으면 합니다"라는 내용이었다. 10일로 예정된 소행은 닥쳐오는데 일은 전혀 진척되지 않으니 모두 답답할 따름이었다.

　이튿날 소두는 단자를 다시 보내 재차 해명하려 했다.

　"제 병이 차도가 없어 중책을 감당하기 어려울 것 같다는 것은 이미 앞서 보낸 단자에서 말씀드렸습니다. 다시 번거롭게 하려는 것은 아니지만, 단지 구구하게 품은 바가 있어 감히 조용히 있지 못하는 것이니 살펴주시기 바랍니다. 생각건대 오늘날 당면한 일은 실로 유림의 막대한 변고로서 상소는 부득이한 일입니다. 이러한 일로 임금에게 청원하고 나서는 것은 지극히 당연한 일이라 하겠습니다. 그렇지만 암행어사의 보고도 경솔하게 나온 것이 아니었으며, 당시 조정에서 어떤 논의가 있었는지조차 알 도리가 없습니다. 만약 지금 상소했다가 윤허를 받지 못한다면 일의 낭패를 형언할 수 없을 것입니다. 어리석은 소견으로는 원래 사당이 있던 곳으로 신주를 다시 옮기는 것이 편할 것 같습니다. 그렇게 해도 사람들이 받들어 모시는 것은 옛날과 다를 바 없을 것입니다. 이는 저의 얕은 소견일 뿐만 아니라 안동사람들의 의견을 들어봐도 대부분 그러하니 여러분의 뜻도 혹 여기에 미치지 못하겠습니까."

　결국 소두가 피한 것은 병 때문이 아니었다.

일이 이쯤 되면 소두를 포기하는 수밖에 없다. 소임들도 집안일로 사정을 내세우며 번번이 교체되는 상황에서 소두마저 이렇게 되니 좌절감이 몰려왔다. 게다가 대궐까지 배소하겠다던 유생들도 모두 발을 빼고 말았다. 이런 상황에서 소행을 강행할 순 없는 일이다. 소행을 하루 늦추기로 했다. 또한 급히 하인들을 각 서원에 보내 배소할 유생을 선발해 보내주도록 부탁했다. 수십 명의 공론을 형성하는 일도 이렇게 어려운데 수백 명, 수천 명이 연명하는 상소는 그 고난이 어느 정도였을까?

대궐로 향하는 고달픈 소행길

소행은 예정보다 하루 늦은 11일 출발했다. 아침부터 준비하느라 서두르고 있는데, 도산서원에서 쌀 다섯 말과 돈 닷 냥, 종이 세 권, 붓 세 자루를 부조로 보내왔고 다른 서원과 개인들 역시 앞다투어 부조를 했다. 소사와 관련한 모든 경비는 소청에서 지원한다 해도 부조는 이들에게 큰 용기를 북돋워주었다.

소두 선발 문제가 재차 제기됐지만 묵살당했다. 속히 채비를 갖춰 서울로 향하는 일이 우선이었다. 따지고 보면 소두는 그렇게 서두를 일도 아니다. 성균관에도 안동 출신 사람들이 있으니 그들 가운데서 위촉해도 된다. 사실 도성의 동향을 잘 아는 성균관 유생을 소두로 내세우게 된다면 상소 과정에서 유리한 면이 많을 수도 있다. 그리하여 소행은 일단 소두 없이 출발하기로 했다. 본손本係 김하중을 비롯한 후손들과 함께 출발한 소행은 초저녁에 남문 밖에서 숙박했다.

일행은 개울을 끼고 멀리 보이는 불빛을 따라갔다. 여관이 아닌 일반 오두막에서 웃돈을 얹어주고 겨우 잘 수 있었다.
〈비설도〉, 이가염, 중국, 1988.

　다음날 아침 일찍 사빈서원 원장인 김세정이 객관客館에서 전별연을 열어주었다. 성공적인 소사를 바라는 마음을 전하며 무사히 다녀올 것을 당부했다. 아침을 먹은 후 끝까지 소두를 회피한 이재악을 유벌儒罰*에 처하는 문제가 논의됐다. 막중한 소사를 당해 임의로 일의 동정을 살피면서 피했다는 비난이 쏟아졌지만, 처벌 여부는 뒤로 미뤘다. 수많은 사람

━━━━━
* 유생들이 정한 벌칙. 이름을 누런 종이에 써서 들고 다니며 북을 쳐서 알리는 부황(付黃), 마을 유생의 족보에서 이름을 지우는 삭적(削籍) 따위가 있다.

의 배웅을 받으며 소행은 남문을 출발해 송원, 풍산을 거쳐 어둡기 전에 발산촌에 도착해 짐을 풀었다. 모두가 소청에서 마련한 말을 타고 가는 행로였다.

13일 용암에서 점심을 먹고, 저녁에 상주에 있는 영빈서당에서 숙박했다. 14일에는 신원관에서 점심을 먹고, 저녁에 문경 초곡에 도착했다. 15일 동이 트기 전에 출발해 안보역에서 말에게 여물을 먹이고 수교촌을 거쳐 달천에 다다랐다. 그사이 짐을 실은 말이 다리를 절거나 내린 눈으로 길이 질퍽거려 지체되는 경우도 있었으나 쉬지 않고 달렸다. 숙박할 때 소식을 전해들은 주위 사람들이 나와 술과 안주를 대접하며 위로해주는 것이 어느 정도 피로를 가시게 해줬다.

그날 저녁식사를 마친 후 김한위가 새로운 제안을 내놓았다. "서울에 머물고 있는 안동부사가 출발하는 날이 21일이라 합니다. 우리가 병든 말에 무거운 짐을 싣고는 결코 빨리 달릴 수 없습니다. 건장한 말을 골라 이천을 경유해 먼저 도성에 들어가서 부사가 서울을 떠나기 전에 상소의 뜻을 전하고 조언을 구하는 게 어떨지 모르겠습니다." 모두 고개를 끄덕였고, 밤길임에도 불구하고 김명석 등 네 명이 먼저 출발했다. 당시 안동부사는 유중무였는데 마침 조상의 산소를 옮기는 일로 서울에 체류하고 있었던 것이다.

16일 소행은 누암을 거쳐 충주 숭선에 도착해 짐을 풀었다. 전날 밤 출발한 김명석 일행은 새벽닭이 울 때쯤 누암에 도착했고, 지장촌에서 아침을 먹은 후 출발해 오갑에서 말에게 여물을 먹였다. 그런 다음 이목역으로 가기 위해 길을 잘 아는 김몽렴을 앞세웠으나, 날은 이미 저물어 어디로 향해야 할지 모를 지경이었다. 개울을 끼고 저 건너편에 불빛이 보

먼 길을 가다보면 사람도 힘들지만 말도 탈이 났다. 시원한 물이라도 만나면 이렇게 씻겨줘야 말도 무거운 짐을 지고 발 디딜 힘이 다시 생겨났을 것이다. 그림은 김홍도의 〈세마도〉(부분).

여 따라갔다. 한참을 가니 작은 오두막집이 나왔고, 인기척을 하자 노파가 맞이했다. 사정을 말하고 숙박비를 물었는데 일반 주막과는 비교가 되지 않을 정도로 비쌌다. 돈을 아끼려고 내심 동정을 기대했었는데……. 자신들과 같은 소행을 노리는 바가지 상혼이 기다리고 있을 줄은 상상도 못했다. 모두 쓸쓸한 얼굴로 마주 쳐다봤지만, 한밤중에 다른 방도가 있을 리 없었다.

다음날 닭이 세번째 울 때 소행은 일찍 길을 나서 해가 뜨기 전 20리를 갔다. 길에 자리를 깔고 앉아 아침을 대충 해결하고, 진흙탕이 돼 말발굽조차 옮기기 힘든 길을 걸어 안성 죽산의 우촌에 도착했다. 한편 김명석 일행은 새벽에 출발해 병교에서 말을 먹였으나, 비가 와 멀리 가지 못하고 남한의 남단사에 투숙했다. 그동안 소행은 숙소에서 계속 소본疏本을 수정하며 조정을 자극하지 않고 쉽사리 봉입될 수 있는 방안을 모색하고 있었다.

18일 부슬비에 회오리바람, 싸락눈과 우박이 뒤섞여 내렸으나 아랑곳하지 않고 말을 재촉해 입직곡을 거쳐 판교에서 숙박했다. 이날 걸은 길이 무려 110리나 됐다. 김명석 일행은 새벽에 출발했지만 진흙에 발이 빠져 쉽사리 전진할 수 없었다. 낮에 마전진에 도착했으나 흙탕물이 흘러 각기 돈 닷 냥씩을 거둬 선주船主에게 주었다. 선주는 다른 사람들을 모두 배에서 내리게 한 다음 땔나무 짐과 긴요한 일행을 먼저 건너게 해주었다. 강을 건너 신천에 도착했지만 그곳 역시 물이 넘칠 정도로 흐르고 있었다. 도성 밖에서 숙박할 계획을 세웠지만 이미 날이 저물어 결국 왕십리에 투숙할 수밖에 없었다.

19일 궂은 날씨에도 불구하고 도성을 향해 달려 오후에야 반촌에 들어갔다. 김명석 일행은 아침에 겨우 입성했다고 한다. 이곳에 머물고 있는 고향 출신 사람들이 나와 반갑게 맞이해줬다. 그렇지만 나오기를 기대했던 안동의 생원 이산두는 성균관에서 송시열, 권상하를 변호하는 일과 그들을 비판한 홍만우의 죄를 청하는 소사가 있어 불참했다.

결국 12일 안동을 출발한 소행은 8일 만에 도성에 도착했다. 안동에서 풍산을 거쳐 상주 → 문경새재 → 괴산 → 충주 → 안성 → 판교를 지나 서울에 도달한 셈이다. 통상 이 같은 소행이 보름 정도 걸린다는 것을 감안하면 가히 초인적인 행보라 할 수 있다. 말을 타고 간다 해도 하루에 40리, 50리가 보통이다. 그런데 한겨울, 질퍽거리는 길을 하루에 110리까지 달렸다니 보통 사람으로선 생각도 하기 어려운 일이다. 그만큼 사안이 다급했던 것이다. 또한 거기에는 경비를 절감해야 하는 속사정도 있었다.

봉소를 위한 치열한 막후교섭

서울에 도착하니, 막후교섭을 벌여야 했다. 집권세력과 정면대결을 각오한 경우야 교섭이 필요 없겠지만, 청원을 위한 소사가 원활히 진행되려면 갖가지 방법을 모색하는 게 최선이다. 교섭 과정에서 심지어 교제비가 들어가는 때도 적지 않았다. 이번 소사 과정에서도 그런 암시를 보인 사람들이 있었다. 그러나 이들은 인맥을 최대한 동원하는 방법을 택했다. 이제부터는 상소가 승정원을 거쳐 왕에게 봉입되도록 하기 위해 사전 교섭이 어떻게 전개됐는지 보자.

19일 아침나절 서울에 도착한 김명석 일행은 곧장 필동에 있는 안동부사의 집을 찾았다. 부사가 반갑게 맞이하여 온 사정을 설명했다. "이 서원에 관한 일은 나도 상세히 알고 있다. 지금 들어간 어사의 보고서는 자네들 가문에 변고가 될 뿐 아니라 공론이 함께 개탄할 일이기도 하다"라며 부사는 동조해주었다. 마침 옆자리에 있던 여필용이 아들 여계주에게 소본을 읽어보도록 한 뒤 "이 소본은 당론과 관련된 것도 아닌데다 서원의 설립도 명백한 근거가 있다. 승정원에서만 허용한다면 임금께 올릴수 있으니 어찌 상소하지 않을 이치가 있겠는가?"라며 역시 상소의 가치를 알아주었다. 옆에 있던 또다른 사람 역시 "이 일은 어사의 종제인 이명의에게 잘 설명한다면 조정을 자극하거나 노여움을 사지 않고도 잘 해결할 수 있지 않겠나?"라고 했다.

의견을 듣다가 일행 중 한 명은 "6부자의 위패가 함께 봉안된 사례를 전에 들은 적이 없다는 이유로 철거해야 한다고 어사가 어찌 말할 수 있습니까?"라며 어사에 대한 불만을 토로했다. 그러자 부사는 "소본이 여기 있고 너희의 뜻도 충분히 알 만하다. 또 어사의 말을 핍박하는 내용도 없으니 이명의를 만나 소본을 보여준 뒤 어떻게 할 것인지를 정하도록 하자"며 그를 달랬다. 하지만 임금의 몸이 편치 않아 소본을 직접 보기는 어려울 수 있다는 말도 덧붙였다.

좌중에서 말없이 듣기만 하던 김언명이 조용히 김명석을 밖으로 불러냈다. "서울과 안동의 거리가 멀어 동종同宗이면서 한 번도 대면하지 못했습니다. 저는 모재慕齋 김안국의 후손입니다. 지금 형씨들께서 당하는 변고에 어찌 무심할 수 있겠습니까? 생각건대 승정원에서 받아줄 수 있는 한 가지 길이 있습니다. 저기 있는 여계주의 장인 이홍이 승지이고, 저의 집안 조카 김치조의 처숙부 이덕영 역시 승지입니다. 김치조는 내가 힘을 다하겠으니 여계주는 형씨들이 맡으시오."

일에 점점 힘이 실리고 있었다.

20일에는 소본의 사본을 베껴 각자 흩어졌다. 내용에 하자가 없는지 자문을 구하기 위해서였다. 먼저 성균관 생원 이세원을 찾아갔더니 살펴보고는 "대단히 잘 썼습니다. 그러나 임금의 건강이 불안해 전달하기가 어렵겠습니다. 반드시 먼저 승정원에다 힘을 써서 어사의 별단을 구해본 뒤 서원 철거의 부당성을 주장하는 게 좋겠습니다"라고 조언했다. 곧장 여계주를 찾아가 도승지 이홍에게 먼저 소본을 들일 수 있도록 부탁해줄 것을 청하니 "내일 입직入直 여부를 탐문한 뒤 직접 가서 힘써 권해보겠습니다"라고 답했다.

일행이 고마운 마음을 전한 다음 반촌으로 돌아왔더니 정후홍이 권중

안동 시내를 빠져나와 봉정
사로 가는 길목에 학봉 종택
이 그 풍채를 보존하고 있다.

경의 의견을 듣고 왔다. "이 소본을 보니 잘한 일로 생각된다. 그러나 중간
에 한두 줄은 고쳐야겠다. 이웃에 사는 좌랑佐郞 권부가 상소문을 잘 쓰니
내 말을 하고 청하면 사양하지 않을 것이다. 지금은 제관祭官으로 차출돼
교외로 나갔으니, 내일 새벽에나 만날 수 있을 것이다."

이튿날 권중경의 충고대로 김여당이 권부를 찾아갔지만 술에 취해 있
어 의논하지 못했다.

23일 김몽렴 등이 청파에 사는 참판 심단소를 찾아갔는데, 심단소는
얼굴이 학과 같고 머리는 꽃부리 같으며 온몸의 기운이 소매 바깥으로
발산되는 듯한 모습이었다. 소본을 읽어보더니 잘 썼다고 칭찬했다. 문
득 옆에 있던 젊은이가 물어왔다.

"안동에 학봉鶴峯 김성일을 주향으로 하는 서원이 있습니까?"

"호계서원 퇴계선생 사당에 학봉과 서애 두 선생이 배향돼 있습니다.
그런데 서애는 병산서원이 주향으로 되어 있지만, 학봉이 주향된 서원은
없습니다. 사빈서원이 학봉의 위패가 봉안된 실질적인 곳이지요."

"그렇다면 더욱 철거해서는 안 되는 일이지요."

심참판에게 소본을 고쳐줄 것을 청했으나 "늙고 병든 몸이라 붓을 잡을 수가 없네. 승정원을 통해 봉입하기 전에나 한번 살펴보겠네"라고 했다. 김명석 등은 김언명에게 갔는데, 그는 아들에게 김치조의 집으로 안내하도록 했다. 먼저 같은 종족으로서의 우의를 나눈 뒤, 승정원이 상소를 봉입하도록 이덕영에게 부탁할 것을 요청하니 그 역시 쾌히 허락해주었다.

다음날 다시 권부를 만나 소본 고치는 일을 의논하고자 했지만 입직으로 대궐에서 나오지 않아 포기할 수밖에 없었다. 여천의 진사 김세함이 와서 "함재涵齋 서해의 자손이 현재 여천 수령인데, 여러 대를 사귄 정리情理를 앞세워 후손인 정승 서종태에게 편지를 전해 힘을 얻을 수 있도록 하겠습니다"라며 힘을 보탰다.

25일 김한위, 김명석이 참의 권중경에게 가서 소본을 놓고 질의하니 첨가할 것은 첨가하고 뺄 것은 빼 손질해줬다. 또한 소본을 요약한 '대개大槪'를 써줄 것을 청하니 붓을 쥐고 즉시 글을 지어 건넸다. 김한위는 반촌으로 돌아오고 김명석은 여계주를 만나기 위해 필동으로 갔다. 소첩疏帖의 이름을 정한 다음 이문표에게 전했으나, 공무가 있어 당장은 어렵고 내일 상소한다면 다른 사람과 바꿔 입직하겠다고 했다. 드디어 사전 준

〈우율승무반대소초〉, 조선 중기 백졸암 류직이 올린 상소문. 인조 11년(1635) 황해도 유생들이 율곡 이이를 문묘에 배향하려는 논의를 일으키자, 일부 조신들이 우계 성혼도 함께 배향하기를 소청해 긍정 여론이 모아졌다. 그러자 영남 선비들이 이를 반대해서 올린 상소. 이때 백졸암이 영수로 추대되어 글을 작성하고 천여 명의 선비를 거느리고 예궐하여 그 부당함을 주장하고 저지시켰다. 이 일로 백졸암은 반대편의 미움을 사 유적(儒籍)에서 삭제되고 과거에 응시할 자격을 잃었다. 본문 뒷부분에 관련 내용이 잠깐 나온다.

비 작업은 마무리됐다. 내일 대궐 앞에서 복합상소伏閤上疏*하는 일만 남은 셈이다.

상소의 봉입을 위해 활발히 접촉을 하고 있는 동안 유생들은 원활한 소사를 위해 소두를 선발했다. 21일 실시된 권점에서 생원 이산두가 소두로 추천됐다. 그 사실을 전하자, 그는 두어 차례 사양하다 결국 자리에 나왔다. 술을 세 순배 돌리고 자리를 파했다. 이때부터 소사는 비로소 체계적이고 조직적으로 추진되기 시작했다.

한편 당시 반촌에는 천연두가 창궐하고 있었다. 대부분의 사람은 한 번씩 거쳤기에 다시 걸릴 일은 없었지만 김여당 등 몇 사람이 홍역을 앓지 않은 게 확인됐다. 불상사를 미리 막기 위해 그들에게 귀향 조치가 내려졌다.

나아가 소행은 25일 홍만우를 탄핵하는 성균관 유생들의 소사를 구경할 기회가 있었다. '품행은 졸렬하기 짝이 없고, 선비로서의 위엄이나 예의는 조금도 찾아볼 수 없구나.' 영남 남인들의 눈에 비친 성균관 유생들의 모습은 그러했다. 성균관 유생들이 대궐을 향해 줄지어 가는 동안 성균관에 소속된 노복 수백 명이 즐비하게 늘어서 사람들의 통행을 막았다. 그들은 무심코 지나가는 사람들에게 고함을 지르는 게 예사였고, 심지어 부조 명목으로 시장 물품을 약탈하기도 했다. 이 때문에 시장바닥은 삽시간에 텅 비다시피 했다고 한다. 이러한 평가의 저변에는 서인세력이 주도하는 성균관에 대한 남인세력의 비판적인 선입견이 자리잡고 있었다.

------

* 합(閤)이란 편전(便殿)의 앞문으로 왕이 거처하는 궁궐 앞에서 엎드려서 올리는 상소를 말한다.

해를 넘기고야 마니 상소는 허사로 돌아가나

26일 아침이 되자 필체가 뛰어난 이동빈이 수정된 상소의 전문을 베껴 썼다. 병조兵曹에서 이문표가 보낸 사소서리寫疏書吏가 왔으나 마침 쓰고 있는 중이라 돌아가게 했다. 이문표 등이 와서 소본을 검토한 후 권부에 게 조금 수정해줄 것을 부탁했다. 김명석 등이 다시 승지들을 찾아가 소 본을 보이며 의향을 탐문해보니 모두 긍정적인 의견을 주었다. "이는 정 치색을 띤 편향된 당론이 아니기에 봉입하는 데 문제는 없을 것 같다. 도 승지와 의논해보겠다. 다만 춘소春疏 때 주동한 인물이 인명록에 포함되 어 있으면 봉입하지 않을 것이다." 춘소란 사계沙溪 김장생의 문묘종사 반 대상소를 말하는 것이다. 급히 연명부를 확인하는 소동이 벌어졌고 결국 복합상소는 하루 늦춰졌다.

이튿날 아침 권부가 수정한 소본을 갖고 오는데, 끝부분 예닐곱 줄을 다시 고쳤다. 오늘은 왕세자가 정무를 볼 예정이므로 그에 맞춰 수정한 것이다. 소본을 베낀 다음 대궐로 향했다. 소두 이하 배소유생들은 건복 을 갖추고 줄지어 돈화문까지 걸어갔다. 문 앞에 돗자리를 깔고 소본을 앞에 놓은 후 소두 이하 배소유생들도 자리를 잡고 앉았다. 병조의 하인 을 시켜 수문장을 불렀다. 그를 통해 서리로 하여금 대개를 갖고 승정원 에 들어가게 했다. 아래는 소본의 일부다.

"경상도 안동유생 생원 이산두 등은 황공한 마음으로 왕세자 저하께 머리를 조아려 삼가 두 번 절하며 글을 올립니다. 과실은 껍질을 벗고 꽃은 흐드러 졌으며, 예절은 널리 퍼지고 문학은 번성하고 있습니다. 서원과 향교는 서로 의지하면서 각종 청원을 쏟아내니 폐단을 제거하기 위한 의도입니다. 그래야 문헌의 나라이고 노래가 끊이지 않는 땅이 되는 것입니다. 학교가 널리 설립되어 그것이 있는 곳마다 예절이 퍼져 있고 분수에 넘치는 일을 하지 않는 것도 근거가 있는 일입니다. 그런데도 어사가 보고 듣는 것이 혹 소상해야 하는 도리를 결여한 결과 조정의 철거하라는 명령이 덕을 이룬 서원에까지 미쳤다면, 뭇사람들의 참담하고 실망하는 마음은 말로 형언하기 어려울 것이며 또 조정의 체통이 손상됨은 어떠하겠습니까.

저희가 살고 있는 안동은 땅이 신령스러운데다 인재를 길러냄이 번성해 석유碩儒, 명덕이 대를 이어 나와 사람들의 내면을 모자라지 않도록 했습니다. 가정嘉靖 연간에 중판서 김진이 있었는데, 그는 일찍이 기묘명현 민세정에게 배우며 모든 군자에게 이어져온 논설을 들었습니다. 또 호남명현 김인후와 함께 성균관에 들어가 도의계道義契를 결성하기도 했습니다. 서당을 열어서는 수십 년간 생도들을 훈도하니 칭송이 그치지 않았고 인재 양성의 번성함에 세상 사람들이 부러워했습니다. 문장공 정경세도 묘지를 쓰면서 그것을 찬미했던 것입니다.

그에게는 다섯 명의 아들이 있었는데, 손수 시문과 예절을 가르치고 아울러 문순공 이황의 문하에 나아가 바로잡도록 했습니다. 하나같이 재주가 달통하고 덕을 이뤘을 뿐만 아니라 아름다움도 갖추게 됐던 것입니다. 사성 김극일은 학문에 특히 뛰어난데다 풍류에도 두드러진 면이 있어 사문師門에 들어가 문학 부문을 부각하는 데 기여했습니다. 찰방 김수일은 식견이 정밀하고 밝았으며 인심과 도심이 체와 용의 관계가 아니라는 주장을 변파함으로써 사문의 인상을 크게 각인시켰습니다. 생원 김명일은 천부적인 자질이 도에 가까웠으며 행동이 순수하고 분명해 사문의 사랑을 가장 많이 받았습니다. 우리 문충공 김성일은 공부가 대단히 독실했고 심법에 심히 엄격했을 뿐 아

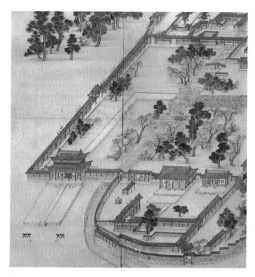

돈화문 앞을 그린 모습이다. 상소를 올리기 위해서는 매일 저 앞으로 나아가 주구장창 기다려야 했고, 때로는 수문장에게 냉대를 당하는 수모를 겪어야 했다.

니라, 신의를 미개한 족속들에게 행해 충렬이 난세에 두드러졌으니 도덕과 공적이 백대에 찬란했습니다. 부사 김복일은 능히 심성을 다스리고 기질을 교정해 부드럽게 하여 낡은 것을 세탁해 새로운 사업을 무성하게 함으로써 침잠하고 복종하는 공이 있었습니다.

오호! 향선생이 사망하면 제사를 지낼 수 있지만, 이 지방의 사람으로 머물면 정사精舍로서 하나의 향현사鄕賢祠가 되는 것입니다. 옛날 현인의 무덤이 있는 산 옆에 산뜻하고 깨끗한 몇 칸짜리 집을 지은 것은 실로 향인들이 덕을 기리는 성심에서 나온 것 이상은 아니었습니다. 옛사람들이 이미 행하며 남긴 사례이기 때문에 조정에서조차 금지할 뜻이 없었는데, 단지 서원이라 잘못 칭했다는 이유로 이 같은 철거의 엄명이 있게 되니 저희는 놀랍고 황망하며 슬프고 절박해 어찌할 바를 몰랐습니다. 그 즉시 서원의 칭호를 없애고는 대리청정을 하시는 세자저하께 복합상소를 하게 되었습니다.

김홍도의 《행려풍속도병》 중 〈취중송사〉. 술집에서 나오길 기다렸다는 듯이 두 민초가 수령의 귀갓길을 막고 격쟁 상소를 올리는 모습. 맨 하단에 다투고 있는 두 사람의 모습, 땅에 엎드려 쟁론의 요지를 받아 적는 관속, 차마 뿌리치지 못하고 듣는 수령의 모습이 그려졌다.

엎드려 바라건대 저하께서는 굽어 살피셔서 속히 사당을 철거하라는 지시를 다시 거두시고 과거처럼 정사로 존치하도록 허락하셔서 백성들이 덕을 기리고 계승하려는 바람을 위로해주신다면 천만다행이겠습니다. 저희가 맡은 소임도 없이 흥분한 나머지 두려워해야 할 곳에서 죽을 줄도 모르고 함부로 말씀드리게 됐습니다."

"오늘은 관직 임용의 인사가 있는데다 청나라 황제의 급한 전갈이 있어 봉입할 겨를이 없겠다."

대개를 갖고 들어간 서리가 한참 뒤에 나와서 돌려주며 한 말이었다. "이만 물러갑시다." 서로 돌아보며 낙심했지만 다른 방도가 없었다. 광주 유생들도 재상 이이명 조부의 서원에 관한 일로 어제 상소했으나 봉입하지 못한 터였다. '서인조차 상소하지 못하는 마당에 우리 것이 수용될 리가⋯⋯.' 그렇지만 성균관 유생들의 상소는 이미 봉입돼 송시열 · 권상하를 비판한 홍만우는 귀양을 갔다.

막후접촉이 다시 재개됐다. 시시각각으로 변하는 상황 속에서도 쉽게 포기할 수 없도록 서광이 비쳤다. 29일 아침 승정원에서 여계주에게 보낸 편지가 도착했는데, 승지들이 상소의 의도를 살피며 봉입할지의 여부를 논하고 있었다. 이에 따라 소본의 내용 중 상황에 어긋날 만한 것은 빼고 다시 고쳤다. 게다가 김치조가 찾아와 "처숙부(좌승지 이덕영)가 소본을 보더니 문장을 다소 고쳤으면 하는데, 그에게 보이는 것이 어떻겠습니까?"라고 물어 모두 고맙고 다행한 일이라며 동의했다. 하지만 끝내 복합할 기회를 얻지 못하고 해를 넘겨야 했다.

1718년(숙종44) 정월 1일. 설날이 설날 같을 리가 없었다. 경주인京主人이

떡과 국물, 술과 과일 등을 가져와 위로했지만 모두가 답답한 심정을 가눌 길이 없었다. 소사가 늦어지는 것도 문제지만 여비까지 떨어졌으니 아무 방도가 없었다. 먹을 양식이 떨어지는 바람에 김세함을 낙향시키면서, 김하중으로 하여금 따라가 양식을 조달해오도록 한 터이지만, 당장 먹을 양식이 없었다. 할 수 없이 노복을 시켜 돗자리를 만드는 장인에게 빚을 내게 했으나 단번에 거절당하고 말았다. 이들에게는 남들이 믿을 만한 무엇 하나도 남아 있지 않았던 것이다.

그렇다고 좌절할 순 없었다. 설날에도 아랑곳하지 않고 김명석은 김치조를 찾아갔다. 마침 좌승지 이덕영이 와 있어 좌중의 모든 사람이 상소를 봉입할 것을 권유했더니 응답이 있었다. "임금의 건강 상태가 좋지 않아 어렵지만, 모든 분의 뜻이 간절하니 봉입될 수 있도록 동부승지에게 주선해보겠다." 다음날 김민행이 심단소를 찾아가니, 그 역시 "승지 심택현은 우리 집안사람이므로 힘써 도모해보겠다"며 힘을 보탰다. 김명석, 김민행이 여계주와 함께 이홍의 집에도 갔지만 출타하고 없었다. 그 손자가 나이 열네댓쯤 돼 보였는데 미모가 수려했다. 여계주가 소본을 읽도록 하고 나서 물었다.

"너는 김학봉을 아느냐?"

"선비 된 자가 어찌 독서를 하면서 김학봉을 모르겠습니까?"

"이 일은 당론과 관련된 것도 아닌데 봉입되지 않는 것은 어찌된 일인가?"

"할아버지께서도 마땅히 봉입돼야 한다고 말씀하셨습니다."

모두 고개를 끄덕였다.

물론 찬물을 끼얹는 사람들도 있었다. 김민행이 찾아간 이태구는 "일이 풀릴 것 같지 않은데 빨리 집으로 돌아가는 것만 못하다"라고 할 뿐이었다. 나름대로의 상황 판단이 있었겠지만, 사정이 절박한 이들에게는 절망을 안겨주기에 충분했다. 그럼에도 김치조가 황참판의 집으로 가 승정원에 다리를 놓아줄 것을 부탁하고, 심참판이 심택현에게 편지로 봉입에 힘써줄 것을 권유하는 등 주위 사람들의 눈물겨운 도움 덕분에 일말의 희망을 가질 수 있었다.

그러나 1월 4일 청나라 사신이 도착함에 따라 복합상소는 다시 미뤄졌다. 사신들은 반가운 존재일 리가 없었다. 그들이 돌아갈 때까지 일체의 정무는 중단되기 때문이다. 머리를 땋은 얼굴과 복장이 해괴해서 보기에 민망스러웠다고 묘사하는 표현에 그들의 속내가 드러난다. 그런 와중에도 일행은 소본을 수정하거나 봉입을 위한 방안을 찾는 한편, 상소 대신 비변사備邊司를 통해 해결할 방법도 강구했다. 8일 드디어 청나라 사신이 돌아갔다는 소식이 전해지자 소사는 다시 활기를 띠기 시작했다.

과연 임금은 정말 몸이 아팠을까?

9일 아침식사를 마치니 반촌에서 소두가 도착해 대궐로 향했다. 병조의 하인이 대개를 갖고 들어간 지 2식경(1시간) 후 돌아와 승정원의 말을 전했다. "왕이 대전에 들지 않아 봉입할 수 없었습니다." 입직 승지가 누구냐고 물으니 이홍과 유명홍이라고 했다. 뾰족한 수가 없어 집으로 돌아왔다.

다음날 양식이 바닥나 빌린 쌀로 죽을 끓여 먹은 후 대궐로 향할 채비를 갖췄다. 병조의 서리가 와서 어제 입직한 승지는 단 두 명뿐이라고 해, 급히 이덕영에게 사람을 보내니 아침에 입직하겠다고 했다. 곧장 대궐로 가서 대개를 들여보내고 모두 자리에 앉아 기다리고 있었다.

이때 또 속 뒤집히는 일이 발생했다. 어떤 괴상하게 생긴 유생 한 명이 붉은 가방을 짊어지고 와서는 자리를 빌려 말석에 앉았다. 그 역시 서리를 통해 대개를 들여보냈는데, 잠시 후 서리 두 명이 나와 그에게 공손하게 홍문관의 문안을 전했다. "소사는 당연히 승정원에 품하겠습니다." 이상하게 생각한 나머지 그에게 사는 곳을 물으니 의흥에서 왔다고 한다. 의성 김씨 관향지역 사람이나 다를 바가 없었다. 반가운 마음에 손을 잡으려다 말고 봉소 이유를 물으니, 우계와 율곡의 위패를 봉안한 서원의 사액을 청원하기 위해 왔다고 했다. 그는 남인이 아니었다. 영남 남인에서 당색을 바꾼 전향 서인노론이었던 것이다. 서인세력의 고의적인 방해 공작으로 여겨질 정도였다. 침묵이 주위를 감돌았다.

한참 뒤 서리가 두 개의 대개를 손에 쥐고 나왔다. "오늘 임금의 몸이 편치 않아 정사를 돌보지 못하니 돌아가 기다리시오." 의흥 사람은 곧바로 일어나 돌아갔으나, 이들은 승정원이 핑계를 대면서 미루기만 하니 결코 물러설 수 없었다. 그렇다고 다른 대책을 세우지 않을 수도 없었는데, 그 대책이란 소사도 하고 비변사에도 건의하자는 것이었다. 비변사의 서리에게 당상堂上이 누구냐고 물으니 판서 송상기와 권상유, 우참찬 민진후, 좌의정 이건명 등이라고 했다.

사실 이때까지만 해도 승정원이 방해하고 있다는 생각은 들지 않았다. 이튿날 김치조의 말은 의심을 더 불식시켰다. "어제 이홍을 만나 사정을 들으니 승지들의 방해는 없었다고 한다. 단지 임금의 몸이 편치 않아 상소를 봉입하지 못한 것이다. 내일 다른 상소가 예정돼 있는지 알아보니 와서 올려도 무방하다고 했다." 이에 용기를 얻은 그들은 아침식사를 마치자마자 소본을 들고 다시 대궐로 나아갔다. 세번째 봉소인 셈이다. 서리를 통해 대개를 들여보냈지만 조금 있다 곧 나와 돌려주었다. "담당 승지 이홍이 사정이 있어 나갔습니다. 지금은 봉입할 수 없습니다." 소본도 아닌 대개조차 왕에게 전달되지 못하는 일이 반복되고 있었다.

이런 상황을 가만두고 볼 수만은 없었다. 김민행이 김치조를 찾아갔더니 그가 상황을 설명했다. "어제 이홍을 찾아갔습니다. 그가 웃으며 '당신은 또 향촌 유생들의 일로 왔습니까?'라고 묻기에, 내가 '저 유생들은 객지에서 설을 쇠면서까지 연일 머무르고 있습니다. 소본의 봉입이 어려울 것 같으면 속히 돌아가라고 하겠습니다. 내가 유생들의 불신을 받지 않도록 해주셨으면 합니다'라고 말했습니다. 그러자 그가 '동료들은 마땅히 봉입해야 한다고 합니다. 다만 나는 오늘 입직이 아니니 내일 당신을 위해 일찍 입직하겠습니다'라고 하더군요."

김민행이 또 심참판을 만나러 가니 "심승지는 봉입되지 않을 것을 우려하지 말라"고 했다는 것이다. 승정원의 분위기가 그렇다고 하니 쉽사리 포기할 수도 없었다. 일말의 희망을 갖고 다시 봉입을 추진하기로 했으나 노복은 수시로 와서 양식이 없다고 졸라댔다. 이 때문에 답답하고 초조한 마음은 전혀 가시지 않았다.

12일 새벽, 병조의 하인을 시켜 승정원을 탐문하도록 했더니 암담한 소식이 들려왔다. 어제 인사에서 이덕영이 황해도 관찰사에 임명됐다는 것이다. '소사를 힘써 도와준 사람인데……' 여태껏 공들인 일이 무너지는 듯했다. 다시 서리를 시켜 이홍의 입직 여부를 탐문하게 했다. 그가 들어왔다는 소식을 듣자마자 대궐로 달려가 대개를 들여보냈다. 하지만 잠시 뒤 서리가 나와 "승지들의 의견이 일치하지 않아 봉입할 수 없었다"라고 전했다. 이대로 주저앉을 순 없었다. 그에게 다시 한번 시도해달라고 청했더니, 발끈 화를 냈다. "전례도 없는 일이다. 승정원 승지를 거친 사람이 요청하지 않으면 봉입할 수 없을 것이다." 결국 섭섭하고 실망한 마음을 안고 물러날 수밖에 없었다. 얼굴을 때리며 부는 세찬 바람과 함께 내리는 눈은 뼛속에 사무치는 듯했다. 눈물이 앞을 가려 제대로 걸을 수 없을 지경이었다.

좌절감에 여비마저 바닥나고

희망은 자꾸 멀어져만 갔다. 내일은 모레 있을 왕실의 제사 입재入齋이고, 사흘 뒤에 있을 인사에는 두 명의 승지가 새로운 인물로 바뀔 것이란다. 여비는 벌써 완전히 바닥나 돌아가는 일과 머무르는 일, 둘 다 난감해졌다. 모두 속수무책으로 천장만 쳐다봤다. 그런 와중에 실낱같은 희망을 안고 김명석이 재상 서종태를 찾았으나 위로는커녕 나무라기만 했다.

"지금은 적절한 때가 아니니 상소할 시기를 늦추시오."

화부터 났다.

'늙고 고질병이 든 사람이 손을 써볼 생각도 않고…… 대대로 내려온 정분이 깊고도 두터울 텐데 어찌 이다지도 무정할 수 있단 말인가!'

서종태는 함재 서해의 후손으로 함재는 학봉 등과 도의道義의 교분을 맺기도 했던 인물이다. 모두가 서종태의 행태를 비난하다가 각기 소주 두 잔씩을 들고 자리에서 일어났다.

김민행은 별도로 심단소를 찾아갔다. 그는 묵묵히 앉아 듣기만 했다. 무언가 내막을 알고 있는 듯한 모습이었다. 간간이 그의 얼굴에 곤혹스런 표정이 스쳐 지나갔으나 쉽게 속내를 드러내지는 않았다. 한참 뒤 말문을 연 그는 비변사에 청원하는 방법도 찾아보라고 했다. 더이상 물어보지 않고 달려와 김명석에게 비변사에 올릴 글을 지으라고 했다. 닭이 울 때가 다 돼서야 글이 마무리됐다.

13일 아침, 글을 베껴 심승지에게 전했지만 답신은 비관적이었다. "이 일은 마땅히 담당 승지와 상의해 처리하겠습니다. 그러나 오늘내일은 마침 기일이라 어렵겠고 며칠 뒤 봉입하도록 하겠습니다." 승지들은 만날 때마다 봉입하겠다고 말했으나 실로 그러하진 못했고, 일은 지연되기만 했다. 그럼에도 이런 말을 믿고 싶은 것은 지푸라기라도 잡으려는 심정 때문이었다.

그러다가 사람들을 만나는 과정에서 전말이 드러나기 시작했다. 봉입되지 않았던 데는 다른 이유가 있었는데, 그 중심에는 바로 도승지 조도빈이 있었다. 탐문을 해봤다.

우선 여계주가 이홍을 찾아가니 비로소 사실대로 입을 열었다. "이 소본은 봉입하는 데 어려움이 없는 일이라 나도 반드시 봉입해야 한다고 주장했다. 그런데 도승지가 극력 반대해서 봉입할 수가 없었다"고 털어놓는 것이다. 김명석은 김언명을 찾아갔다. "시종 막는 자가 도승지이다." 답변은 같았다. 그는 "오음梧陰 윤두수 자손과 도승지가 절친하니 만약 대대의 교분이 있다면 내가 시도해보겠다"는 말도 덧붙였다. 충격으로 눈앞이 캄캄했지만 김명석은 가까스로 정신을 가다듬었다. "오음과 학봉은 명나라에 변무辨誣를 위해 함께 사신으로 간 적도 있습니다."

■북촌(삼청동~안국동)

■정부관청
호조, 한성부, 이조,
의정부가 보인다.

■소공주동(소공동)
안동 출신 김치조의 집. 그
의 처숙부가 승지 이덕영
이라 직접 찾아가 부탁했
다. 헌데 이덕영은 봉입에
애써주다가 황해도 관찰
사로 발령이 나 떠나고 말
았다.

■돈화문
돈화문. 향촌 남인에 속한 일행
이 서인에 속한 승정원 승지들
과 봉입을 놓고 길고 긴 줄다리
기를 했던 곳이다. 문밖에 돗자
리를 깔고 한 달 넘게 기다렸지
만 결국 소를 올리지도 못하고
눈물을 머금고 물러나야 했다.

■회동(회현동)
승지 이홍과 판서 이이녕의
집이 회현동에 있었다.

지금의 청파동. 23일 일행은 남대문과 한강 사이의 청파
(靑波)에 사는 참판 심단소를 찾아가 상의했다. 그는 얼굴
이 학과 같은 사람이었다. 일행은 이후 일이 안 풀릴 때마
다 그를 찾아갔지만, 심참판 또한 서인 세력의 방해를 무
력화시킬 만한 힘은 없었다.

■청파

필동 일대. 첫날 김명석 일행은 필동에 있는 안동부사 유중
무의 집을 찾아갔다. 인맥을 최대한 동원하기 위해서였다.
유중무, 여계주 등이 소본을 읽어보고 잘 썼다고 청찬했다.

■필동

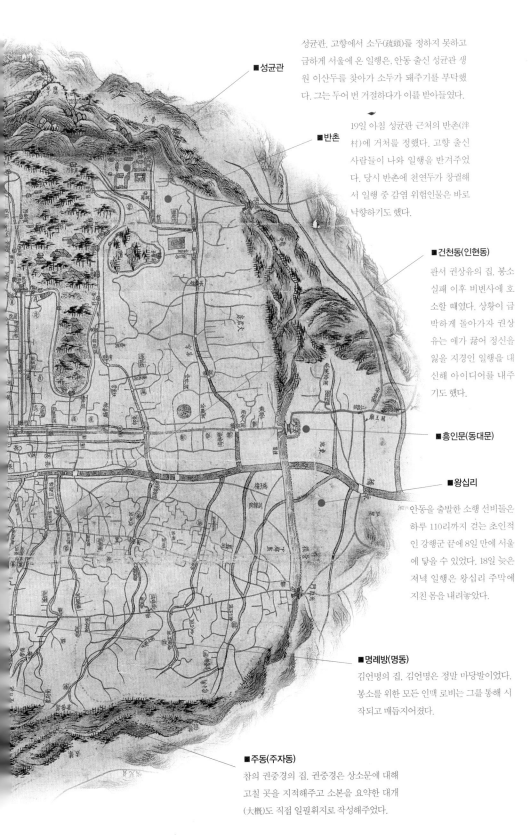

■성균관

성균관. 고향에서 소두(疏頭)를 정하지 못하고
급하게 서울에 온 일행은, 안동 출신 성균관 생
원 이산두를 찾아가 소두가 돼주기를 부탁했
다. 그는 두어 번 거절하다가 이를 받아들였다.

■반촌

19일 아침 성균관 근처의 반촌(泮
村)에 거처를 정했다. 고향 출신
사람들이 나와 일행을 반겨주었
다. 당시 반촌에 천연두가 창궐해
서 일행 중 감염 위험인물은 바로
낙향하기도 했다.

■건천동(인현동)

판서 권상유의 집. 봉소
실패 이후 비변사에 호
소할 때였다. 상황이 급
박하게 돌아가자 권상
유는 애가 끓어 정신을
잃을 지경인 일행을 대
신해 아이디어를 내주
기도 했다.

■흥인문(동대문)

■왕십리

안동을 출발한 소행 선비들은
하루 110리까지 걷는 초인적
인 강행군 끝에 8일 만에 서울
에 닿을 수 있었다. 18일 늦은
저녁 일행은 왕십리 주막에
지친 몸을 내려놓았다.

■명례방(명동)

김언명의 집. 김언명은 정말 마당발이었다.
봉소를 위한 모든 인맥 로비는 그를 통해 시
작되고 매듭지어졌다.

■주동(주자동)

참의 권중경의 집. 권중경은 상소문에 대해
고칠 곳을 지적해주고 소본을 요약한 대개
(大槪)도 직접 일필휘지로 작성해주었다.

김언명은 아들을 보내 오음의 자손을 모셔 와 먼저 여러 대에 걸친 우의를 설명한 다음 변고를 만나게 된 사정을 얘기했다. 그러자 오음의 후손은 충고하듯 말했다. "옛사람들이 말하기를 돈도 없이 빈손으로 길을 가기는 어려운 법이라고 했습니다. 지금 세상에서도 돈이 없으면 매사가 어려운 법이지요." 이른바 로비 자금이 필요하다는 것이다. 그런 실상을 모르는 건 아니었다. 그렇지만 인맥을 동원해 동분서주하는 것도 그런 부담에서 벗어나보고자 한 것이 아닌가. "경비뿐만 아니라 돌아갈 여비마저 떨어졌습니다." 다시 한번 사정을 말했다. "대개의 현실이 그러하다는 것이니 너무 심려치는 마시오." 오음의 후손은 달래더니 즉석에서 글을 써서 도승지에게 보내줬다. 곧 도승지로부터 답변이 왔는데 "동료들과 계속 상의하고 있지만 어떻게 결론이 날지 알지 못한다"는 내용이었다. "일이 풀리지 않는구나!" 오음 후손의 입에서 짧은 탄식이 흘러나왔다.

김명석과 별도로 김민행은 이만성의 집으로 갔다. 비변사 당상 민진후가 그의 외척이기 때문이다. 이만성은 민진후에게 부탁을 해보겠다고 약속한 터였다. 그러나 그는 출타하고 없었다. 하는 수 없이 글을 남겨놓고 돌아왔는데 뒤늦게 답장을 보내왔다. "어제 민진후를 만났는데 그가 '이 일을 왕에게 보고하는 과정을 거치려 하지만, 비변사로부터 발의하기는 어려울 것 같다. 또한 내 형제 모두 비변사를 이끌게 된 것을 계기로 가문을 번성케 하는 것을 목표로 삼아 처신에 신중을 기하고 있다. 이런 마당에 청탁을 받으면서 회의를 열기는 어렵지 않겠나' 라고 했다."

15일, 아침을 간단히 먹고 다시 대궐로 나아가 다섯번째 봉입을 시도했다. 하지만 승정원의 답변은 어제와 다를 바 없었다. 의흥 사람의 사액 청원소 역시 환급됐다. 자기 당색의 청원도 이러한 마당에 그들의 상소가 봉입되기를 바라는 건 무리였다. 결국 승정원을 통한 봉입은 포기하기로 했다. 그러자 배소유생들은 더이상 할 일이 없어졌다. 비변사로의 청원은 공론화 과정을 거치지 않고 후손의 청원 형태로 이뤄지기 때문이다.

하지만 돌아갈 여비가 남아 있지 않았다. 수중에 남은 돈이라고 해봐야 빌린 돈 두 냥뿐이었다. 모두 주린 배를 움켜쥐고 고향에서 보낼 여비가 도착하기만을 기다렸다. 닷새가 지난 20일이 되어서야 비로소 서원에서 보낸 짐이 도착했다. 오랫동안 굶은 나머지 이것이나마 눈물이 날 정도로 기뻤다. 유생들이 돌아갈 여비를 나눠주고, 나머지는 후손들이 머무는 자금으로 사용하게 했다. 이틀 뒤 출발하려 하자 설상가상으로 밤새 내린 눈이 무릎까지 차올라 있었다. 남은 여비가 빠듯해 눈길이지만 귀향을 결행하지 않을 수 없었다.

행운의 비변사 제사

유생들이 내려간 뒤 김명석, 김민행 두 사람은 남아서 비변사에 청원하는 일을 주선했다. 심참판을 찾아갔더니 그가 물어왔다.

"이 일은 비록 공론이라 하나 사정이 절박해 자손들이 하는 것만 같지 못하다. 도성에 혹시 외손 되는 자가 있는가?"

"판서 윤강의 자손이 선조의 외손이 됩니다만 힘이 없어 도움이 되지 못할 것입니다. 감사 최현의 후손 최체건 역시 외손으로서 서울에 있으면서 판서 민진원과 사돈관계에 있기는 하지만 상세히 알 수 없습니다."

"그렇다면 내 일가인 심참봉이 민진원과 절친하니 다리가 되어줄 것이다."

즉시 심참봉을 민판서에게 보내니 답변이 돌아왔다. "내가 마땅히 가서 만나야 하겠으나 탈 말이 없다. 내일 말이 있으면 한번 가보도록 하겠다." 이러는 사이 날짜는 자꾸 지체돼 정월 그믐께야 비로소 청원서를 쓸 수 있었다. 진사 유정이 써서 서명했고, 신유한이 와서 검토했다. 그러나 비변사 회의가 열리지 않아 청원서 올리는 일은 지연되고만 있었다.

2월 6일 통행금지 해제를 알리는 파루罷漏 후 김명석 등은 비변사 회의가 열린다는 얘기를 듣고 경리청으로 가 대기했다. 해가 뜨기 전 영의정이 먼저 도착하고 이어서 당상들도 속속 도착했다. 영의정은 조태채, 당상은 최석항, 권상유, 이홍술, 낭청郎廳은 백수일, 조호신, 이정이었다. 백 낭청은 영남인이고 이낭청은 서울 사람이지만 같은 남인의 당색이다. 자 못 친절하게 대하면서 여러 방도를 가르쳐줬다.

청원서를 올리자 조금 뒤 백낭청이 결정서인 제사題辭를 급히 들고 나와 보여줬다. "서원과 사우를 철거하라는 조정의 명령이 있었지만, 그것을 보존하고 철거하는 일은 묘당廟堂, 비변사가 지휘할 일이 아니다. 영당影堂을 사사로이 건립하는 일도 조정에서 알아야 할 일도 아니다." 서원의 철거 문제에 대해 비변사에서 관여할 바는 아니지만, 서원을 영당으로 고치는 것에 대해 조정에서 개입해서는 안 된다는 유권해석인 셈이었다. 그렇다면 사빈서원은 철거되지 않고 영당으로 남을 수 있는 길이 열린 것이다. 모든 고민과 피로가 한꺼번에 날아가버린 듯한 느낌이었다.

하지만 기쁨에 들떠 있을 수만은 없었다. 영상의 결정에 당상들이 동의하는 서명이 남아 있기 때문이다. "서명은 당상이 하니 자손이 직접 가서 부탁하라." 백낭청이 말했다. 두 사람이 갖고 들어가니 최석항이 "서명은 영상의 분부가 없이는 할 수 없는데, 영상은 이미 가버려 어떡하나?"라고 하자, 권상유가 "내가 호조에 처리할 일이 남아 있는데, 그동안에 빨리 재상의 집으로 가서 분부를 듣고 오라"며 도와줬다. 두 사람이 즉시 조태채의 집으로 달려가 마당에서 서명을 부탁했더니 그가 물었다.

"비록 분부를 하고자 하나 내가 나갈 때 당상들도 이미 가버렸는데 누가 다시 이것을 하겠는가?"

"호조판서께서 처리할 일이 남아 머무르고 계십니다."

"그렇다면 영상으로서 분부한다고 가서 말하라."

드디어 허락이 떨어졌다. 급히 돌아오는 중 두 사람은 그만 말이 발을 헛디뎌 넘어지고 말았다. 사고를 수습하고 허겁지겁 달려 비변사에 돌아오니 권판서는 이미 봉인을 하고 나오는 중이었다. 영상의 말을 전했지만 그는 "도장을 이미 봉했고 내가 또 나가야 하니 내일 재상이 나와 비변사 회의를 주재할 때 일찍 올 수 있다"고 말하고는 가버렸다. 허망하기만 했다. 또다시 좌절되는 것은 아닌지 불길한 마음이 앞섰다.

다음날 새벽 비변사로 갔으나 영상이 나오지 않아 회의는 열리지 않았다. 낭청들과 대책을 논의하니 "지금 낭청이 어제의 공무 가운데 잘못된 결정이 있어서 도장을 갖고 당상의 집으로 갔다. 가서 어제의 당상을 만난다면 혹시 변통의 길이 있을지 모르겠다"고 알려줬다. 곧장 권판서의 집으로 가 마당에 서서 요청했다. "집에서 서명하는 것은 유사당상有司堂上*이 아니면 할 수가 없다. 급히 유사당상의 집으로 가서 간청해보라"는 답변이 돌아왔다. 유사당상이 누구인지 물으니 송상기와 이이명이었다. 그

---

* 조선시대에 종친부, 충훈부, 비변사, 기로소 따위의 사무를 도맡았던 당상. 각기 당상 가운데 임금에게 아뢰어 뽑았다

들의 집은 서로 20리나 떨어져 있어 절박한 심정을 누구이 말씀드렸다. 마침 권상유의 아들 진사 권혁이 집 주위를 배회하며 살피다 와서는 "진정하는 일이 비록 힘들겠지만 유사당상이 아니면 집에서 서명하는 법은 없습니다. 속히 가서 영상의 분부를 받은 서리 한 명을 데려온다면 일은 풀릴 것입니다"라며 방도를 알려줬다.

김민행은 즉시 영상의 집으로 향하고 김명석은 홀로 마당에 서 있었다. "공무가 아니라면 사대부는 마당에 서 있을 이유가 없네. 마루에 오르도록 하게." 권판서가 권했지만 김명석은 한사코 거절했다. "일이 결정되기 전인데 어찌 감히 오르겠습니까?" 때마침 대신들과 하직 인사를 하러 온 수령들이 가득 앉아 있었다. 청원서를 큰소리로 읽은 다음 권판서가 말했다. "부자·형제의 위패가 함께 봉안되는 것은 선례가 있으면서도 드문 일이지만, 어사가 가볍게 먼저 철거를 청하였으니 자손들의 애통함이 진실로 저러하다. 또 어제 영상의 결정서를 얻었으나 서명을 하지 못했기에 그들에게 유사당상의 집으로 가라고 했다. 나도 어제 지원했지만 일이 끝나지 않았으니 참으로 고생이다." 김명석이 답했다. "대감께서 어제 당상이셨을 뿐만 아니라 재상의 서명 분부도 대감께 전달됐습니다만, 다른 당상에게는 미치지 않았으니 그들이 어찌 그것을 알고 허락하겠습니까?" 이에 권판서가 서리를 시켜 도장을 당상들에게 보냈다.

김민행이 재상의 집으로 갔으나 문지기에게 막혀 들어갈 수가 없어 빈손으로 되돌아왔다. 두 사람이 같이 유사당상에게 가니 송판서는 이조판서로 옮길 인사가 멀지 않았다며 집 안으로 들이지 않았다. 인사를 앞두고 사전 청탁을 막기 위해 관례적으로 하는 일이었다. 다시 이판서의 집으로 갔더니 서리가 오지 않아 되돌아오고 말았다. 비변사로 발걸음을 옮기니 낭청과 서리배들이 모두 "도장을 가진 서리가 이미 송판서에게 가서 서명을 얻어서 왔으나 서로 만나지 못해 다시 송판서 댁으로 갔으니 필시 길이 어긋나 그렇게 된 것이다. 그 서리가 반드시 되돌아올 것이니 여기서 기다리라"며 권했다.

두 사람이 앉아서 기다리니 한참 뒤에 서리가 과연 서명을 갖고 되돌아왔다. '이로써 모든 일이 끝났구나.' 그제야 안도의 한숨이 나왔다.

가벼운 환향길과 쓸쓸한 뒷맛

반촌으로 되돌아오니 아침에 시작한 성균관 유생들의 입재 행사가 계속되고 있었다. 각자에게 소식을 전하니 결정서 발급받은 일을 축하해줬다. 이문표가 옆에서 대단히 많은 힘을 써줬기 때문에, 잠시 들어가 고별 인사를 했다. 곧바로 짐을 챙겨 출발했다. 다음날 8일 직곡直谷에 도착하자 주막집 주인이 어젯밤 왕세자빈의 사망 소식을 전하는 공문이 지나갔

조상의 위패를 모셔두는 감실(龕室).

다고 전했다. 만약 어제 서명을 얻지 못했으면 장례가 끝날 때까지 기다려야 했을 수도 있다는 생각을 하자 소름이 끼쳤다.

13일 낮에 비로소 향청에 도착 사실을 알렸다. 별감 이석구와 김세갑이 술을 들고 찾아와 함께 기쁨을 나눴다. 비변사의 결정서를 안동부사에게 보이니 매우 좋아하면서 반갑게 맞았다. "비단 본손들의 다행만이 아니다. 나 역시 다행이다. 만약 이 결정서가 없었다면 어찌 차마 그 난처한 변고를 봐야 했겠나." 밤이 깊은 뒤에야 천상川上 마을에 도착하니, 소식을 들은 일가 사람들이 모두 나와 축하해줬다.

두 달여에 걸친 상소길은 이렇게 마무리됐다. 물론 결과는 성공적이었지만, 그 과정은 결코 순탄치 않았다. 비록 비변사의 결정으로 철거는 모면했지만, 동분서주하며 백방으로 전개한 막후교섭에도 불구하고 승정원에서 상소 봉입을 방해한 것은 씁쓸한 뒷맛을 남겼다. 이는 어쩌면 붕당의 역학관계가 상존하고 있는 현실에서 재야의 남인세력이 필연적으로 겪어야 하는 통과의례일 수도 있었다. 그러나 승지들의 방해는 노골적이지 않았다. 그들이 철저하게 연막을 치면서 교묘한 방법으로 봉입을 방해한 것은 강력한 견제세력으로서 남인의 실체를 의식하고 있음을 반영하는 것이었다. 자칫 영남 남인을 자극할 경우 돌아오는 반작용을 염두에 두지 않을 수 없었던 것이다. 이것이 역설적으로 비변사를 통하는 우회적 방법으로 청원이 성공할 수 있었던 매개가 되었다.

며칠 뒤 경상감영에서 사빈서원을 철거했는지의 여부를 물었는데, 안동부사가 비변사의 결정문을 근거로 보고함으로써 무사할 수 있었다. 이때문에 사빈서원은 영당으로 존속할 수 있게 됐다. 그러나 이 영당 역시 대원군의 서원훼철령에 의해 철거됐다. 그러다가 뒤에 강당講堂과 주사廚

숲가 복원됐다. 그리고 그것은 임하댐을 건설할 때 임하면 사의리로 옮겼다가, 최근 천전 2리의 야트막한 야산에 원래의 모습을 되찾기 위한 중건이 적극 추진되고 있다.

상소길 일지—◉

【1717년】

12월 11일 소두 없이 한양으로 출발. 남문 밖에서 숙박

12월 12일 남문 → 송원 → 풍산 → 발산촌

12월 13일 용암에서 중식. 상주에서 숙박

12월 14일 신원관에서 중식. 저녁에 문경 초곡에 도착

12월 15일 동이 트기 전 출발. 안보역에서 말에게 여물을 먹이고 수교촌을 거쳐 달천에 이름. 일행은 둘로 갈려 김명석 등 네 명이 밤길에 먼저 출발

12월 16일 누암 → 충주 숭선
김명석 일행: 누암에 먼저 도착했으나 이목역으로 가는 길에서 길을 잃음

12월 17일 해 뜨기 전 20리 길 이동. 안성 죽산에 도착
김명석 일행: 병교에서 말을 먹이고 남한의 남단사에 투숙

12월 18일 입직곡 → 판교에서 숙박. 110리 길을 걸음
김명석 일행: 진흙에 발이 빠져 전진하지 못함. 배를 타고 건너 왕십리에서 숙박

12월 19일 오후에 반촌에 입성.
김명석 일행: 아침에 반촌에 입성. 안동부사 댁 방문

12월 20일 소본에 대한 자문을 구하고자 사방으로 흩어짐

12월 21일 좌랑 권부에게 소본을 들였으나 술에 취해 검토하지 못함

12월 23일 참판 심단소를 찾아감. 소본을 살펴봐줄 것을 청함

12월 24일 다시 권부를 만나려 했으나 대궐에 나오지 않아 포기

12월 25일 참의 권중경이 소본을 손질하고 대개를 써줌. 사전 준비 작업 마무리

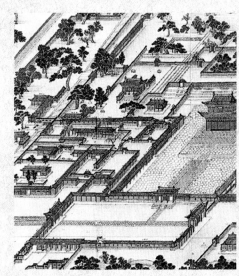

승정원과 궁내 각 사의 모습

12월 26일　수정된 상소문 전문을 베껴 씀. 다시 승지들을 찾아가 소본을 검토
　　　　　받음. 고칠 것이 있어 복합상소를 하루 미룸

12월 27일　소본의 일고여덟 줄을 추가로 고침. 배소유생들이 건복을 갖추고
　　　　　돈화문 앞에 자리 잡고 앉음. 청나라 사신의 방문으로 상소 봉입에
　　　　　실패

12월 29일　승지들의 의견이 도착해 소본을 재수정. 김치조가 좌승지에게 소본
　　　　　을 보여 수정하기로 함. 상소 복합할 기회를 놓치고 해를 넘김

【1718년】

1월 1일　먹을 양식과 여비가 바닥남. 김하중을 낙향시켜 양식을 조달해오도
　　　　록 함. 김치조의 댁을 찾아가 좌승지 이덕영을 만남. 여러 사람들을

창덕궁 앞의 조그만 표지석으로 남은 비변사 터와 『비변사등록』. 국보인 이 문건은 조선중기 이후 최고의결기관인 비변사에서 처리한 사건을 기록한 것으로, 『승정원일기』 『일성록』 등과 함께 실록보다 앞서는 기본적인 역사 자료다. 비변사가 도와주지 않았으면 안동 상소 일행의 모든 노력은 물거품이 되었을 것이다.

	찾아가 승정원에 다리놓아줄 것을 요청
1월 4일	청나라 사신이 도착함에 따라 복합상소가 다시 미뤄짐. 비변사를 통한 방법을 강구하기 시작
1월 8일	청나라 사신이 돌아감에 따라 소사가 활기를 띰
1월 9일	소두가 도착해 대궐로 향함. 봉입을 거부당함
1월 10일	대궐에 대개를 들여보냈으나 봉입에 재차 실패

1월 12일	이덕영이 황해도 관찰사에 임명돼 상황이 비관적으로 흘러감. 이홍의 입직 소식을 듣고 대개를 들여보내려 했으나 실패. 서종태를 찾아갔으나 꾸짖음을 당함. 심단소가 비변사에 글을 올릴 것을 권함
1월 13일	여러 방면으로 봉입과 비변사에서의 발의를 청탁해봤으나 모두 거절당함
1월 15일	대궐에 나아가 다섯번째 봉입을 시도했으나 거절당함. 승정원 봉입 포기. 배소유생들의 귀향을 결정했으나 여비가 없어 떠나지 못함
1월 20일	고향에서 여비와 짐 도착. 귀향길 결행. 김명석, 김민행 두 사람만 남아 비변사에 청원하는 일을 주선하기로 함. 비변사 회의가 계속 열리지 않음
2월 6일	비변사 회의가 열려 청원서를 올림. '서원을 고치는 일에 조정이 개입해서는 안 된다'는 유권해석이 나옴. 당상들의 동의를 받기 위해 동분서주했으나 동의를 얻지 못함
2월 7일	비변사 회의가 열리지 않음. 길이 어긋나는 우여곡절 끝에 당상들의 서명을 얻어냄. 일이 마무리되어 고별인사를 하고 짐을 챙겨 고향으로 출발
2월 8일	직곡에 도착해 왕세자빈의 사망소식을 들음. 어제 서명을 얻지 못했으면 어떠했을까 하는 아찔한 생각에 가슴을 쓸어내림
2월 13일	귀향 보고

유배길

조희룡, 고통 속에서 피운

성찰의 꽃

최기숙

가장이 유배 와 있는 동안 딸의

출산, 손자의 천연두, 아내의 이장

등 집안의 대소사에 변동이

있었다. 식구들은 좋은 소식만

가려서 보냈다. 식구 중 누군가

병이 들면 가만히 기다렸다가

나은 뒤에야 사연을 적어

임자도로 보냈다. 멀리서

고생하시는 아버지께 다른

걱정까지 끼쳐드릴 수는 없었다.

조희룡은 붓을 들어 고통을

돌봐주지 못해 미안하다는 말

대신, 어려움을 이겨낸 강인함을

격려해주었다.

그해 여름의 끝자락은 목 뒤에서 불어오는 서늘한 바람, 진저리쳐지는 소금 냄새, 땀도 나지 않은 채 타버릴 것처럼 화끈거리던 살갗의 쓰라림으로 남아 있다. 그것은 지울 수도 없는 몸의 기억이 되어, 지층을 파고든 갑작스런 지각변동처럼 예순을 넘긴 화가의 인생에 낯선 시간의 길을 열었다.

뱃전이 흔들릴 때마다 몸 안의 살아 있는 모든 것들이 역류하는 것 같아 아무것도 바라볼 수가 없다. 눈길을 들면 수만 갈래로 분산되는 햇살이 사납게 흔들리는 검푸른 바다 물살 위에서 늙은 몸을 비웃듯 반짝였다. 울렁거리는 숨결 사이로 파고드는 비릿한 바다 냄새만이 이것이 현실이라고 말해주듯 어지럼증을 돋웠다. 예순이 넘어 정확한 사유나 근거도 없이 저 먼 뱃길 너머 평생토록 가본 적도 없고, 들어본 적도 없는 섬으로 떠나야 했다. 머물 곳 없는 답답한 심경이 하릴없는 그물망처럼 바다 위에 그림자도 없이 번졌다.

그저 유명 문인의 문하를 드나들었다는 이유만으로 유배길에 오른 조희룡은 답답한 심경을 이루 말할 수 없었다. 〈풍도도〉, 셋손 슈우케이, 지본담채, 22.1×31.8cm, 무로마치시대, 개인소장.

예순의 화가, 유배길에 서다

남루한 뱃전에 단정히 앉아 먼 바다를 막막하게 응시하는 그는 붓으로 살아온 문인, 부지런히 발품을 팔며 중국에서 들어온 서적이나 서화를 보는 것으로 남루한 삶을 견뎌온 중인화가 조희룡(1789~1866)이다. 반상의 차이가 뚜렷한 신분제사회에서 벼슬길에 오를 수 없었던 중인의 신분이었지만, 보고 들은 견문이나 식견, 아름다움을 알아보는 식감이나 보이지 않는 마음의 길을 열고 응수할 수 있는 풍류로는 절대 처지지 않는다고 자부해오던 터였다. 손재주를 자랑한 적도 없지만 부끄러워한 적도 없었다. 배우려 해도 배워지지 않는 것이 바로 손으로 하는 그림과 글이라고 굳게 믿고 있었다.

그에게는 사물의 속내를 알아듣고 빛과 형체로 표현하는 재주가 있었다. 세상을 지배하는 법칙보다 먼저 존재하는 것은 손으로 만져지는 사람살이 그리고 사물의 말이었다. 그는 그런 삶의 주인으로서 감각에 충실한 육체의 지배자로 살고자 했다.

노래를 부르고 싶으면 매화를 그리고, 춤사위를 어우르고 싶으면 수줍게 핀 매화꽃 위에 살포시 내려앉은 나비를 그렸다. 손으로 붓을 든 게 아니라 붓이 손을 움직이는 듯 한 폭의 그림이 완성되면 마지막 먹을 흠뻑 적셔 그림 한 편에 시를 적었다. 낙관을 찍었을 때 그림은 비로소 제 몫의 생애를 짊어질 작품이 되었다.

조희룡은 19세기 문인이자 화가로서, 자기 삶의 근간이 되는 중인들의 삶과 그 문화에 깊은 관심이 있었다. 그의 가문이 어떠한지는 확실하게 알려진 바가 없다. 다만 세습적 중인 서리 가문이 아니라 무반 가문에 속했으며, 부친 조상연에 이르러서 문한文翰에 관심을 가진 것으로 알려져 있다. 조희룡의 신분과 직임을 파악할 수 있는 분명한 자료는 발견되지 않았으나 헌종에게 벼루를 하사받은 기록이나 철종조의 유배 기록으로 보아, 궁정 소속의 아전급인 액속掖屬이었던 것으로 추측된다. 조희룡은 신분이 낮았지만 개성적 취향, 예술적 재능, 심미적 안목으로 추사 김정희의 주목을 끌었고, 그 문하를 드나들면서 청에서 수입된 지식과 문화를 접할 수 있었다. 문학과 예술은 그가 사대부 지식인과 교류하며 독특하고 고유한 예술세계와 문화적 취향을 향유할 수 있는 매개가 되었다. 그 역시 이런 삶에 대해 상당한 자부심을 가졌던 것으로 보인다.

조희룡이 예순이 넘어 임자도로 유배를 가게 된 것은 그가 친분을 맺고 있던 김정희, 권돈인과의 정치적 관계와 관련된 것으로 알려져 있다. 철종의 조부 진종의 위패를 종묘에 봉안하는 것을 영의정 권돈인이 거부하자, 그를 처벌하자는 상소가 연이어 제시된 것이다. 이때 권돈인과 정치적 친분이 있던 김정희와 그의 심복으로 지목된 조희룡 등이 유배의 명을 받는다. 결국 권돈인은 강원도 화천, 김정희는 함경도 북청, 조희룡은 전라도 임자도, 오규일은 전라도 고금도로 유배를 떠났다.

조희룡은 1851년 8월 22일 임자도 유배가 결정된 이후 1853년 3월 14일 해배를 맞이할 때까지 햇수로 3년, 정확히 1년 8개월 동안 유배생활을 한다. 한 번도 정치적인 정점에 서 있던 적이 없었지만, 단지 유명 문인의 문하를 드나들었다는 이유만으로 삶을 저당 잡히게 된 것이다. 그것은 질문을 필요로 하지 않는 명백한 법령, 자기 앞에 닥친 거부할 수 없는 현실이었다.

뱃짐을 풀다

뱃멀미와 더위에 지쳐 삭신이 젖은 소금가마처럼 묵직해졌을 즈음 다다른 곳은 외딴섬 임자도, 낯선 외지의 어느 허름한 움집이었다. 문을 열면 저 멀리 푸른 바다가 보였다. 아직까지 그에게 바다는 멀미나는 현실,

어지럼증을 몰고 온 불행의 여정에 다름 아니었다. 바다 냄새가 역했지만, 그대로 방문을 닫기에는 오래 묵은 먼지 냄새, 돌보지 않은 황량한 기운을 받아낼 기력이 없었다. 그는 문을 연 채로 짐 꾸러미 속에서 옷가지에 곱게 싼 작은 족자 하나와 화첩을 꺼냈다. 함께 유배길로 나서야 했던 벗 오규일이 선물한 중국 족자, 밤새도록 청나라 화가들의 그림을 이것저것 챙겨 만든 화첩이었다. 청나라 연경을 둘러보고 새로 나온 책과 그림을 수집하러 가려고 꾸려두었던 행장이 하루아침에 귀양 갈 봇짐으로 바뀐 것이다. 그는 흥취에 부풀어 꾸려둔 옷가지와 식구들이 챙겨준 먹거리를 빼내고 족자와 화첩을 챙겨넣었다. 그림이 없는 삶은 하시라도 생각할 수 없었다. 그것들은 그에게 그저 눈요깃거리가 아니라 숨을 쉬는 폐, 일상의 창문이었다.

화첩을 손에 쥐고 차례로 펼쳐보았다. 청나라 화가 나양봉羅兩峰의 붉은 매화, 오백암吳白庵의 대나무와 돌, 나소봉羅小峯의 산수, 진초생陳肖生의 화훼도가 선명한 모습을 드러냈다. 집에서 펼쳐보던 그대로였다. 피곤을 잊은 듯이 미소가 흘러나왔다. 뉘엿뉘엿 해 저문 바닷가에서 새하얀 갈매기 떼가 저녁 쉴 곳을 찾아 날아가는 모습은 마치 화폭에 그린 풍경처럼 아름다웠다. 줄곧 도시에서 살아온 그가 이제껏 그려본 적이 없는 풍경이었다. 피곤에 젖은 몸은 이미 이곳에서의 삶을 알아차리고 있었다. 화첩을 든 손이 조용히 그 전언에 응수하는 듯했다.

하루가 너무 길었다. 무거워진 몸을 바닥에 눕히는 순간, 당장이라도 저 어둠과 하나가 될 것만 같았다. 그는 피곤을 베개 삼아 딱딱한 자리에 몸을 눕히고 생각 없는 잠 속으로 파고들었다.

소동파의 초상화를 걸다

  평생에 처음 와본 임자도는 낯설기만 했다. 비
린 반찬도 입에 맞지 않았을 뿐더러, 그나마 익숙
한 생선은 한 토막 구경조차 할 수 없었다. 유
배 온 몸인지라 감히 고기반찬을 탐할 수는
없었다. 섬사람들은 소금으로 대충 간한 반
찬으로 끼니를 때우는 모양이라 단맛이 그
리웠지만, 포기해야 할 사치스런 바람일
뿐이었다.

  아침에 눈을 뜨면 달팽이만 한 황토
움집에 웅크린 신세를 견디기 어려웠다.
생각할수록 억울했으니 생각을 멈추는
게 수였다. 삶의 의미를 일깨워줄 무언가가
간절히 필요했다. 그는 짐 상자를 꺼내 평소에 흠
모하던 소동파 시집을 펼쳐들었다. 시를 읽고 또
읽으면서 마음을 달랬다. 때로는 그 운치를 따라
시를 지어보기도 했다. 송만당이 그린 소동파의
전신상 〈동파입극상東坡笠屐像〉을 들여다보면 정든

조희룡은 소동파의 초상을 걸어
두고 마음의 위안을 삼았다.

고향에 있는 듯 위안이 되었다. 그는 그것을 조심스럽게 뜯어 작은 족자
로 만들어 오른쪽 벽 위에 걸었다. 내친김에 평소에 즐기던 매화 한 폭을
그려 존경하는 스승께 폐백을 올리듯 소동파의 화상 곁에 나란히 걸었
다. 그림에는 시가 빠질 수 없는 법. 무슨 흥이 날 처지도 아니겠으나 붓
을 휘두르는 가운데 절로 시가 따라 나왔다. 그는 서울에 있는 벗에게 안

부도 전할 겸, 오늘의 사연을 편지로 적었다. 정말로 벗과 함께하는 듯한 느낌에 웃음이 났다. 편지 끝에 자네도 그저 한번 웃으라고 붙여 적었다. 그렇게 해서 조희룡은 외진 유배지에서 마음 붙이는 법을 하나씩 터득해 나갔다.

자연이 펼친 화첩

그는 마음을 다스릴 요량으로 주변을 둘러보았다. 섬마을이라 길에서 번번이 뱀을 만났다. 듣기에 뱀을 피하려면 웅황雄黃을 지녀야 한다고 했다. 서울에서 가져온 유일한 소지품은 비단으로 만든 시주머니였다. 길을 가다 심심하면 시를 꺼내 읽고, 또 흥이 나면 한 수 적어넣던 것이었다. 그는 접어넣은 종이를 꺼내고 웅황을 가득 채워넣었다. 제 몸은 스스로 지킬 수밖에 없었다. 그는 주머니를 차고 산책을 나갔다.

초라한 집을 제외하면 섬마을은 그 자체로 아름다운 화폭 같았다. 가까이서 바다를 접하고 살아보기는 처음이었다. 집을 에워싼 대나무 숲이 거세고도 힘찬 섬마을의 정기를 전해주는 듯했다. 문득, 이렇게 대나무가 잘 자라난다면 매화를 심어보면 어떨까 하는 생각이 들었다. 매화는 그가 즐겨 그리던 소재이기도 했다.

이것을 시작으로 그는 섬마을을 둘러보며 마음 붙일 데를 찾았다. 남루한 움집과는 달리 자연 풍광만큼은 씻은 듯이 맑고 생기로 충만해 있었다. 바닷가에는 오랜 파도에 태가 닳은 돌멩이들이 물새알처럼 말간 빛을 드러내며 반짝였다.

해안선을 따라 돌면 어느덧 돌이 산처럼 쌓여 있는 곳에 다다랐다. 화첩에서만 보던 준법의 실제가 고스란히 드러나 있어 가히 화가의 스승이 될 만했다. 필선을 따라 바위의 윤곽을 표현하는 준皴과 먹을 문질러 양감과 질감을 표현하는 찰擦, 붓을 뉘여 도끼로 내려찍듯 아래로 내려 그어 바위를 표현하는 부벽斧劈, 마麻의 올을 풀어놓은 듯 부드러운 선을 반복적으로 써서 바위가 없는 부드러운 흙산을 표현하는 피마준披麻皴이 세월의 풍파를 견디며 고유한 태를 갖춰온 바위에 그대로 녹아들어 있었다.

자세한 준법을 모르는 이라도 한번 보면 필법을 익힐 만큼 뚜렷했다. 준법이란 본래 실경에서 비롯된 것인데 이제껏 실경은 모른 채 책에 적힌 준법만 보고 실경을 흉내 냈던 것이다. 머나먼 유배길에 와서야 화가로서 제대로 알아야 할 화법의 진실과 대면하게 된 것이다.

자연의 발견은 조희룡에게 새로운 예술세계를 열어주었다. 집 주변의 대나무는 예전에는 눈에 들어오지 않던 것이지만, 정 붙일 곳 없는 낯선 이곳에서 차츰차츰 그 생기에 매료되어갔다.

대나무를 그리려 하니 평생토록 매화를 그려온 터라 어떻게 그려야 좋을지 판단이 서지 않았다. 그저 마음이 움직이는 대로, 손이 가는 대로 붓질을 해서 대나무를 그렸다. 그려놓고 보니 제법 그럴듯도 했지만 물어볼 벗도, 선배도, 참고할 책도 없었다. 외딴섬에서는 스스로가 벗이자 선배이자 책이었으며, 살아 있는 저 풍광만이 앞길을 이끄는 스승이 되어줄 뿐이었다. 조희룡은 유배지의 이곳저곳을 산책하여 경물을 직접 관찰하고 그 경험을 예술적 차원으로 끌어올려 무엇과도 바꿀 수 없는 새로운 예술적 경지를 만들어나갔다.

벗을 만나다

섬생활의 가장 큰 어려움은 입에 맞지 않는 음식도, 소금 냄새나는 바다 풍광도, 초라한 황톳빛 움집도 아니었다. 하루 종일 아무도 만날 수 없고 대화할 수도 없는 절대 고립과 고독이었다.

만남의 길은 자연스런 삶의 행로에서 저절로 열렸다. 임자도에는 조희룡보다 먼저 유배를 와 있던 우석선생이 살고 있었다. 그의 취미는 특이한 모양의 돌멩이를 수집하는 것이었다. 아마도 바닷가를 산책하던 중에 돌멩이를 줍는 우석선생을 만났으리라. 연유를 묻다가 괴석 수집벽이 있는 우석선생과 말문을 텄을 것이다. 조희룡은 그와 함께 정답게 지내며 날마다 돌을 주워 모으는 것으로 일거리를 삼았다고 적었다. 동병상련의 정이나 아름다움을 알아보는 심미안이 둘 사이의 대화를 자연스럽게 이끄는 매개가 됐다.

우석선생과 바닷가에서 술을 마실 때 조희룡은 국화 그림을 모아놓은 화첩을 가져갔다. 펼쳐놓으면 실경과 화폭이 대구를 이룬 시처럼 어우러져 흥취가 절로 났다. 조희룡은 우석선생과 함께 수문동에 가서 달밤을 즐긴 경험이 평생에 으뜸이었다고 적었다.

우석 선생의 거처에도 대나무숲이 있었다. 그들은 함께 거닐며 모은 갖가지 모양의 돌멩이를 쌓아 대나무숲 속에 작은 산을 만들었다. "서울에 살 때는 이처럼 맑고 환한 정취를 얻을 수 없었다"고 적었을 때, 조희룡은 자신도 모르는 사이에 이미 임자도에 둥지를 틀고 유배지의 삶에 적응해가고 있었다.

바닷가에서 기이한 모양의 돌멩이를 줍는 조희룡을 섬마을 아이들이 봤다. 호기심 많고 천진한 아이들이 예쁜 돌을 주워와 바치기 시작했다.

헝클어진 머리에 깡충깡충 뛰며 예쁜 돌을 찾아 들고 마치 과일이라도 올리듯 달려오는 아이들의 모습이 귀여웠는지 조희룡은 그 모습을 시로 적어 남겼다.

돌을 바치러 온 아이들이 그림을 봤다. 아이들은 금방 호기심을 보였고, 선생님처럼 되고 싶다며 글을 가르쳐달라고 졸랐다. 그는 거절하지 않았다. 오히려 반갑고 고마웠다. 중인의 처지였던 자신이 최고의 문인들과 교류할 수 있었던 것도 글을 배웠기 때문이 아니었던가. 글이야말로 신분의 벽을 뛰어넘어 사람을 만나고 문화를 향유할 수 있는 유일한 출구였다. 그림 또한 그 길을 넓히는 데 중요한 몫을 하지 않았던가.

아름다운 청년들을 만나다

조희룡은 글을 배우러 오는 아이들을 환대했다. 부지런히 배우는 아이들을 격려하기 위해 손수 그린 매화 그림을 선물하기도 했다. 아이들은 상으로 받는 그림을 얻기 위해 더욱 열심히 글을 익혔다.

아이들이 들고 온 매화 그림을 어른들이 봤다. 그림에 문외한이었지만 아름다움을 알아보는 데에는 별다른 학식이 필요치 않았다. 이로부터 마을에 소문이 번지기 시작했다. 섬마을에 유배 온 노인이 아이들에게 글도 가르쳐주고 그림도 그려준다는 것이었다. 이렇게 재주가 많은 노인이라면 한 점쯤 달라고 해도 괜찮지 않을까, 하고 생각한 어른들이 조희룡의 집 앞을 기웃거리기 시작했다.

이불이나 옷가지, 그저 몇 권의 책이 있으리라 짐작했던 곳에는 조그만 족자가 두어 점 걸려 있었는데 정갈한 가운데 드높은 절조가 감돌았다. 먹 냄새 가득한 방 한 구석에는 결이 고운 화선지에 매화꽃이 흐드러지게 핀 그림이 펼쳐지는가 하면, 어느새 코를 찌르는 향내가 날 것만 같은 가을 국화가 탐스럽게 피어 있었다. 다시 가보면 꽃들은 간 데 없고 울창한 대나무숲이 흰 종이 위에 들어서 바람이 불 때마다 피리 소리를 내는 듯했다. 다음날 다시 가보면 대숲 앞에 고래만 한 파도가 덮칠 듯한 기세로 밀려오는 풍경이 드리워져 있었다. 아름답기도 했지만 신기한 마음이 먼저였고, 그보다 먼저 온 마음은 한 폭 그림을 가져다 초라한 방 안에 걸어두고 싶은 욕망이었다.

서울말을 쓰는 조희룡이 번번이 사투리를 알아듣지 못해 거듭 물으면 비아냥거리던 그들이 용기를 내어 그림을 청했다. 조희룡은 준엄하게 꾸짖고 거절했다. 호기심에 일일이 응대하며 섬마을의 환쟁이로 살아갈 생각은 추호도 없었다. 사람들은 조희룡의 엄준한 기세에 꺾여 사과하고 돌아갔다. 그러나 진심어린 갈망으로 그림을 청하는 이들의 간곡한 마음마저 모른 척할 수는 없었다. 한두 번 응하는 사이에 섬마을 사람들은 매화 그리는 노인, 조희룡에게 매료되어갔다.

그림은 그가 섬사람들에게 마음을 열고 다가가는 계기가 됐다. 글을 배우러 찾아오는 아이들을 따라 나이든 청년들도 드나들기 시작했다. 그 중에서 스무 살 동갑내기인 홍재욱과 주준석은 총명하고 재주가 많았으며 성실했다. 서툴긴 했지만 시와 글씨가 맑고 묘해서 가만히 마음을 끌어당겼다. 뛰어난 인재를 가르치는 것은 군자의 즐거움이라는데, 젊은 두 제자가 그를 군자로 살게 해주는 듯했다. 그들은 조희룡의 붓과 벼루 시중을 들며 날마다 처소에 들러 글을 익히고 그림을 배웠다. 이들에 대해 조희룡은 "어찌 어촌에서 이렇게 아름다운 젊은이를 만나 나의 시름

〈매화서옥도〉(부분), 조희룡, 조선후기, 지본담채, 88×33.5cm, 간송미술관 소장.
조희룡이 머물던 움집 같은 유배지의 거처는 꿈길 같은 상상력이 피어나는 공간이었다.

을 덜어줄 줄 알았겠는가?"라고 적었다.

　조희룡은 우석선생과 홍재욱, 주준석 등 두 제자와 어울리며 시와 그
림을 이야기했다. 어느덧 그는 홀로 고립된 노인이 아니라 말이 통하고
마음을 나눌 수 있는 벗과 제자를 둔 문인이자 화가로서 살아가는 보람
을 깨닫게 된다. 그러는 사이에 고기잡이하는 노인이나 소 먹이는 목동
들도 매화 그림과 난초 그림을 일상적 화제로 거론할 정도가 됐다. 그림
은 이제 외지 노인의 낯설고 신기한 괴벽이 아니라 섬마을의 일상으로
자리잡아갔다.

섬마을 사람과 말문을 트다

조희룡은 신분은 낮아도 남다른 재주가 있는 사람들에 대해 무한한 애정을 갖고 있었다. 개성적인 중인들의 전傳을 지어 『호산외기壺山外記』로 묶어낸 것도 그런 생각의 표현이었다. 인간을 바라보는 조희룡의 관점은 유배지에서도 그대로 이어졌다. 그는 글 재주가 있는 섬마을 선비에 대한 호감과 격려, 어린 제자들에 대한 칭찬을 적어 인간에 대한 그리움과 애정을 표현했다. 시를 가르치고 화론을 강론하는 것은 그의 가장 큰 보람이었다.

언덕 아래 띠집을 짓고 고기잡이로 생계를 삼는 김용희라는 선비에게 자못 운치 있는 연하煙霞*의 기운이 있었다. 그는 낯선 외지에 사는 숨은 인재 중의 하나였다. 그는 참한 선비를 만난 반가움에 시 한 수를 적어 선물로 건넸다. 때로 그가 나이의 경계를 넘어서 벗으로의 사귐을 나눌 수 있었던 것은 섬생활을 버티게 해준 출구가 되어주었다.

이런 조희룡의 마음이 섬사람들에게도 알려졌다. 이웃 노인들은 그 집에 누가 온다는 소식을 들으면 어느새 들러 홍시와 푸른 배를 갖다놓고 갔다. 섬에는 과일나무를 심지 않아 오직 네댓 그루만 있었으니 과일은 무엇보다 귀한 선물이었다.

조희룡은 섬마을의 전설에도 귀를 기울였다. 마을 사람들이 무심코 들려주는 전설을 따라 용굴에 다녀와 시를 썼다. 놀러온 소년들에게 보여주자 석벽에 새겨서 뒷사람들이 보게 하자고 말해 그는 모처럼만에 아이처럼 맑게 웃었다.

---

* 고요한 산수의 경치를 비유적으로 이르는 말

조희룡이 아름다운 것을 좋아한다고 알려지자, 예쁜 돌을 주워 바치던 아이들이 다른 것에도 눈을 돌렸다. 예쁘고 신기한 것이면 조희룡을 찾아와 바치며 칭찬해달라는 눈빛을 던지는가 하면, 값을 달라고 조르기도 했다.

눈보라 치던 어느 날 문을 닫고 혼자 앉아 있는데, 마침 마을 아이가 청둥오리를 잡아왔다. 젖은 단풍잎을 펼치듯 손바닥을 열더니 열 푼을 달라고 했다. 비단처럼 고운 깃털을 쓰다듬자 파르르 떠는 느낌이 안쓰러웠다. 선명한 날개 빛은 붙잡힌 신세가 되어 초췌하기만 했다. 청둥오리가 꼭 자기 신세 같았다. 조희룡은 달리 타이를 생각도 못하고 열 푼을 주고 청둥오리를 받았다. 대나무숲으로 데려가 두 손으로 하늘을 향해 던지자, 믿기지 않는다는 듯 파닥거리며 배회하더니 아득히 먼 바다 위를 날아 푸른 하늘 속으로 사라졌다. 조희룡은 마치 자신이 날개를 얻은 청둥오리가 된 듯 시원하고 상쾌했다.

유배지에서 새로운 경물을 대하고, 사람들을 만나 벗으로 사귀고, 제자로 삼고, 그저 인사를 건네는 넉넉한 이웃으로 대하는 동안 그는 차츰 이 지루한 섬마을에 정을 붙여갔다. 집 뒤엔 황량한 산이 버티고 있고 문을 열면 언제나 일렁이는 파도를 볼 수 있었다. 울창하게 들어선 훤칠한 대나무들은 자신을 지켜주는 든든한 군자처럼 느껴졌다. "누가 나더러 벗을 떠나 홀로 외로이 산다고 하였나? 여기서 오히려 군자 6천 명을 얻었구나." 조희룡은 스스로 위로할 만한 여유조차 갖게 됐다.

큰 눈이 온 날에는 섬마을의 풍경이 제법 화폭 속의 그림처럼 포근했다. 아름다움을 그냥 지나치면서 예인으로 자처할 수는 없었다. 눈을 평계 삼아 평소 흠경欽敬하는 소동파의 생일을 기념하자며 홍생, 주생, 두 제자와 함께 벽에 걸어둔 〈동파입극상〉에 나란히 분향하고 예를 갖췄다.
뜻을 지키니 벗이 깃들고 마음을 갖추니 세상이 눈 안에 들어왔다.

서울과 임자도를 넘나드는 원거리 시회

낯선 생활에 차츰 적응해갈 무렵, 서
울에 두고 온 가족이나 지인들과의 서
신 교환이 잦아졌다. 외로워서 쓰기 시
작한 편지는 어느새 일상의 기록처럼
돼버렸다. 하루도 빠짐없이 글과 그림
을 논하던 벗들과 멀리서나마 서신으로
의견을 교환할 수 있다는 위안마저 없
었더라면 이곳 생활을 제대로 견디기

힘들었을 것이다. 특히 조희룡은 벽오사碧梧社의 동인이었던 이팔원, 이기
복, 유최진, 나기, 조술증, 윤동귀와 자주 편지를 주고받았다. 왜 이토록
답장을 늦게 보내느냐는 원망과 반가움의 말에서부터, 유배지에 있는 자
기를 대신해서 가족들을 돌보아준 지인에 대한 고마움, 함께 유배를 떠
난 벗에게 보내는 동병상련의 정, 귀양살이의 근심과 고독감에 대한 호
소 등이었다. 신변잡기에 대한 편지 쓰기를 통해 조희룡은 일상의 소소
함을 나누는 것이야말로 고통스런 삶을 버텨내는 힘의 원천이자 정신적
위안의 가장 큰 지주임을 깨닫게 된다.

공간적으로는 멀리 떨어져 있지만 그림을 그리고 글을 쓰는 내내 벗에
게 품평을 받고 싶은 욕망을 떨친 적이 없었다. 조희룡은 유배지에서 틈

틈이 쓴 시를 편지에 적어 보내 논평을 부탁했으며, 그림 몇 점을 동봉해 의견을 보내달라고 청했다. 이때 조희룡이 벗들과 주고받은 서신은 마치 서울과 임자도를 넘나드는 원거리 시회詩會와도 같았다.

한번은 조희룡이 벗 손암에게 편지를 쓰면서 자신이 그린 매화 그림을 동봉했다. 그는 "매화 그림이 도착하는 날 벗들을 불러 모아 매화회梅花會를 열고 시를 짓거든 제게 부쳐 쓸쓸함을 위로해주시면 어떻겠습니까?"라고 적었다. 몸은 멀어졌어도 마음과 뜻만은 벽오사 동인들과 한시도 떨어질 수 없었던 예인으로서의 자기 인식이 짙게 배어 있다.

벗에게는 유배의 고통스러움과 적막함, 가족에 대한 걱정과 그리움, 기운 없이 병들고 희끗희끗해져가는 늙음의 비애에 관해 진솔하게 표현할 수 있었다. 하지만 정작 가족에게는 약한 마음을 내보일 수 없었다. 벗들은 외떨어진 친구를 생각해 그 가족을 돌봐줬다. 식구들이 그 사연을 적어 임자도에 계신 할아버지, 아버지께 보냈다. 조희룡은 멀리서 고마운 친구들에게 답례의 서신을 보냈다.

가족들은 하루도 마음 편할 날이 없었다. 가장이 유배 와 있는 동안 딸의 출산, 손자의 천연두, 아내의 이장 등 집안의 대소사에 변동이 있었다. 식구들은 좋은 소식만 가려서 보냈다. 식구 중 누군가 병이 들면 가만히 기다렸다가 나은 뒤에야 사연을 적어 임자도로 보냈다. 멀리서 고생하시는 아버지께 다른 걱정까지 끼쳐드릴 수는 없었다. 조희룡은 붓을 들어 고통을 돌봐주지 못해 미안하다는 말 대신, 어려움을 이겨낸 강인함을 격려해주었다.

손자 학손이 혹시라도 독서를 소홀히 하지는 않을까 늘 마음에 걸렸다. 조희룡은 네가 공부를 그만둔다면 우리 집안의 독서종자가 끊어지게 되고, 이는 무엇보다 큰 한이 되리라는 걱정을 적어 보냈다. '독서종자'라는 표현에 시대를 버텨냈던 글에 대한 조희룡의 집착과 기대가 스며들어 있다.

조희룡이 벗과 가족에게 보낸 편지들은 이후 『수경재해외적독』이라는 제목의 서간 문집으로 묶인다.

섬의 전설에 빠지다

유배지에서도 조희룡은 예인으로서의 감각을 잃지 않았다. 그것은 잃을 수가 없게 타고난 천성이자 본성이라 믿었다. 심상하게 지나칠 만한 풍경도 화가의 눈에는 한 편의 화폭처럼 보였다. 섬사람들이 지나가듯 들려주는 이야기도 그의 귀에 와 닿으면 신비의 화제가 되었다. 그는 눈에 들어오는 아름다움은 그림으로 그리고, 귀로 흘러넘치는 기이함은 글로 적기 시작했다. 그것들은 마치 시간의 그물을 짜듯 천천히 그러나 풀리지 않게 촘촘히 종이 위에 엮였다. 평소에도 조희룡의 주된 관심사는 독창적인 것, 감각을 자극하는 심미적인 것에 집중돼 있었다. 유배지의 조희룡은 그러한 관심 내역을 일상적인 삶으로 옮겨감으로써 낯선 공간에서 새로운 의미를 창조하려 했다.

어느 날 어부가 투망으로 고기를 잡다가 여인 하나를 건졌는데, 피부가 희고 윤기가 났으며 눈동자가 반짝반짝한데 아이를 업고 있더라 했다. 놀란 어부가 다시 물속에 던져주자 사라져버렸다는 여인은 전설로만 듣던 인어였다. 조희룡은 허황하다고 뿌리치는 대신 호기심으로 기록하며 훗날 박식한 이를 기다려 의견을 묻겠다고 했다. 용의 전설을 들으면

〈벽오사소집도〉, 유숙, 조선후기, 지본담채, 14.9×21.3cm, 서울대박물관 소장.
이 그림은 1861년 벽오사 동인들이 모임을 가지면서 유숙에게 그 정경을 그리도록 한 것이다. 조희룡을 비롯
해 유최진, 한치순, 이팔원, 이기복, 김익용 등이 보인다.

용굴을 직접 찾아가고, 신기루를 봤다는 말을 들으면 자전과 전적을 찾아가며 그 기원을 찾고 비슷한 사례를 찾아서 견주어 기록했다. 사는 곳을 바꿨을 뿐인데, 새로 보고 듣는 것들이 수많은 질문을 가져왔다. 그는 "본 바가 적으면 괴이히 여겨지는 것이 많다"는 말을 실감했다. 사실에 대한 진위 판단을 일단 보류하고 신기한 사례를 일일이 기록할 수 있었던 것은 미지의 것에 대한 호기심과 열린 태도에서 나왔다. 기이한 이야기를 수집하고 기록한 것은 경험과 감각을 중요하게 여기는 예인으로서의 기질을 잃지 않기 위한 모색이기도 했다.

천지가 글이요 그림이다

유배지의 조희룡은 대부분의 시간을 먹과 함께 보냈다. 그림을 그리고 글을 썼다. 외로움을 달래기 위해 편지를 써서 부칠 때에는 친구를 배웅하는 것처럼 섭섭한 마음도 들었다. 편지가 한 장 두 장 늘어날 때, 그는 문득 서로 다른 벗들에게 같은 말을 되풀이하고 있는 것은 아닐까, 생각했다. 글쓰기에서 반복은 회화에서의 불필요한 덧칠과도 같다. 반복은 강조가 아니라 남발이고, 해서는 안 되는 글쓰기의 금기였다. 그는 두 제자를 불러 자신이 쓰는 답장들을 일일이 베껴 적게 했다. 다음번 편지에서 같은 말을 반복하지 않으려면 써둔 글을 보관해뒀다가 점검하는 수밖에 없었다. 글쓰기에 대한 조희룡의 엄정함이 살아 있는 부분이다.

조희룡의 유배지생활은 단출했다. 조그만 움집 공간을 나눠서 하나는 침소로 하나는 부엌으로 다른 하나는 화실로 삼았다. 처소에서 흔히 볼 수 있는 갈매기를 벗 삼아 '화구암畵鷗盦'이라는 편액을 달았다. 수많은 갈매기의 소리가 들린다는 뜻에서 '만구금관萬鷗唫館'이라고 적기도 했다. 눈에 보이는 모든 것이 시처럼 아름답다는 뜻에서 '남명시려南溟詩廬'라는 편액을 달기도 했다. 『장자』에 "남명은 천지"라고 한 말을 인용한 것이다. 글로 적은 시가 선과 색으로 옮겨지면 그림이 됐다. 그는 천지가 곧 그림이라는 뜻에서 '천지화려天池畵廬'라는 편액도 썼다. 좋아하는 것과 함께 있으니 이곳의 삶도 견딜 만했다. 매화에 심취하고 괴석 수집에 취미를 가지면서 '수매수석려壽梅壽石廬'라는 편액을 걸기도 했다. 편액을 바꿀 때마다 조그만 황토 움집은 의미로 충만한 심미적 공간으로 변용됐다. 매화, 난초, 대나무, 돌은 그의 새로운 가족이 됐고, 벼루를 씻고 차를 끓이는 일은 수염이 성성한 늙은이, 그 스스로 했다고 일지에 적었다.

하늘이 내린 손, 수예론을 펼치다

유배지에서 홀로 지내며 생각하는 것은 지난날이요 자기반성이었다. 가만히 생각해보면 귀양살이는 억울할 것도, 누군가를 탓할 것도 없이 자기 스스로 만든 운명인 듯싶었다. 지난날 자기도 모르는 사이에 붓 가는 대로 그린 풍경은 자기 예언이자, 미래의 거울과 같았다. 화사한 봄빛 가득한 풍경 속에 고즈넉이 그려넣은 집 한 채가 바로 유배지의 자기 신세였던 것이다.

조희룡은 스스로를 가부좌한 불상에 비유하면서 마음을 다잡고 현실을 받아들이려고 애썼다. 부처의 금빛 몸처럼 단단하고 흔들림 없이 정진하고자 그림과 글에 매달렸다. 중요한 것은 장소나 환경, 처지가 아니라 지금 하는 일, 지금 엮어내는 시간의 알맹이라고 믿었다. 그는 시구에

가만히 생각해보면 귀양살이는 억울할 것도 없는, 스스로 만든 운명이었다. 조희룡은 쓸쓸한 유허지의 내면 풍경을 그런 생각으로 한없이 응시했다.

"내 인생이 이렇게 된 것을 탄식할 필요도 없네. 그윽한 생활 또한 절로 아름답다는 것을 알겠네吾生到此不須嗟, 幽事從知亦自佳"라고 적었다. 초월의 심상은 그가 고립감을 정신적으로 극복하는 과정에서 또다른 시적 경지를 열어주었다.

날마다 글을 쓰고 그림을 그리는 처지가 때로는 견딜 수 없게 초라하고 수치스럽게 여겨졌다. 화의畵意와 시정詩情을 버리지 못해 풍경 속에서 그림을 찾는 자신의 모습이 모멸스럽기도 했다. 하지만 그것들을 떨치고는 한시도 견딜 수 없다는 것을 인정해야 했다. 그는 풍경을 그리고 시로 표현하는 것을 유배지의 일상으로 받아들이기 시작했고, 오히려 솔직하게 그 삶을 기록했다.

유배지에서의 단상은 화론이라 할 만한 성찰적 기록물로 정리돼 후일에 『화구암난묵畵鷗盦讕墨』으로 묶인다. 일차적으로 조희룡의 화론은 시와 그림의 관계에 대한 입장 정리로 표현됐다. 그는 문자가 그림에서 비롯됐다는 문자의 회화 유래설을 강조하면서 화인으로서의 정체성에 자부심을 표현했다. 유배지의 제자인 홍생과 주생에게도 '시 속의 일들을 알려 한다면 모름지기 먼저 그림을 배워야 하네欲識詩中事, 須先學畵圖' '시와 그림은 한 이치지만, 그림에서 비롯됐다는 말은 나로부터지詩畵雖一理, 由畵即自品'라고 답해줬다. 이를 통해 그는 그림이 시보다 앞서며 위주가 된다는 시화일체론의 입장을 정리했다. 그림에 대한 자부심과 예인적 자존감이 반영된 결실이기도 했다.

그에게서 시와 그림은 사물과 경치를 보고 느끼고 표현한 서로 다른 출구였을 뿐, 근원적으로는 예술적 흥취와 미감을 표출하는 연결된 통로였다. 바닷가에 앉아 고래와 자라를 바라보며 시상에 사로잡혀 수백 편을 지었지만 모두가 슬프고 괴롭고 막힌 듯 고르지 못한 표현뿐이었다. 괴로움을 잊으려고 시를 지으면 아비규환의 내면이 알알이 박혔다. 다시는 시를 짓지 않겠다고 결심하자, 내뱉지 못한 시구들이 열 손가락 사이로 터져 나와 매화가 되고 난초가 되고 돌이 되고 대나무가 됐다. 그의 손은 멈출 수 없는 환술에 걸린 듯 끊임없이 그림을 쏟아냈다. 그는 집 안 가득 그림이 들어차면 불살라버리리라는 결심으로 붓을 든 손의 움직임을 허락했다. 불안하고 부정적인 시세계를 승화적으로 다잡기 위해 그림에 집중했다. 그에게 시와 그림은 같은 근원에서 싹튼 두 개의 표정이었다. 이런 생각은 예술이란 '천예' 또는 '성령'의 표현이라는 예론으로 이어졌다.

천예 또는 성령이란 배움으로는 얻을 수 없는 타고난 재주와 천품을 의미했다. 그림이란 스승에게 배워서 할 수 있는 것이 아니라 정신과 뜻, 손의 움직임을 천예에 맡기는 데서 비롯된다는 수예론手藝論을 펼쳤다. 문득 청나라 화가 정판교鄭板橋의 문장이 떠올랐다. "내가 그린 대나무는 스승에게 배운 것이 아니라 노을빛 창과 결 고운 벽에 비친 햇빛과 달그림자 속에서 얻은 것이다"라고 하지 않았던가. 그는 성령론과 천예론을 따르며 시와 그림에 심취했다.

비바람이 몰아치던 어느 날, 그는 벗에게 부쳐줄 요량으로 매화를 그렸다. 그때 바다 위에서 구름 한 오라기가 방 안으로 들어와 벼루에 갈아 놓은 먹으로 번지는 듯하더니, 갑자기 커다란 먹빛 이무기처럼 창가에 서리서리 맺혔다. 손을 휘저어 내몰아도 검은 기운은 흩어지지 않았다. 그는 자신이 그린 매화 줄기가 용 비늘이나 뱀 껍질처럼 보여 이런 이변이 생긴 것은 아닌가 생각했다. 허무맹랑하지만 그럴듯도 싶어 웃음이 났다. 친구에게 사연을 적어 웃음의 빌미로 삼게 했다.

실경으로서의 자연을 보며 그림을 그릴 수 있었던 유배지의 삶은 조희룡에게 자연을 통해 예술의 길을 찾고, 그 안에서 예술론을 확립하는 기회가 됐다. 짧게 쓴 단상들은 이후 시화일체론, 시화상응론 또는 물화조응론으로 압축되는 화론과 시론, 예술론의 길을 연다.

해배길, 다시 금강을 건너며

조희룡은 1851년의 유배에서 1853년의 해배에 이르는 과정을 시로 적었다. 임자도로 유배를 떠나면서부터 눈으로 보고 마음으로 기록한 바를 시로 지어 수심을 달래는 것으로 삼으니 모두 100여 수가 된다고 했다. 이 시들은 이후 『우해악암고』라는 시집으로 엮인다.

시 창작은 그가 유배라는 현실을 받아들여 스스로에게 납득시키는 방편이 됐다. 시가 요구하는 감정의 절제와 내적 대화는 받아들이기 어려운 일상을 수용 가능한 것으로 변용시키는 힘이었다. 그는 유배지에서 지은 시를 적기에 앞서 시를 쓰게 된 경위나 배경, 시를 지을 당시의 감응에 대한 묘사를 병기했다.

귀양길에서 처음 지은 시에는 가족과 이별하는 아픔, 유배를 감수하겠다는 심경, 연행을 가려고 행장을 꾸려뒀는데 귀양을 가게 된 당황스러움과 아쉬움, 예기치 못한 운명을 받아들여야만 하는 난처함이 진솔하게 표현돼 있다. 그의 유배 시는 어쩌면 다시는 돌아올 수 없으리라는 참담한 심경 속에서 가족과 지인, 꿈과의 불안한 영결을 예감하는 초조한 심경을 소묘하는 것으로 시작된다. 초반부의 시는 쓸쓸하고 퇴락한 이미지로 점철된다. 귀양길에서 맞이한 가을의 상념, 깨진 마음을 대변하는 듯한 부서진 울타리, 인생의 끝자락을 애상하는 듯한 바닷가 노을이 눈길에 들어와 시구가 됐다. 시름에 겨운 나그네를 내세워 유배의 고독감을 대변하게 했으며, 거센 바람이 몰아치는 밤바다에 불길하게 흔들리는 뱃길을 묘사해 어두운 마음을 표현했다.

세월 속에서 시구도 변해갔다. 섬에 마음을 붙이고 살면서 벗에 대한 그리움, 가족의 소식을 기다리는 애절한 모습을 솔직하게 적을 여유가 생겨났다. 오랜만에 서울에서 사위가 찾아왔을 때에는 신을 거꾸로 신고 맞이했던 사정을 표현하기도 했다. 하지만 예순이 넘은 노인이 사무치는 그리움을 그대로 드러내기가 익숙지 않았다. 그는 고향에 대한 그리움을 시로 적어 가족에 대한 애정을 우회적으로 표현했다.

아무래도 마음이 다잡아지지 않을 때에는 불경을 읽었다. 그런 마음을 헤아린 지인 박기열이 유배지로 『진각국사어록』을 보내왔다. 그는 읽고 또 읽으며 분노와 억울함, 불안을 내려놓는 법을 배웠다. 다행히 그는 아래로 가라앉는 우울질을 타고나는 대신 세상에 대한 호기심과 애정, 고통을 견디는 낙관적 태도를 타고난 터였다. 그는 세상 만물에 불성이 있다는 믿음으로 정신적 위안을 찾으려 했다. 가부좌를 튼 부처처럼 외물에 흔들리지 않기를 바라는 심정으로 시를 쓰고 그림을 그렸다. 그러는 사이에 그는 자신이 그린 풍경 속에 보이지 않게 숨은 한 점의 노인처럼 섬마을에 적응해가고 있었다.

1853년 3월 14일, 드디어 감격스런 해배의 소식이 전해졌다. 그때 조희룡은 언제나처럼 바닷가에서 고기잡는 것을 보고 있었다. 마을 사람이 집에서 온 모양이라며 편지를 건넸다. 열어보니 해배의 명을 전하는 글이었다. 황송한 마음과 감격을 가누기 어려웠다. 그는 성은에 감격해 떨듯이 기쁜 환희의 심상을 갈매기 무리에 내려온 금계에 비유해 시로 적었다.

떠나려 하니 외로움을 지켜준 물고기와 새, 창 앞의 대나무가 애틋하게 다가왔다. 해배의 감격을 거둘 정도는 아니었지만 정들었던 섬마을 사람들과의 이별도 쉽지는 않았다. 일일이 인사를 나누는 데 나흘이 걸렸다. 유배지에서 정들었던 사물, 경물과 애정 어린 인사를 나누고 시를 지어 작별의 정을 표했다.

3월 18일, 그는 드디어 뭍으로 가는 거룻배에 올랐다. 멀미나던 바다와 뜨거운 햇살, 소금 냄새에 진저리치며 섬으로 떠밀려온 지 어느덧 3년이었다. 출렁이는 바다는 예전 그대로인데, 회한과 치욕, 수치심은 세월의 파도에 씻긴 듯 어디론가 사라지고 그토록 그리던 가족과 벗들의 고향으로 간다는 생각에 젊음이라도 되찾은 듯 저절로 호기가 났다. 올

때는 초라한 처지를 비웃는 듯한 갈매기 소리에 두 귀를 막았지만, 집으로 가는 바닷길에는 드높이 흰 솔개가 날아 치솟는 환희감을 함께해주는 듯했다. 그는 도포자락으로 봄바람을 휘감듯 가뿐하게 고향으로 가는 거룻배에 몸을 실었다. 이때 지은 시에서는 시원하고 호방한 심사가 드러나, 같은 공간으로 유배 올 때에 느꼈던 암울한 시선과는 상이한 관점을 보여준다.

다시 금강을 건너며 還渡錦江

햇빛 반짝이고 바람 가벼운 옛 나루터 嫩日輕風古渡頭
도화 뜬 봄물 기름보다 푸르다 桃花春水碧於油
석양이 끝이 없어도 지금은 좋아 夕陽無限而今好
참담하게 어찌 귀양 갈 때의 근심 되풀이하랴 慘憺胡爲去時愁

금강을 건너며 그는 해배를 맞아 홀가분한 심경으로 느끼는 충만한 자유로움을 끝으로 유배 여정의 심경을 접었다. 예순다섯의 나이에 자유의 몸이 된 그는 임자도를 떠난 바다 한가운데서 또다른 미래를 향한 희망을 품었다.

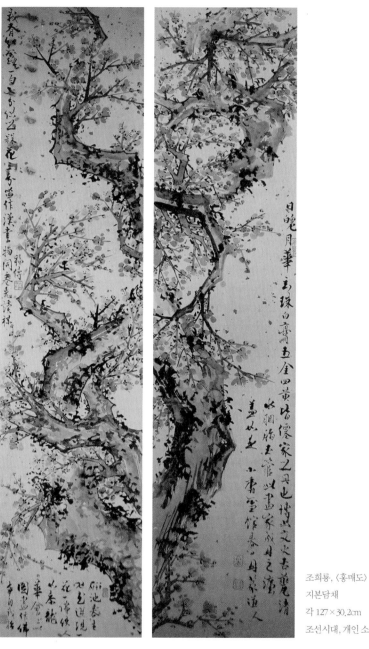

조희룡, 〈홍매도〉

지본담채

각 127×30.2cm

조선시대, 개인 소장.

유배길 일지—◉

【1851년】

8월 22일   임자도에 귀양을 가게 되었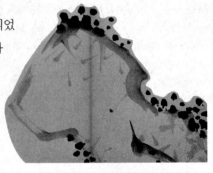
다. 무릇 눈으로 보는 바
와 마음에 기억되는 바
를 모두 시로 지어,
애오라지 근심과 울
적함을 풀었다. 모
두 백여 수이다

9월 9일   우석선생이 불러 해안 죽림 속에서 술을 마셨다. 이때 가을은 하늘
이 개고 햇빛이 밝았으며, 바다의 파도는 맑고 푸른데 마치 큰 물고
기가 와서 두 사람의 객지 정황 이야기를 듣고 있는 것 같다

9월 15일   우석선생과 함께 해안에 올라 달을 구경하고 야밤이 넘어 돌아오다

9월 24일   괴석 밭에 이르러 돌을 싣고 돌아왔는데, 아이 둘과 개 한 마리가
따라왔다

12월 29일   밤에 등잔불을 돋우고 외로이 앉으니 백 가지 느낌이 밀려든다. 계
절을 대하여 지난 일을 슬퍼하다가 짧은 시를 얻었다. 마치 계절따
라 우는 벌레가 스스로 울기를 그칠 수 없음과 같은 것이다

【1852년】

6월 13일   수도壽島에서 돌아오면서 즉흥으로 시 한 수를 읊어 같은 배를 탄 젊
은이들에게 보여주다

7월 25일   밤에 앉아 귀뚜라미 소리를 듣다가 느낌이 있어 시를 짓다

9월 9일   동파가 혜주에 있을 때 지은 병자중구 시에 차운하여 두 수의 시를
짓다. 김통제사와 함께 수문동에서 노닐었는데 촌로가 홍시와 푸른

배를 대접했다. 주민들이 이 과일을 심지 않아, 오직 이곳에만 네댓 그루가 있을 뿐이다

12월 19일 화구암에서 대설大雪 중에 〈동파입극상〉을 걸어두고, 분향하고 차를 올려 홍생, 주생과 함께 동파공의 생일을 기념했다

12월 28일 우석선생과 더불어 해안에서 설경을 감상하고, 돌아와 이를 적어 홍생과 주생에게 보이다

【1853년】

1월 8일 섬의 북쪽, 땅이 끝난 곳에 돌이 하나 있는데 너비가 오륙백 칸이요, 그 위에는 작은 돌이 쌓여 산을 이루었다. 이와 같은 돌은 대개 처음 보는 것으로 우석선생과 더불어 황량한 마을 적막한 물가에서 발견하여, 제題하기를 '화석암' 이라 하였다

3월 14일 바닷가에서 고기잡는 것을 보고 있었다. 이날 집에서 온 편지를 받아 해배의 명을 듣게 되니, 황감하고 간절한 마음 이길 수 없다

3월 18일 섬을 떠나다

3월 21일 금산사金山寺에 이르다

참조
『조희룡 전집 4』, 실시학사 고전문학연구회 역주, 한길아트, 1999

휴가길

하급관리 황윤석의
금쪽같은 휴가

이지양

오월 스무 날, 이날은 비가 내리고 말은 지쳐서 꼴을 먹지 못했다. 점사 점사 좀 여러 시간 머물러 쉬다가 날이 잠깐 갤 때 출발했지만, 말을 탈 수가 없어서 걸어서 동령을 넘었다. 버선과 신발이 젖고 더러워져 행색이 말이 아닌 지경이었다. 공주 땅 금강 다리 부근의 궁원에 이르러 말에게 꼴을 먹이고 점심을 먹었다. 말이 조금 많이 먹는 듯해서 마음이 놓였다. 일신대점에 이르러 잤다. 이날은 길이 진창이어서 이재도 다리가 붓고 통증이 심했다. 오는 도중의 며칠 동안 역원마다에서 본 것은 엄청난 짐이었다. 그 짐들이 모두 백성들의 고혈이 아님이 없다는 것에 이재는 어쩐지 슬픈 생각이 들었다.

한양에 근무하며 꿈마다 집으로

이재頤齋 황윤석(1729~1791)*은 한양에 있는 동안 늘 집에 가는 꿈을 꾸었다. 아니, 잠만 들면 집에 가는 꿈이 이어졌다. 먹고 입는 문제가 고달파서 늘 몸이 아팠을 뿐 아니라 가족들이 그리웠기 때문이다. 모든 생활이 사람 손을 거쳐야 가능했던 조선시대에, 남자가 직장 근무 때문에 혼자

---

*이재는 영조 5년 4월 28일 전라도 흥덕현 구수동에서 태어났다. 10세 때부터 시작한 일기 쓰기는 죽기 이틀 전까지 계속됐다. 그 방대한 분량의 생활일기가 『이재난고』다. 이 글에서는 '서행일력(西行日曆)' (13, 14차 기행 교차 부분)을 살펴본다.

이 일기에는 황윤석이 24세 때 춘당대(春塘臺) 정시를 보기 위해 상경한 것을 시작으로 전의현감에 부임하려고 상경한 58세까지 총 22차례 한양을 다녀온 기행일기가 포함돼 있다. 그의 여러 번의 기행 가운데서 이 부분에 주목하는 것은 그가 출륙하기 직전이며, 아직 하급직 관리로서의 휴가 기행이라는 점 때문이다.

영조 42년(1766)에 38세의 나이로 종9품직인 장릉참봉(莊陵參奉)에 제수되고, 1768년 6월에 40세의 나이로 종8품직인 의영고(義盈庫) 봉사(奉事)를 지냈을 때도 기행했는데, 왜 이 시점을 주목하는가? 13, 14차 기행이 교차되는 1770년 5월과 윤 5월은 이재가 관직 생활을 시작한지 5년째다. 게다가 영조

객지생활을 한다는 것은 생각보다 훨씬 고통스러운 일이었다. 1770년 1월 16일 새벽, 이재는 종부시 직중에서 상직서리(上直書吏, 당직 근무 서리)를 불러 어제 남은 저녁밥으로 죽을 만들어오라 해서 겨우 허기를 면했다. 두풍頭風 증세로 두통이 와 저녁을 전혀 먹지 못했었다. 몸 상태가 좋지 않아 걱정됐던지 그는 다음날 종에게 3전을 주고 울릉도산 전복 2관을 사오게 했다. 집에서 보내온 해의海衣(김)를 반찬으로 삼아 함께 먹었다.

도성에는 창질이 크게 번져 병자들을 동대문 밖 활인서活人署로 보내고 있었다. 전국에서 감사들이 보내오는 서목書目에서도 환자와 사망자가 늘고 있었다. 이재도 어지럽고 두통이 있었지만, 전염병이라기보다는 지병인 두풍 증세 같았다. 22일 꿈에 집에 돌아가서 둘째아이가 송씨 가에 장가드는 것을 보았고, 또 함께 가을 곡식을 둘러보다가 깼는데, 어쩐지 좋은 예감이 들었다.

23일에 반중泮中(성균관 주변의 숙소)으로 돌아가 고지기에게 1전 3푼을 주어 육장肉醬을 만들어오게 했다. 몸이 아파 좀 쉬고 싶어 반중으로 갔지만, 집주인이 온돌에 불을 넣지 않아 도리어 병이 날 지경이었다. 이재가

45년(1769년) 6월에 종7품인 사포서(司圃署) 직장(直長)이 되었으며, 7월에 칠석제(七夕製)에서 사육문(四六文)으로 수석하여 어전에 입시한 바 있고, 종부시 직장으로 옮겨 갔으며, 1770년에는 5월 7일과 16일에 다시 어전에 입시해 그의 박학함에 대한 임금님의 칭찬을 받은 직후였다. 그러니 그는 한양 문화에 대한 견식도 있고, 관료생활의 실상도 파악하고 있었으며, 현실에서는 온갖 고생을 하지만 마음 한편에는 중앙 관료로서 포부를 펼쳐보려는 희망에 부풀어 있던 때인 것이다. 그리고 출륙 전이라는 점이 중요하다.

출륙은 7품의 직에 있던 관원이 그 임기가 만료되고 성적이 우수할 경우 6품으로 승급해 다른 직책으로 전임되는 것을 말한다. 이는 오늘날 정규직과 비정규직만큼이나 현격한 차이가 있었다. 급료도 달랐지만, 무엇보다도 근무일수의 제한을 받지 않는다는 점에서 그러했다. 따라서 이 시기에 이재의 휴가 길을 살펴보는 것은 하급관리 생활을 총정리하는 의미가 있다.

숙직을 하면 집주인은 온돌에 불을 넣지 않곤 했다. 날씨가 추워 담이 들리고 기침 때문에 편히 자지 못했더니 며칠 뒤 다시 두풍이 시작돼 한기가 들고 몸이 떨렸다. 다시 1전 5푼으로 작은 전복 1관을 사서 죽을 쑤어 오게 했다. 노령蘆嶺 북쪽으로 염기染氣가 번진다고 하니 가족들이 염려됐지만, 자신의 몸도 추스르기 힘들었다. 2월 5일 심담心痰에 걸려 고생하고 9일에는 다시 두풍이 일어 통증이 밤까지 이어졌다. 음식을 제대로 먹지 못해 그게 늘 문제였다. 물론 빨래도 골치 아팠다.

부실한 옷과 밥, 몸이 아프네

이재는 옷차림이 깔끔한 것을 좋아해서 진흙이 버선에 묻거나 해 행색이 초라해지는 것이 싫었지만, 빨래를 맡기면 종이 걸핏하면 하나씩 잊어버리고 왔다. 2월 13일, 단삼 2개, 면창의 1개, 수건 1개를 옛 집주인인 복개福介 어미에게 주어 씻어오게 했다. 1전 5푼의 값을 주었다. 다음 날 집에 돌아간 꿈을 꿨다. 객지생활을 한 지 5년이 넘어 그 고통과 그리움이란 이루 말할 수 없을 정도로 마음 깊이 스며 있었다. 17일에 다시 단삼 2개, 단고 1개, 창의 1개, 수건 1개를 씻어오게 했다. 집에서 부친이 편지와 함께 보내온 곶감, 김, 담배, 민어를 받아 주변 사람들과 조금씩 나눠먹었다. 19일에 또 양친을 뵙는 꿈을 꾸었다. 사모하는 마음과 염려가 그치질 않았다.

근래 5년을 돌이켜보니 집에 대한 생각만 극도로 간절해 몸이 아팠던 것 같다. 내년에 출륙한다는 기약도 없는데, 해마다 과거장에서 헛된 노력을 하고 있으니 한숨이 나왔다. 다음 달 삼일제(삼월 삼짇날 보는 과거)는 응시할까 어쩔까 고민이었다. 시전지(답안지)를 사려면 또 5전이 들 것이고, 좋은 붓도 없었다. 22일 꿈에서도 집에 갔다. 3월 11일, 배사령을 시켜 고기볶음을 사서 미장美醬을 만들어오라고 했다. 반중의 음식이 너무 맛이 없고 누린내가 나 비위가 상해 병이 되고, 산초와 생강 생각이 절로 났기 때문이다. 28일 집에서 관편으로 부쳐온 옷가지들이 다른 곳으로 도착해 걱정했는데, 관의 하인을 통해 금명간에 반촌으로

점심을 먹고 있는 선비. 1890년대.

보낼 것이라 하니 다행이 아닐 수 없다.

4월 7일 새벽, 집에 돌아가 부모님을 뵙고 내당內堂에 있는 꿈을 꾸다가 깼다. 이날 밤에도 부모님을 뵈었다. 15일, 16일 연거푸 잠이 들면 집에 돌아가 어머니를 뵙는 꿈을 꾸었다. 이재는 처음 벼슬한 이래 객지살이의 괴로움이 더욱 심해 백발이 되는 것을 막을 수 없었고, 이미 두풍도 있어 요즘은 저절로 팍 늙는 기분이 들었다. 5월 11일 종이 장협의長袂衣를 잃어버렸고, 13일에는 망건을 잃어버려 다시 사야 했다. 꿈에 집에 돌아가 아내를 마주하고 아이들을 위로했다.

주변에서는 종종 이재에게 소실을 얻으라고 권했다. 아닌 게 아니라 이재도 그러고 싶은 마음이 굴뚝같았지만 아무리 생각해봐도 그 비용을

감당할 수 없었다. 1월에는 반주인泮主人(하숙집 주인) 김진태가 와서 종가鍾街 북변의 시전민 조씨의 딸을 이야기했었다. 어물전으로 10년간 생계를 삼고 있는 조씨의 딸은 나이 스물인데 비용은 20~30냥 정도 든다고 했다. 하지만 돈이 없어 단념했다. 대궐 앞 의막소의 황노파도 자기 딸을 소실로 권했었다. 3월에는 김이신 어른을 뵈러 갔더니 나이 마흔을 넘어 다년간 홀아비로 지내자니 의복과 음식의 불편을 어찌 견디는가 걱정하셨다. 하루하루 고통스럽고 절실한 문제였다. 하지만 이재의 녹봉으로는 종과 함께 좀더 나은 집으로 이사 가는 것조차 불가능했다. 소실을 얻자면 집을 세 내야 하고 생활비도 더 드는데 감당할 엄두가 나질 않았다.

종 9품이었을 때 매달 쌀 10말에 황두 5말을 받았고, 종 8품이었을 때 매달 쌀 12말에 마태馬太(말먹이 콩) 5말을 받다가 이제 종7품이 되어 매달 쌀 13말과 마태 6말을 받지만, 광흥창의 됫박은 늘 민간에서 쓰는 것보다 작아서 반주인과 종이 실랑이를 하는 형편이었다. 더구나 녹을 돈으로 바꾸면 시가에 따라 환전하는 차이가 있었다. 이 녹으로는 종이 아파도 빚을 내야 했고, 책을 산다는 것은 엄두도 못 냈으며, 시전지를 사거나 좋은 붓을 살 여유도 없었다. 그러니 생활의 고통을 고스란히 견디며 꿈에서나 집으로 가는 수밖에 도리가 없었다.

일은 밀려오고, 책 살 돈은 없고

종부시에서 하는 일은 원래 왕실의 계보를 만들고 왕의 친인척을 관리하는 것이었다. 또한 종묘와 사직, 능과 원에 제사를 올릴 때 차출되는 대로 향축을 받들고 가서 제사를 지냈다. 이재는 한 달에 두 번, 많으면

서너 번 정도 제사에 재랑齋郞으로 차출돼 나갔다. 종묘 개수고유제修改告由祭에, 혹은 사직단 제사나 순강원順康園, 우사단雩祀壇 기우제 등에 제사를 모시러 갔다. 그런데 어떤 때는 서리들이 농간을 부려 갑자기 사직 제사에서 종묘 제사로 가라고 통보가 오기도 했다. 종묘는 신실神室이 12개나 돼 제사를 모시자면 하루 종일 걸리는데, 사직 제사는 오전이면 끝나기에 서리들이 그런 농간을 부리기도 했던 것이다. 이재도 한 번 그런 경우를 당해 몹시 불쾌해하면서 해당 서리를 꾸짖어 바로잡은 적이 있었다. 하지만 실제로 많은 시간을 바친 것은 종부시에 관한 일이 아니었다.

1770년 1월 16일, 종부시 이제조 정존겸이 이재에게 우리나라 문헌에 밝은지 물어봤다. 『동국문헌비고』 편집을 맡은 당상들이 역부족이라 도움을 바라고 있음을 내비쳤다. 지난 12월 24일에 주상이 우리나라의 일만 수집해 『동국문헌비고』를 간행하되 책의 범례는 모두 『문헌통고』를 본받으라고 명했기 때문이다. 이에 따라 문학이 있는 신하들 가운데 편집청의 8당상堂上과 8당랑堂郞을 선발해 맡도록 했는데, 정대감은 8당상에 들어 있었던 것이다. 이미 정대감 전에 이최중 대감이 사람을 보내 이 문제를 의논해오기도 했다. 이재는 젊어서부터 예악·관직·상위象緯·여지輿地·전적 등 여러 분야에 뜻을 두지 않은 것은 아니나, 멀리 궁벽한 곳에서 태어나 자라고 병을 많이 앓아 도움이 될지 걱정이라고 겸손하게 답했다. 정대감이 『동국통감』 『동국사략』 『동사회강』 『여사제강』에 대해 어떻게 생각하느냐고 묻기에, 이재는 김부식의 『삼국사기』나 정인지 등이 편찬한 『고려사』만 못하다고 대답했다. 정대감은 매우 좋은 의견이라면서 이재에게 협조를 부탁했다. 또한 다음날부터는 끊임없이 각종 책을 보내오면서 교정을 봐줄 것과 발췌할 부분을 표시해줄 것을 요구했다.

17일에는『고려사세가』성종 이하 예종 이상 5권을 보내고 이재에게 검첨(검색해 중요 부분에 표시하고 의견 쪽지를 붙이는 것)을 요청했다. 이재는 근무를 마치고 퇴청해 숙소로 돌아와서는 쉴새없이 일을 해서 그다음날이면 돌려보냈다. 처음 그렇게 하자 19일에는 정대감과 응교 홍용한 등 여러 사람이 이재에 대해서 고금문헌을 밝게 꿰뚫고 있을 뿐만 아니라 겸손하며, 비록 벼슬길에 있지만 유생의 면모를 갖췄다고 논평했다는 이야기가 들려왔다. 그날 정대감이 또『고려사세가』예종 이하 고종 이상 5권을 보내왔다. 이틀 뒤 검필을 마치고 서리를 시켜 정대감에게 돌려보냈다. 그런데 정대감은 삼국사 및 본조의 크고 작은 문자 기록에 대해 널리 취하고 자세히 고증하는 것이 필요하다고 말했다. 서리배가 뭔가 말을 잘못 전해 헛수고를 한 모양이었다.

서울의 독서문화를 섭렵하다

그런 근무 외에 부탁받는 일이 없으면 시를 짓거나 편지를 쓰고, 책을 읽거나 친구들을 찾아가 한양의 학술문화 동향에 대해 이야기를 나눴다. 또한 주변 어른들께 책을 빌려봤는데 이는 이재의 인식욕과 호기심을 자극해 마음을 조급하게 했다. 문필과 서적에 관련된 새로운 일들을 감당하려면 점점 독서의 범위를 넓히고 새로운 서적들을 읽어야 한다는 것을 잘 알고 있었다.

이날 홀가분하게 책을 돌려보내고 나서 이재는 김용겸 어른께『박고도博古圖』및『대명회전관복大明會典冠服』1권을 빌려달라고 부탁드리는 편지를 보냈다. 그리고는 심유진에게 놀러갔다가 흥미로운 이야기를 들었다.

편집청 당상이었던 정존겸 대감은 이재에게
하루가 멀다 하고 교정 일을 맡겼다.

동촌(종로5가 부근) 연지동에 근래 인쇄를 하는 서방書坊이 생겼다는 것이다.
고故 박치융 대신과 조덕준의 아들 및 여러 사람이 서로 일을 같이할 것
을 약속하고 각기 10냥씩 내 철자鐵字로 사서삼경을 인쇄할 터인데, 과거
시험 볼 때 들고 가기 편리하게 그 크기와 길이, 넓이를 규벽당본奎壁唐本
과 맞게 한다는 것이었다. 미리 10냥을 내 예약을 하면 인쇄한 책 각 1부
를 주고 여력이 있으면 다른 책도 준다고 했다. 심유진은 우리나라 선배
들이 작업한 인장 · 도서 · 화도畵圖 · 전예篆隸가 수준이 좀 못하다는 이야
기도 했다. 근년에 새로 전해진 중국 양식이 절묘하다면서 현재 인장의
경우는 이인상의 숙부인 이최지, 화도는 심사정을 꼽았다. 전예의 경우
또한 몇 사람을 일컬을 만하다고 했다. 이재는 주의 깊게 들었다. 새로운
소식, 새로운 동향이었기 때문이다.

한번은 정대감에게 책을 돌려보내고 하루저녁은 쉬는가 싶었더니 바로『고려사세가』원종 이하 및 별전別傳·지志·표表 모두 40여 권을 보내왔다. 이재는 눈이 짓무르고 침침해 안경을 구하고 싶었지만 돈도 없고, 귀한 물건이라 구할 수가 없었다. 늘 아쉬운 마음이었지만 무리해서 책을 보는 수밖에 없었다. 정대감이 하루하루 보내오는 책을 퇴근 후에 첨지를 붙이고 교정봐서 돌려보내는 일이 5월까지 계속됐다.『선묘보감』1질 5권,『휴와잡찬』1질 3책,『삼국사기』1질 8책,『국조명신록』4책은 1월 중에 작업해 돌려준 책들이다.

2월 3일 홍계희는 이재가 한 번 만난 적도 없는데, 아침 일찍 사람을 보내 이재를 만나고 싶어했다. 아마도『주자대전』교정하는 일을 맡길 거라 짐작했지만, 몸도 아프고『문헌비고』를 분야별로 나누어 고찰하는 일도 있어 천천히 찾아뵙겠다며 사양했다. 바로 어제 홍계희가『주자대전』1질을 향판으로 다시 새길 것이라는 소식을 들은 바가 있다. 오후가 되니 송중건과 이광현이 차례로 홍계희를 만나고 와서『주자대전』신본을 정리·간행하는 계획 절차에 대해 말해주었다. 또한 홍계희가 충주목사 정경순으로부터 이재의 이름을 들어서 알고 있으며『문헌비고』일을 맡고 있으니, 이번 교준校準(교정)은 면하게 될 것이라고 했다는 말도 전해주었다. 며칠 뒤 이재는 우연히 홍계희와 만나서 얘기를 나눴는데, 그는 이재의 박학정심함을 들었다면서『주자대전어류』선본 간행에 협조를 구했다.

정존겸 대감이 다시 책을 보내오기 시작했다.『동사유보』2책,『상촌집』을 보고 돌려보냈다. 2월 10일, 갑자기 정대감이 이재에게 와달라고 요청해 가보니 우리나라 율려지설律呂之說에 대해 잘 이해하지 못해서였

황윤석의 박학정밀함이 장안에 파다해 교정 보는 일은 물론 사대부들의 독서 교사 역할을 도맡다시피했다. 그림에서 보듯 경화세족이 누리는 음풍농월을 하급관리인 황윤석이 떠받쳤다고 할까.

다. 정대감이 『악학궤범』을 처음 본다면서 곡절을 묻기에 이재는 하나하나 대답했지만, 그가 선명하게 이해하는 것을 보지 못했다. 이재는 '『문헌비고』는 작은 일이 아닌데, 이른바 팔당팔낭이 모두 저렇게 망연해서야 어찌할까' 싶은 생각이 들었다.*

팔당팔낭이 감당치 못하는 일들이 매번 이재에게 밀려왔다. 그는 성심

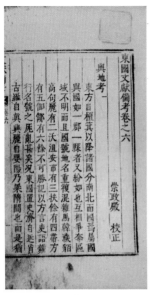

조선 영조 때에 왕명으로 1769년부터 그 이듬해 8월에 걸쳐 서명응, 채제공, 서호수, 신경준 등이 편찬한 『동국문헌비고』. 바로 황윤석이 율려, 악기 부분이 미흡하다고 지적하며 편집에 참여했던 그 책이다. 하단에 숭정전 교정이라는 글자가 보인다.

성의를 다했다. 박식하다고 알려진 이도 사물의 명칭은 많이 틀리기에 그런 부분에 유의하며 발췌 · 요약했다. 주상이 편집청 당랑들에게 『문헌비고』 편집을 일목요연하고 주밀하게 해 후세에 유익하도록 만들라고 명했으며, 4월까지 마칠 것을 요구했다. 이재는 정대감이 보내온 『하담파적록』 『서애집』 등에 열심히 꼬리표를 붙여서 돌려보냈다. 하지만 때때로 참 싫기도 했다. 몸이 좋지 않아 두통과 어지러움이 있고, 홀로 조용히 책을 읽고 싶었다. 보고 싶은 신서적들은 따로 있던 터다. 2월 24일에는 눈병을 앓아 정대감의 요청을 들어줄 수 없어 정대감에게 오수정烏水晶안경을 빌려달라고 했다. 그러고 나니 한숨이 나왔다. 옛말에 "빼어난 사람은 졸렬한 사람을 위해 수고한다巧者 拙之勞"라고 하더니, 정말 그런가 싶었던 것이다.

정대감은 종종 이재에게 『문헌비고』 편집에 대해 건의할 것이 있는가를 물었다. 2월 27일에 이재는 악제樂制, 특히 율려 · 악기 부분이 미비하

---

* 편집청의 편집 당상 8인은 구윤명, 원인손, 채제공, 홍명한, 이최중, 이담, 정존겸, 김응순이고, 낭청 8인은 조준, 홍용한, 김종수, 이득일, 서호수, 홍찬해, 황간, 신경준으로 선정돼 있었다.

다고 말해주었다. 편집청의 입직당랑이 주상의 명을 받고 빈번히 입시하는 까닭에 일을 완성하기가 쉽지 않다고 하는 말을 들었다.

어쨌든 이재는 그런 일을 수응하는 틈틈이 동료와 지인들에게서 전국 각지의 은둔한 지식인들에 관한 이야기를 들었다. 2월 13일에는 홍계희가 율려·상수象數·산법算法에 관해서는 우리나라 선배들 가운데 임두세林斗世 부자가 산가算家로서 최고였으며, 세상에 『산학원본算學原本』이 전한다고 했다. 또 근래 호서 내포에 살고 있는 한전韓䆖이 지은 『악서樂書』에 대해서도 얘기했다. 이재는 한전에 대해 처음으로 들었고, 물론 그의 책도 보지 못했다. 이재는 전국 각지의 은둔한 식자들 이야기를 들으면 잊지 않고 자세히 기록했다. 심유진沈有鎭도 종종 고금산가에 대해 이야기해주곤 했는데, 이현직李顯直과 홍도숙洪度叔(홍양해)이 그들이었다. 그는 세상에서 지금 수리에 밝은 사람으로 홍양해와 이길환李吉煥, 조사朝士 가운데는 서호수徐浩修, 중인으로는 문광도文光道를 일컫지만 실은 서씨 부자가 홍양해와 더불어 가장 정밀하다고 했다. 이재는 그런 이야기를 들으면 그들을 꼭 한번 만나 얘기해보고 싶어했다.

다른 한편으로는 김용겸에게 『박고도博古圖』 2갑 15책, 『반궁예악전서頖宮禮樂全書』 5책, 『악선금보樂仙琴譜』 당본唐本 2책, 『송풍각금보松風閣琴譜』 당본 2책, 『농정전서』 1질, 『상산집象山集』 『성리대전』 『도곡집陶谷集』 등을 빌려보았고, 정경순의 조카 정동유鄭東愈가 『산학계몽算學啓蒙』 『산학통종算學統宗』 『수리정온數理精蘊』 및 『구수략九數略』 『상명산법詳明算法』 등에 관한 질문을 해오면 대답해주기도 했다. 또한 정래교鄭來僑의 『완암집浣巖集』 2책을 비롯해 서명빈徐命彬이 소장한 『조야기언朝野記言』 1질 등 기회만 닿으면 책을 빌려 읽었다. 중국에 사행갔던 서명응 일행이 돌아오자 역관과 서명응의 청지기인 종부시 서리 유성욱을 통해 별단 서계 초안을 구해보고, 또 자세한 소식을 들었다. 중국 서적과 과학 문명에 대한 이야기는 물론 우리나라 사람이 지은 책에 대해서도 제목을 듣는 즉시 자세하게 기록했다.

『회회력回回曆』『산학계몽』『주역회통』『춘추회통』『성리자의』『자치통감전서』『상례비요喪禮備要』『의례경전통해儀禮經傳通解』『의례문해疑禮問解』『소자전서邵子全書』『격양집擊壤集』『기하보편幾何補編』20여 책, 『예략藝略』1책, 『수리정상數理精象』『성호사설』『가례』1권, 『구수략九數略』『통전』『무비지武備志』1질, 『송조문감宋朝文鑑』당본 85편, 『비례규해比例規解』1책, 『등단필구登壇必究』『묵사집默思集』『육예약六藝略』2권, 『연기신편演機新編』2책, 『풍후악기경風后握奇經』『태을기문太乙奇門』등이 이재와 그 주변 인물들 사이에 화제가 된 책들이다.

그러던 중 『율력연원』1대질 70책은 이재를 한 달 가까이 노심초사하게 했다. 『역상고성』상·하 2편과 표, 『율려정의』상·하, 속 3편, 『수리정온』상·하 2편을 포함해 총 100권으로 된 그 책을 김이상의 집에서 팔려고 내놓았기 때문이다. 책주름(서적중개상)들이 이재에게 처음에 130냥을 불렀다가 한 달 정도 흥정을 거친 끝에 70냥이 됐고, 이재가 초조히 온갖 곳에 돈을 빌리려고 만 가지로 노력하다가 돈을 구했을 때는 이미 다른 사람 손에 넘어가버렸다. 맥이 탁 풀렸다.

그렇게 지쳤을 때 다시 정대감이 오수정

정존겸 대감이 보내오고, 이재가 갖고 싶어했던 안경이 이러했을까?

안경 및 『문헌비고』의 교정 원고를 계속 보내와 교정을 부탁해왔다. 이재는 4월 10일 일기에 괴롭다고 솔직한 심정을 밝혔지만, 성실히 교정봐서 돌려보냈기에 그 안경을 선물로 받게 됐다. 그것은 한순간 이재를 기쁘게 했다. 세상에서 오수정안경을 가장 좋다고 하는 것은 쉽게 구할 수 없어 안경 중의 기품을 얻는 것이기 때문이다.

15일, 정대감이 편집청 좌중에서 자신이 사람을 많이 봐왔지만, 백가구류百家九流에 박식정해博識精解하기가 우리 종부시 낭관 황직장 같은 이는 보지 못했다고 말했다는 이야기를 전해 들었다. 그 이후로 정존겸뿐 아니라 황간도 교정을 봐달라고 책을 보냈고, 체재를 다듬어달라고 부탁해왔다. 21일, 이재는 결국 일기에 "지금의 조신은 모두 자신이 편하고자 남을 볶으니 높은 벼슬 좋은 품직으로는 자기를 위하고, 고통의 바다 한 보따리의 근심은 다른 사람에게 맡긴다. 우습다"라고 한마디 적었다. 너무 고달프고 괴로웠던 것이다.

이렇게 교정을 봐서 돌려보내는 일은 5월 8일까지 계속됐다. 5월 7일에 이재는 집경당으로 입시해 임금의 지우知遇를 입었고, 16일에 경복궁으로 주상의 부름을 받고 나아가 국초 도성 안의 궁궐 명호와 그 장소에 대한 질문에 답변했다. 그것은 이재의 고생에 비하면 공허한 비행기 태우기였지만 그래도 이재의 마음을 한껏 부풀게 했다. 하지만, 이재는 더 이상은 참을 수 없이 집에 가고 싶었다. 쉬고만 싶었다.

급제도 어렵지만, 출세는 더 어렵네

과거급제 문제는 이재의 나이만큼 마음에 부담으로 작용해왔다. 늘 부모님의 모습과 당부를 마음에 새기면서 대과에 장원급제하는 것을 단념하지 못했다. 가끔 그것은 그야말로 운명처럼 생각됐다. 지난번에는 정득환이 박서양과 함께 시험 보러 들어갔는데, 어제御題가 "바르지만 따뜻하고 너그럽지만 위엄이 있게直而溫 寬而栗"였다. 그런데 '율栗'자가 정군 부친의 휘諱인 까닭에 감히 답안지에 그 글자를 쓸 수 없어 글장을 바치지 못하고 곧장 물러나야 했다. 하지만 박군은 급제했으니 정말 운명이란 것이 그런 건가 싶었다. 답답한 마음에 스스로 주역점을 쳐보거나 다른 사람에게 물어보곤 했다. 2월 1일, 관서 안주문관 동학훈도東學訓導인 조씨가 관상을 잘 보는 사람이라 해서 중건과 함께 찾아가봤다. 그는 이재에게 대과 급제수는 헛되이 지나갔으며 금년에 출륙하면 내년에 재상이 되며, 내년에 출륙하면 그해 겨울에 재상이 되는데 46~47세에 더욱 좋다고 했다. 또 가산은 부유하지도 가난하지도 않을 것이고, 둘째아들이 부귀하게 될 것이며, 처와는 해로하기 어렵다는 이야기도 보탰다.

사실 과거가 제대로 치러지지 못하며 많은 폐단을 안고 있다는 것은 누구나 알고 있었다. 2월 5일에도 기로 조참에서 남태제가 과거 폐단을 아뢰었고, 이전에도 조명정이 아뢴 바 있다. 세력가의 자제들이 과장의 자리를 너무 많이 차지하고 거드름을 피워서 시골 선비들은 앉을 자리조차 없거나, 시험을 너무 자주 봐 합격자의 실력이 고르지 못하고 합격자에게 자리를 주지 못하는 문제가 쌓여 있었다.

이런 일들을 생각하면 이재는 자신의 처신에 자신이 없었다. 남들처럼 인사도 다니고, 자주 승정원의 다시茶時에도 나가 참석하고 그래야 되는 것 아닌가 싶어 불안했다.

2월 21일에도 다음달 삼일제를 어찌할까 고민했다. 30일 초저녁에 삼

황윤석은 서울에서 과거시험이 있을 때마다 응시하고자 노력했다. 시전지 값도 들고 붓도 제대로 없었지만 장원급제의 꿈을 버릴 수 없었다. 3월 1일 숭정전 안에서 치러진 시험에서는 스스로도 완벽하게 써냈다고 생각했으나 어김없이 낙방했다. 방(榜)에는 유력가 자제들의 이름이 올라 있었다.

일제의 시험관과 감독관 명단을, 그리고 숭정전에서 시험을 보인다는 이야기를 들었다. 하지만 여전히 망설여졌다. '시험지에 쓰려면 좋은 붓이 있어야 하는데, 쓸 만한 붓이 없으니 어찌할까…….' 미리 이런 일을 염려해 종부시 서리에게 여러 번 재촉해 좋은 붓을 사 들여놓으라고 했으나, 서리는 미루기만 하니 새벽에 파루할 때 부득이 심유진이나 조형겸에게 간청해 빌리는 수밖에 없었다. 그렇지만 심군에게 빌린 붓도 좋은 것은 아니었다. 3월 1일, 5전을 주고 시지를 사서 대궐로 갔다. 종부시 사령 민응세에게 건복의 모양을 매만지게 하고 함께 장중場中에 들어가니, 주상이 이미 숭정전에 와 계셨다. 모두들 들어간 다음 숭정문을 닫고 사배四拜했다. 어제는 "본조의 호남 방백이 임금의 명을 받아 『사기평림』

을 인쇄해 올리는 전箋*을 모의해 쓰라擬本朝 湖南伯 承命印進史記評林箋"였다. 다시 다함께 절을 하고 일어났다. 이재는 빠르지도 늦지도 않게 지어서 베껴 쓰는데, 반쯤 이르러 문득 염廉을 어겼음을 깨닫고 고쳐썼다. 다시 자세히 처음부터 끝까지 읽다가 머리구절 한 글자를 또 고쳤다. 그런 후에 시권을 납부하고 물러났다. 이날 시험관은 정존겸을 대신해 이담이 맡았는데, 또 그를 대신해 이은이 했다고 들었다. 그날 밤 이재가 홀로 앉아 숙직을 하는데 식은땀이 크게 나며 병이 날 듯하더니 부친의 빈축을 듣는 꿈을 꾸었다. 부친이 항상 이재의 과거급제를 염려하시는 때문이라 고민하지 않을 수 없었다.

다음날 일찍 일어나 세수하고 방榜을 기다렸다. 결과는 조정의 아들 조인숙과 동접인 진사 최치백이 장원으로 곧장 전시殿試에 나아가고, 남주관의 아들 남숙은 2등으로 회시會試에 나아가며 임계준·조운기·유헌주 3인은 각기 2푼을 받았다. 이재는 굴욕을 당하고 쓴웃음이 나왔다. 하기야 서리 자리가 하나 비어도 정승 판서 및 대군들이 자기 집 청지기를 밀어넣기 위해 치열하게 머리 쓰는 것을 익히 봐온 터였다. 4월 3일에는 공방서리 임세웅이 관전을 사사롭게 사용해 28냥의 빚을 진 까닭에 볼기 20대를 맞고 3일 안에 갚아야 했는데, 기한 내에 갚지 못하자 종부시 이제조二提調가 자신의 집 청지기 한덕수로 대신 충원하려다가 한덕수가 원치 않아서 임덕겸을 임명했다. 그런데 일제조一提調는 또 자기의 청지기 김도우를 임명했으므로 이제조가 결국 막지 못하고 그렇게 했다.

그것이 현실이었다. 이재는 아무런 지역 기반도 없는 전라도 출신인데

---

* 한문 문체의 하나. 경전의 어려운 곳을 해설하여 자신의 견해를 밝힘.

다 한미한 가문 출신으로 무엇이든 못 본 듯 묵묵히 견디는 수밖에 없었다. 4월 28일 송중건의 답서가 왔는데, 서여수에게 가서 그 성명星命을 평했더니 그가 이재에게 경인과 신묘 두 해에 과수대통이요, 금년 신·유·술 3개월이 매우 좋으니 과거에 급제하지 않으면 출륙할 것이라 했다. 중건은 금년 5월이 좋다는 것이다. 그것이나마 위안으로 삼고 견디는 수밖에 없었다. 호남은 광해 때로부터 이미 대북당大北黨에 출입하는 사람이 많았는데, 무신·을해년간에 역당逆黨이 또 일어나 지금은 상하가 모두 '그들은 속이고 경박하여 등용할 수 없다'라고 말한다지만, 이 논리로 따지자면 호서는 나주보다 그런 무리가 열 배쯤 많은데 어째서 호서는 서울과 같이 보는가 말이다. 또 영남은 그런 무리가 없었는가. 그런데도 영남은 어찌 대접하는가. 이는 다름 아니라 세력이다. 호서에는 세족대가世族大家가 많아 반은 서울에, 반은 시골에, 봄에 잠깐, 가을에 잠깐 있기 때문에 그들을 거리를 두지 않고 보는 것이며, 영남은 또한 남인이 여러 대를 이어와 풍기가 강하고 사나워 그들을 격동시키면 변고가 생기기 쉬운 까닭에 두려워하고 조심하는 것이다. 오직 호남은 이 두 가지 중에 한 가지도 없어 배척당하는 것인데, 형세를 내가 어찌할 수 없다는 것은 성인도 이미 말씀하신 바, 내가 혼자서 어찌겠는가. 이재는 그런 것에 마음 쓰지 않고 집으로 가고 싶었다. 가족이 걱정되기도 했고 몹시 보고 싶었다.

휴가 신청서 내고, 노잣돈 빌리고
5월 3일, 이재는 정고呈告(휴가 신청서)를 제출했다. 양식이 정해져 있어 지난해에도 이렇게 써서 제출하고 허락을 얻어 집에 갔다. 지난해에 쓴 것을 보면 이렇다.

정사식呈辭式

봉렬대부 행 의영고 봉사 (신) 황윤석은

다음과 같이 삼가 아룁니다. (신) 저는 (신) 제 어머니가 전라도 흥덕 땅에 계시옵는데, 계절병節病이 중하다고 전인專人이 와서 말했기에, 내려가 알현하고자 바라는 까닭으로 선계善啓* 하옵시기를 바라는 일로 삼가 아뢰옵니다.

건륭 34년 정월 초6일

이런 서류를 제출하고 난 다음, 이재는 종을 시켜 흰머리를 뽑게 했다. 그가 처음 벼슬한 이래 객지살이의 괴로움이 자심해 백발이 되는 것을 막을 수 없었고, 두풍도 있어 족집게로 머리털을 뽑으면 풍기운을 흩어버리는 데 도움이 될 것 같았다. 게다가 잠들기 전에 족집게질을 하면 피로에 절은 눈을 조금 쉬게 하고 잠깐이라도 정신을 풀어놓을 수도 있었다. 나흘이 지나 이재는 서리를 시켜 다시 확인해보도록 했다. 집에 병든 부모님이 계시니 전염병이 도는 시기를 당해 꼭 돌아가 뵙고 와야 한다고, 근무지를 떠날 수 있는지의 여부를 물어보게 한 것이다. 정대감이 마지못해 허락해주었다. 그런데 그다음날, 이달 초 10일 헌릉 제사에 이재

---

* 임금에게 서면으로 아뢰는 일을 높여 이르는 말로 선신(善申)이라고도 한다.

별다른 운송 수단이 없던 조선시대에, 먼 길을 떠나기 전 해야 할 중요한 일은 말을 튼튼하게 준비시키는 것이다.
〈말 징박기〉, 조영석, 종이에 담채, 36.7×25.1㎝, 국립중앙박물관 소장.

가 제관으로 차출되었다고 했다. 이재는 김문흠에게 패를 보내 면해줄 것을 요청해보고, 안 된다고 하면 서리를 정대감에게 보내 반드시 면제되어야만 한다고 생각했다.

이재는 공방서리 조항유 및 그 아비인 서리 조덕린 등에게 자신이 귀향한 후라도 관전 지출을 반드시 삼가하고 신중하게 해 별 탈 없게 할 것을 당부했다. 그리고 관전 4냥을 빌려 집에 돌아갈 자금으로 삼고 선물을 샀다. 배사령陪使令 김득금을 시켜 청대靑帶 1조條를 사오게 했다. 값은 1냥 2전으로, 이는 동생이 요청한 것이다. 분粉도 샀다. 값은 2전으로, 아내가 요청한 것이다. 추가로 유택분柳宅粉과 지화채식紙靴彩飾(무늬가 그려진 종이 신발) 2대를 샀다. 아이들 것이었다. 또 세침細針 2봉에 2전, 도화분桃花粉 1봉에 1전을 주고 사오게 했다. 선물 사는 데만 모두 1냥 7전을 썼다. 말먹이 값을 치르고 잡비를 제하고 나니 남은 돈이 많지 않아, 이재는 다시 돌아와서 갚겠다며 조항유에게 관전을 빌리고 장부 기입을 분명히 할 것을 당부했다. 그런데 지화는 사지 못했고, 동생이 종에게 마두청륵철물馬頭靑勒鐵物을 사오라고 한 기억이 나 다시 관전 1냥을 빌려 그것을 샀다. 집에 갈 준비가 대강 끝난 셈이다.

5월 7일 꿈에도 그리던 일이 있었다. 시복(관원들의 근무복)에 흑화를 신고 대궐에 나아가 어전에 입시해 임금님의 지우를 입었다. 삼정승이 모두 이재의 박식을 칭송하며 천거했고, 영의정 김치인은 편집청 낭청을 선발할 때 후보 명단에 넣고 싶었지만 이재의 관직이 문관 자격에 구애돼 그렇게 하지 못했으며, 여러 당랑이 모두 이재와 상의하며 왕복한다고 주상께 아뢰었다. 주상이 거주지를 묻기에 이재는 전라도 홍덕현이라고 답했다. 주상은 빙그레 웃더니 몇 가지를 더 묻고 과연 듣던 대로 박식하다

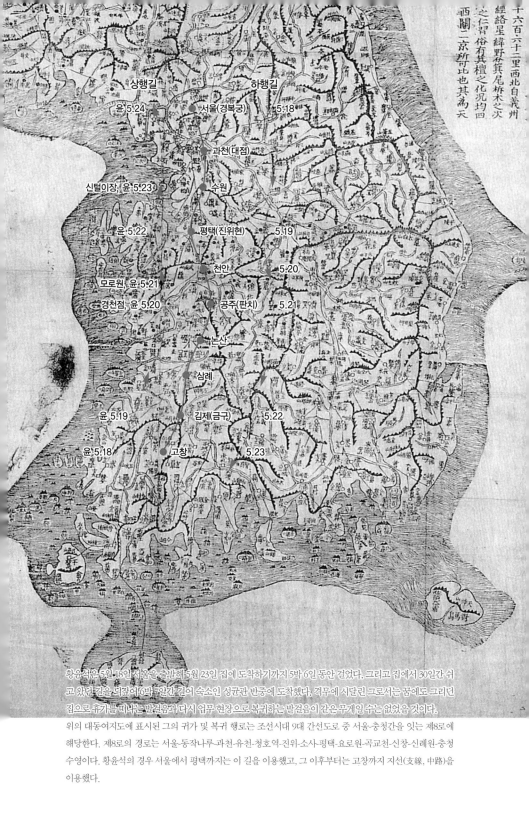

황윤석은 5월 18일 서울을 출발해 5월 23일 집에 도착하기까지 5박 6일 동안 걸었다. 그리고 집에서 30일간 쉬고 왔던 길을 되짚어 6박 7일간 걸어 숙소인 성균관 반중에 도착했다. 격무에 시달린 그로서는 꿈에도 그리던 집으로 휴가를 떠나는 발걸음과 다시 업무 현장으로 복귀하는 발걸음이 같은 무게일 수는 없었을 것이다.

위의 대동여지도에 표시된 그의 귀가 및 복귀 행로는 조선시대 9대 간선도로 중 서울-충청간을 잇는 제8로에 해당한다. 제8로의 경로는 서울-동작나루-과천-유천-청호역-진위-소사-평택-요로원-곡교천-신창-신례원-충청 수영이다. 황윤석의 경우 서울에서 평택까지는 이 길을 이용했고, 그 이후부터는 고창까지 지선(支線, 中路)을 이용했다.

〈누숙경직도〉(부분), 필자미상, 18세기, 지본담채, 33.6×25.7cm, 국립중앙박물관 소장.

고 칭찬했다. 또한 사흘 뒤, 승지 조정으로부터 혹시 주상이 다시 입시하라는 하교를 내릴지도 모르는데 귀향해버리면 어찌하는가 하는 우려를 들었다. 이재는 다시 곰곰이 생각해봤다. 집에 급한 소식이 있었던 것도 아니다. 혹 다시 입시하라는 명이 있는데 먼저 귀향하고 없다면 비단 위로는 성상의 뜻을 저버렸을 뿐 아니라 조승지 또한 그 때문에 당황스럽게 될 것이다. 할 수 없이 이재는 한 통의 편지를 써서 서리 덕겸에게 주고 정원에 전송해 이러한 뜻을 모두 알리고, 다시 보신 연후에 내일 거취를 결정해주십사 요청했다.

그러나 정원에서는 별다른 이야기가 없어 답답해진 이재는 17일에 스스로 주역점을 쳐보았다. 배사령을 보내 종부시 서리에게 내일 새벽에 정원에 가서 정사 절차를 준비하라고 했다. 경기도에 거주하는 자는 정사의 휴가 기한이 30일이고, 충청도와 황해도는 가까운 도이므로 '중도中道'라 일컫고 기한이 50일이며, 전라·평안·강원·함경도는 멀어서 기한이 70일이니, 이재는 70일 안에 다녀오면 될 것이었다. 짐을 꾸리며 여장 양쪽에 쌀을 두 되 정도 갈무리해넣고 다시 노잣돈을 준비했다. 종부시 서리가 동래부사 이보관이 보내온 예목禮木(예물로 주는 무명)과 필채전筆債錢(아전들이 민원서류를 써주고 받는 돈) 2냥을 보내온 것을 갖다주었으므로 처음에 관전 4냥을 빌린 것 중에서 2냥 남은 것과 더불어 모두 4냥을 노자로 준비했다. 집에 갈 준비를 모두 마쳤다.

5박 6일의 여정, 그리운 흥덕으로

5월 18일 드디어 집으로 가기 위한 길을 나섰다. 파루가 울리기 전 여장을 꾸려 송중건 및 반주인과 작별하고 대궐로 나아가 개양문(경희궁 정문의 오른쪽 문)을 거쳐 정원에 들어가 사퇴서를 썼다. 동부승지 서호수, 도승지 윤득우에게 품의해 제출하고 입계入啓를 마친 다음 궐문 밖의 막사로 나와 평복으로 갈아입고 돈의문을 나섰다. 종부시 서리가 절하며 작별했다. 청파靑坡 석우주막에 이르러 동지 이중필을 기다려서 밥을 먹었다. 종부시 배사령 김득금이 이번 길에 따라왔다. 동작나루를 건너 남현을 넘고 승방평점僧坊坪店에 도착해 배사령은 서울로 돌아갔다. 이재는 여우고개를 넘어 귀두촌 앞 옛 큰길을 택해 가다가 송이환군의 집을 지나며 말을 세우고 주인이 있는지 물으니, 송군이 시냇가 동쪽 들에 나갔다가 뒤늦게 소식을 듣고 따라와 과천읍의 대점에 이르러서 서로 만나 이야기했다. 진목정소점眞木亭小店과 상류천대점上柳川大店, 하류천점下柳川店을 지나 사기천점沙器川店 앞을 지나다가 흥덕읍 사람을 만나, 흥덕에 전염병이 다시 번질 우려는 없다는 얘기를 들었다. 이날 청파에서 1전, 과천에서 1전 5푼, 상류천에서 3전을 사용했으니 모두 5전 5푼을 쓴 것이다.

5월 19일 경기도 진위 읍내 대점에서 아침밥을 먹고 출발했는데, 피로감이 몰려와 말 위에서 졸았다. 정신이 혼몽하고 몸이 무거운데, 말 또한 넘어져서 거꾸로 떨어졌다. 하는 수 없이 걸어서 희도현을 넘어 갈원점에 이르고, 소사대점素沙大店, 대판교, 아주 대판교, 성환역대점成歡驛大店을 지나 천안읍 중대점에 이르러 투숙했다. 오른쪽 다리가 붓고 아팠다. 말이 여러 번 넘어졌고, 종도 발이 아팠다. 경기 남쪽에서 호서 경계에 들어서니 모심기가 한창이고 농사일이 바빠 보였다. 오늘은 모두 6전을 사용했다.

5월 20일, 동령 북쪽 가장자리 원대신점院垈新店에서 아침밥을 먹었다. 호남은 비가 안 와서 농사 형편이 호서만 못하다고 한다. 그런데 이날은 비가 내리고 말은 지쳐서 꼴을 먹지 못했다. 겸사겸사 여러 시간 머물러 쉬다가 날이 잠깐 갤 때 출발했지만, 말을 탈 수가 없어서 걸어서 동령을 넘었다. 버선과 신발이 젖고 더러워져 행색이 말이 아니었다. 공주 땅 금강 다리 부근의 궁원弓院에 이르러 말에게 꼴을 먹이고 점심을 먹었다. 말이 조금 많이 먹는 듯해서 이재는 마음이 놓였다. 일신대점에 이르러 잤다. 이날은 길이 진창이어서 다리가 붓고 통증이 심했다. 오는 도중 며칠 동안 역원마다 본 것은 엄청난 짐이었다. 관태官駄(관청 봉물짐)가 없을 수 없겠지만 남원, 청주 혹은 광주, 나주라고 말하는 짐들이 바리바리였다. 그 짐이 모두 백성들의 고혈일 거라는 생각이 들자 어쩐지 슬퍼졌다. 말이 또 죽을 먹지 못해 탈 수 없었다. 마침 관마를 돌려보내는 일을 하는 사람을 만나 그의 말을 타고 삼례역에 이르러 빌린 값 1냥 1전을 주기로 했다. 노자가 거의 떨어져 부득이 송중건이 부치는 돈 중에서 2냥을 꺼내 사용하는 수밖에 없었다.

21일, 금강을 건너 경천점敬天店에 이르러 아침밥을 먹었다. 안개 속에 40리를 오느라 의관이 모두 젖어 냉기가 엄습했다. 길은 온통 진창이어서 고달픔을 이루 말할 수 없었다. 니산읍 동대점을 거쳐 은진읍恩津邑 중대점에 이르러 점심을 먹고 말도 먹였다. 저녁에 금강대점에 투숙했는데, 종도 다리가 부어 행색이 딱하기 그지없는 지경이었다.

5월 22일, 삼례장參禮場에 이르러 남천 제2교를 지나다가 남원의 이처사 조카 이건을 만났다. 용담에 살고 있었는데 둘째아들의 문필이 아주 볼 만했다. 19세로 기린아라 하겠다. 이서가伊西街(삼례에서 20리) 소점에 이르러 아침밥을 먹었다. 금구읍金溝邑(이서가에서 30리) 중대점에 이르러 허기를 달래고 말에게도 꼴을 먹였다. 흥덕 관예官隷로 양성陽城의 본관 본댁에 갔던 자를 만났는데, 본관이 이재에게 수동壽洞의 안부와 소식 대강을 묻는 말을 전해왔다. 소면원현蘇免院峴을 넘어 곧장 고현古縣의 외가를 향해 가서 중구仲舅(둘째 외삼촌) 영연靈筵에 곡을 했다. 금년 7월이 재기再朞(2년)인데 이재가 한양에서 근무하느라 언찰로만 중구모仲舅母를 위로하고 한 번도 곡을 하지 못했던 것이다. 또 외증조 할아버지의 산소에 투장偸葬한 일에 대해서도 관심을 표하지 못한 죄를 사죄했다. 여기 와서야 뒤늦게 동생 온수가 아내를 잃었다는 소식을 듣고, 크게 놀라 곧장 수동으로 향했다. 태거교천泰居橋川을 지나 말에게 꼴을 먹였는데, 밤에도 계속 가서 집에 당도하려는 의도였으나 초경初更(저녁 6시~8시)에 연조원 대점에 이르렀으

〈산방전별도〉, 신명준, 지본수묵, 22.0×26.5cm, 조재진 소장.
황윤석은 가족 친지들과 모여 휴가의 마지막 밤을 아쉬움 속에서 보냈다.

므로 부득이 거기서 잤다. 밤이 깊었기 때문이다.

23일 닭이 울 때 출발해 수동 본가에 당도했다. 부모님은 수두 모자를 거느리고 아직 산촌 임시 거처에 계셨다. 온수가 4월 20일에 염병으로 아내를 잃었으므로 장사지내려 하다가 수환을 만나 임시 매장을 한 때문이었다. 이재는 잠시 쉬었다가 세수를 마치고 먼저 사람을 보내 알린 다음 부모님이 계신 곳으로 가 뵈었다. 한 이틀 쉰 다음 이재는 가족들과 함께 높은 밭의 모를 옮겨 심고, 모심기를 감독하기도 하며 가족들 곁에서 그럭저럭 휴가를 보냈다. 걱정을 놓을 수 없던 탓에, 16일 즈음에는 별 탈 없이 벼슬에 복직되는지, 어느 때에 출륙하는지 점쳐보았다. 보통 한양에서 홍덕까지는 7박 8일이 걸리곤 했는데, 이번 길은 5박 6일 만에 왔다. 말의 상태가 좋지 않았는데도, 관마를 빌려 탈 수 있었던 덕분이다. 노잣돈은 가족의 선물 비용을 제하면 6냥, 선물 비용까지 포함하면 모두 8냥이 들었다.

다시 한양으로, 6박 7일의 여정

윤5월 18일, 집에 돌아와 머문 지 28~29일이 지났다. 이제 한양으로 가면 다시 15개월 정도는 집에 오지 못할 것이라고 생각하며 새벽밥을 재촉해 먹었다. 여장을 꾸려 사당에 참배하고 부모님께 인사를 올렸다. 아내가 월아를 데리고 와서 작별을 고했다. 사겸, 내백, 중열과 서로 작별하는데, 마침 본시本寺 서리 임세홍 및 배사령 김득금 등이 완영完營을 거쳐 보내온 문안 고목告目*을 받았다. 동생 온수, 수룡과 두룡 두 아이, 생질 노군열·참손 형제와 상중에 있는 조카 민선백이 함께 동정東亭 아래에 와서 작별했고, 하인들이 와석臥石 등성이 위에 이르러 작별하며 절했다. 김봉이 따라오고, 한 필은 복마服馬**로 따라오는데, 정읍 연조원延詔院에 이르러 조금 쉬었다. 대개 복마는 힘이 약해 능히 앞으로 나아가지 못하기 때문에 기다려야 한다. 또 대교점大橋店에 이르러 밥을 사먹고 잠시 쉬었다. 이날 날씨는 더웠지만 바람은 맑았다. 낮에 1전 5푼을 썼다. 동네 친구들 중 조문해야 할 곳이 한둘이 아닌데, 염병 기운 때문에 제대로 위문하지 못했다. 이달 16일 신유에게 탈 없이 관직에 복귀할 수 있을지, 언제쯤 출륙해 근친을 편하게 할 수 있을지 물어봤는데, 이괘離卦가 동인괘同人卦로 가는 것을 얻었다. 사겸이 그것을 판단해보며 "이 괘는 관직에 복귀할 수 있고 장래 또한 반드시 길합니다"라고 했다. 생각건대 '이 괘는 응당 삼효三爻 해亥에서는 관귀官鬼***가 청룡을 띠는 것이며, 오효五爻**** 미未에서는 자손이 움직여서 합하는 것이다. 그러므로 이달 계해일에 과연 종부시의 고목告目을 얻게 되면 직무가 무탈함을 알 수 있다. 이는 이미 관귀가 청룡에 응하는 기운을 앞서 징험하는 것이다. 기쁜 일이 있을 것인가', 이재는 마음이 설레였다.

먼저 김봉을 보내 복마를 태인읍 중대점으로 향하게 했다. 이재가 한 필을 데리고 말을 타고 고현 안으로 향해 곧장 큰외삼촌 댁에 가서 절하고 주서 김성칙의 언찰도 전했다. 두루두루 외가 식구들을 만나 안부를

---

* 상 사람이 양반 상전에게 올리는 편지, 또 그저 말로 아뢰는 것으로도 쓰임
** 짐을 실은 말
*** 점괘의 하나. 점괘를 볼 때 부모, 형제, 처재, 자손, 관귀, 세응의 여섯 가지를 일컫는데 그것을 육친(六親)이라 한다.
**** 주역 동인괘 오효에 "처음엔 울부짖고 뒤에 웃는다" 했는데, 이는 협동해 어려움을 극복한 뒤에 오는 즐거움을 말한 것임

묻고 인사를 나눴다. 시원한 기운이 생길 때 태인 읍내로 향했는데, 말편자가 벗겨져나가 새로 구입해 걸도록 했다. 이재가 집에 돌아왔을 때 부모님이 막내 외삼촌 댁 및 송계 두 곳 외에는 가지 말라고 했다. 염병 기운이 두렵기 때문이었다. 그러나 이미 마을에 들어갔을 때는 염병 기운이 조금 깨끗해졌고, 오직 정읍의 용계서원龍溪書院 근처에만 남아 있다고 들었다. 이재는 여러 사람에게 이번 걸음이 심히 급해 다만 어른의 상喪에 대해서만 간략히 조례하고 나머지는 조만간 다른 날을 기약하자고 말하고는 떠났다. 태인좌수 김시건이 이재가 왔다는 것을 듣고 만나러 와서 간략히 서울 소식을 전했다. 이날 저녁 3전 3푼을 썼는데, 그 가운데 말편자 값이 2전 5푼이었다.

이튿날 새벽 달빛을 타고 출발해 금구읍 남쪽 3~4리에 이르러, 흥덕 본읍 사또가 집으로 돌아오는 행차를 만나 이런저런 서울 소식을 들었다. 금구를 지날 때 진사익원산辰砂益元散 3첩과 익원산 7첩을 샀다. 더위로 인해 토하고 설사하거나 갈증이 심한 것을 멈추는 데 도움이 되는 약들이다. 3첩의 값은 3전 6푼, 7첩의 값은 2전 1푼이었다. 또 백량白梁 큰 빗 1개와 오죽량烏竹梁 중간 빗 3개, 작은 빗 2개를 샀는데 값은 모두 3전이었다.

더위로 두통을 느꼈다. 이날은 아침부터 정오까지 모두 5전 1푼을 썼다. 조반 후에 나서서 이서가에 이르니 날이 더워서 나아갈 수 없었다. 사람과 말이 모두 더위를 먹고 아플까 염려가 돼 풀어놓고 쉬면서 익원산 1첩을 복용했다. 정오가 지나 서늘해지기를 기다렸다가 바람이 조금 생기자 밥을 먹고 나서서 금강대점에 이르렀다. 잠시 주막이 있는 마을 동쪽 위의 송렴손 집을 방문했다. 들으니 나주목사 송택휴가 세선稅船이 실패해 잡혀가는데, 저녁에 이곳에 이르러 잘 것이라고 했다. 이날 밤, 온돌이 뜨겁고 날씨는 찌는 듯해 잠을 이룰 수가 없는데다 모기가 피를 빨아 어지럽고 더러우니, 괴롭고도 괴로웠다. 송군이 전하기를, 밤이 될 무렵 또 송나주가 찾아왔다가 이재가 곤히 잠든 것을 보고 곧장 돌아갔다고 했다. 삼예參禮 북쪽으로는 소나기가 내렸다. 저녁에 2전 5푼을 썼다.

윤5월 20일, 날이 밝았다. 달빛을 타고 출발해 여산읍礪山邑에 이르니 하늘이 밝아왔다. 말 위에서 잠이 들어 견디기 힘들었다. 은진읍 중대점에 이르러 조식을 해결했다. 아침에 구름이 짙고 바람이 일어 기운이 조금 소생하는 것을 느꼈는데, 쉬면서 세수를 하니 더욱 시원했다. 두 종의 짚신 값이 6푼이었다. 복마가 나이가 어리고 배가 무거워 18일에 다시 넘어졌고, 19일에 또 넘어졌다. 기마 또한 나이가 어려 허리의 힘이 없으니 아직은 좌우가 기울어 넘어지는 듯하다고 생각됐다. 어쩌면 모두 꼴을 튼튼히 먹지 못해서일 수 있으니 날씨가 좀더 시원해지면 나아지리라 생각했다. 1전 9푼을 썼다. 가다가 니산 읍내에 이르러 한바탕 소나기를 만났다. 그리고 경천점敬天店에 이르러 들으니 소사素沙 이북에서 경기도에 이르기까지 큰비가 내려 성안의 시내와 도랑이 크게 불어났고 사람이 익사했다는 소식을 들었다. 강물이 또 크게 불어나 배가 다닐 수 없다고 한다. 익원산 1첩을 복용했는데 대변에 붉은 기운이 있었다. 복마가 가장 말랐기 때문에, 황두 1말 4되를 덜어냈다. 또 가서 판치板峙 남쪽 변두리 문암리 점에 이르렀다. 하루해가 아직 효가원孝家院까지 갈 만했지만 더위와 피로에 지쳐 부득이 머물러 자기로 했다. 일찍 누워 편안히 조섭했다. 내일 새벽 일찍 출발하는 것이 편하기 때문이다. 2전 6푼을 썼고 남은 돈이 17냥 6전 4푼이다.

겸재가 그린 동작나루의 모습. 이재는 이곳을 통해 서울로 들어왔다.

어느 때에 높이 누워 아픈 다리를 쉴까

윤5월 21일 아침 일찍 판치를 지나고 효가를 지나니 날이 밝았다. 금강을 건너는데 비가 그칠 생각을 않고 계속 내렸다. 모로원에 이르러 아침밥을 먹었다. 길에서 태인 사또 윤우동을 만났는데 서울로부터 집으로 돌아가는 길이었다. 이재는 이렇게 계속 서울 사람들을 만나 소식을 들을 수 있었다. 신경준이 편집일로써 승진해 오위장五衛將을 제수받았다는 소식을 들었다. 비가 내리고 또 내리다가 궁원을 지날 때쯤 날이 개었다. 차령車嶺을 넘어 원기점院基店에 이르러 정오에 밥을 먹고 말에게 꼴을 먹였다. 덕평점德坪店에 이르러서는 선달 박군익의 편지를 꺼내 시갑이란 자에게 수일 내에 온양 남곡嵐谷 유생의 집에 전하라고 했다. 그리고는 곧 답을 받도록 종 한 명을 대기시켜두고 복마로 남쪽으로 돌아갈 때 부치도록 했다. 다시 길을 나서서 삼가리三街里 소점에 이르러 투숙했다. 이날 역시 모기가 피를 빨아 어수선하고 지저분해 잠을 이룰 수 없었다. 마침 반촌 사람을 만나 들으니 송중건이 주인집에 있는데 탈 없이 지내지만 복직되지는 못했다고 했다.

이틀 후 오산장터 신점에 이르렀는데, 북천 물이 크게 불어 월천군越川軍을 얻어 품삯 7푼을 주고 건넜다. 기마의 바깥 신장 한쪽이 크게 부은 기운이 있었다. 더운 열기에 멀리 온데다가 암말임에도 불구하고 짐을 실었으며, 어제저녁 종들이 조심하지 않고 바람 속을 달려 병이 생긴 것이다. 여러 행인에게 물어보니 "끓인 맹물(百沸湯)을 써서 씻어주면 좋다"는 사람, "타고 다니지 말라. 한가롭게 세워두고 술지게미로 아픈 곳을 싸주면 좋다"는 사람이 있었다. 이재는 어느 것이 나은지 판단하지 못했다. 또 기마 등 위 말갈기 부분의 살을 보니 안장에 상했고 등 옆의 옆구리 살도 상하고 부서져 심히 염려가 됐다. 이재도 연일 약간의 설사를 했다. 호서 이북에서 점차 근기지역으로 들어올수록 비가 내리지 않는 날이 없는데, 더위와 증기가 교차해 길을 가는 것이 지루하고 힘들었다. 생각해보니 풍찬노숙을 한 것이 이미 1년이니 이 분주히 떠돌아다니는 생활이야말로 어버이 봉양을 명분으로 삼지만, 실은 남의 비웃음을 받고 있는 줄 잘 알고 있었다. 이재는 한숨을 쉬었다. '아! 어느 때에 높이 누워 아픈 허리와 쇠한 다리를 쉴까. 고달프고도 고달프구나!' 중미점에 이르러 아침밥을 먹고 하류천점 남쪽에 이르니, 양 개천이 모두 불어나 또 품삯이 들었다. 가다가 진리장시振履場市(신털이장) 소점에 이르러 쉬었다. 양쪽 말이 더욱 피로에 지쳐 겨우 사기천대점沙器川大店에 이르렀다. 이재도 극도로 피곤해져 그곳에 묵었는데, 우연히 전 태안군수 윤세영을 만났다. 군수로 있을 때에 나주 세선이 지나가다 실패한 일로 광주 본가에서 체포돼 서울로 가는 길이었다. 남은 돈은 15냥이었다.

다음날 꼭두새벽에 길을 나서 과천 읍내 대점에 이르러 아침을 해결하고 세수를 했다. 동작 나루의 배는 물이 크게 불어 건너기가 심히 어렵고 위태롭다고 하니 걱정스러웠다. 여우고개에 이르러 큰비를 만났고, 동작 나루 머리에 이르러 또 한차례 비를 만났다. 재동齋洞의 이생과 함께 길가 움집에 들어가 비를 피하며, 배가 돌아오기를 기다려 건넜다. 서울은 연이어 수십 일간 큰비가 내려 강물이 크게 불어나고 잠깐 사이에도 불어날 정도였다. 지금은 비록 평시에 비해 불어난 것이지만 그래도 극도로 불어난 것은 아니며 바람도 없어서 다행이라 생각됐다. 겨우 사정沙汀을 지나 성안으로 들어왔지만, 큰길이 진흙탕이어서 옷과 신발이 다 더러워졌다. 잠시 뱃머리에서 씻었던 것인데 도리어 씻지 않은 것과 같아졌다. 반촌에 들어섰다. 중건 및 주인은 모두 편안했고, 염병 기운 또한 지난달 남쪽으로 돌아갈 때와 같이 별로 증감이 없었다. 종부시 서리에게 패를 보내 금일에 이조에 환사장還仕狀(직무복귀 신고서류)을 보내 보고하도록 했다. 서리들이 와서 인사했다. 오른쪽 발등이 오래 앓아 부은 기운이 있었다. 매양 멀리 갈 때마다 안장에 걸터앉거나 짊어지거나 해도 반드시 부어올랐다. 왼쪽 발등도 다시 높이 부었다. 밤에는 양 무릎 아래가 마비돼 굽히지도 펴지도 못했다. 이와 같아서야 능히 세상에 이바지할 수 있겠는가. 이재는 피로해 날이 밝는지도 모르고 잤다. 깨어서는 건저乾苧 두 묶음을 꺼내 김득금 및 집주인의 아내에게 나눠주었다.

휴가길 일지 — ◉

【1770년】

떠나는 길

5월 3일　휴가 신청서 제출. 이제조 정존겸 대감이 마지못해 허락함

5월 4일　관전 4냥을 빌려 자금 마련, 가족들에게 줄 선물 구입

5월 7일　어전에 입시해 임금의 지우를 입음

5월 10일　조정으로부터 휴가로 업무에 지장을 주지 않겠냐는 우려를 들음.
　　　　　승지에게 편지를 써 거취 결정을 다시 요청함

5월 17일　스스로 주역점을 침. 짐 꾸리고 노잣돈 준비. 떠날 준비를 마침

5월 18일　드디어 길을 나섬. 청파 석우주막에서 끼니를 해결. 여우고개를 넘음

5월 19일　경기도 진위 읍내 대점에서 조식을 듦. 말이 넘어져 도보로 희도현
　　　　　을 넘어 갈원점에 이름

5월 20일　비가 와 날이 갤 무렵 출발. 도보로 동령을 넘음. 공주에서 말에게
　　　　　꼴을 먹임. 일신대점에서 투숙. 다리 통증이 심하게 옴

5월 21일　금강을 건너 경천점(공주시 개룡면 경천리)까지 40리를 가 아침을 먹음.
　　　　　니산읍(논산군) 동대점을 거쳐 은진읍에서 중식. 금강대점에 투숙

5월 22일　삼례장에 이르러 남천 제2교를 지나다 이건을 만남. 이서가에서 조
　　　　　식하고, 30리를 가 금구읍 중대점에서 허기를 달램. 소면원현을 넘
　　　　　어 고현 외가로 가 둘째 외삼촌 영연에 곡을 함. 동생이 아내를 잃
　　　　　었다는 소식에 급히 수동으로 향함

5월 23일　새벽에 출발, 수동 본가에 당도. 꿈에도 그리던 부모님을 뵙고 휴식
　　　　　을 취함. 30일간 집에 머묾

돌아오는 길

윤 5월 18일　　새벽밥을 먹고 부모님께 인사를 올림. 가족들과 작별 인사.

이재 황윤석이 넘었던 여우고개 주
변의 현재 모습.

	정읍 연조원에서 휴식. 대교점(정읍시 태인면 거산리 부근)에 이르러 밥을 먹고 잠시 휴식. 큰외삼촌 댁에 안부를 전함
윤 5월 19일	새벽에 출발, 금구읍 남쪽 3~4리에 이르러 서울 소식을 들음. 더위로 두통을 느낌. 밥을 먹고 서늘해질 무렵 나서 금강 대점에 이름. 송렴손의 집을 방문, 투숙
윤 5월 20일	새벽에 출발, 여산읍에 이름. 은진읍 중대점에서 조식을 해결. 소나기 때문에 강을 못 건넘. 판치(공주군) 남쪽 변두리 문 암리점에 투숙
윤 5월 21일	효가(공주군)를 지나 금강을 건넘. 모로원에서 조식. 사또 윤우동을 만나 서울 소식을 들음. 궁원 → 차령 → 원기점. 점심을 먹고 출발해 덕평점에 이름. 삼가리 소점에서 투숙
윤 5월 23일	오산장터 신점에 이름. 중미점에서 조식. 하류천점 남쪽에 이르러 진리장시 소점에서 휴식. 사기천대점에 도착
윤 5월 24일	새벽길을 떠나 과천 읍내 대점에서 조식. 여우고개에서 큰비를 만났고 동작나루에서 또 비를 만남. 사정을 지나 성안으로 진입. 반촌에 들어와 직무 복귀 신고

암행어사 길

一八二二년 평안남도 암행어사

박내겸의 고뇌

오 수 창

임금은 단 한마디를 던졌을 뿐이다. "내려가 잘 하도록 하라." 박내겸은 머리를 조아리고 나와 이슥한 곳에 이르러 봉투를 펴보았다. 거기엔 『사목』 한 책, 마패 하나, 유척 들이 들어 있었다. 암행어사가 된 것이다. 어사는 불시에 임명받아 지체 없이 목적지로 떠나가야 했다. 하지만 十九세기에 정승을 역임한 정원용의 지적에 따르면, 어사가 출발할 때 친구들이 송별하는 경우까지 있어 활동지역에 도착하기도 전에 각 읍에서 모두 그 소식을 알게 된다고 하는 상황이었다.

조선시대 암행어사가 걷던 길에는 갖가지 모험과 낭만이 기다리고 있었다. 부정한 수령에 대한 은밀한 탐지와 천둥이 울리는 듯한 출도, 백성의 묵은 한을 풀어주는 통쾌함은 익히 들어온 이야기다. 그 위에 어사의 자기 한 몸도 제대로 보호할 수 없는 위기가 있는가 하면 낯선 고장에서 처음 만나는 기생의 눈웃음치는 유혹도 있었다. 실제로 여러 암행어사가 임무 수행 중 의문의 죽음을 당했다. 기생을 만나 함께 다니다가 끌려와 국문을 받고 변방으로 쫓겨난 어느 암행어사에게 그 길은 인생의 모든 것을 건 운명적인 사랑의 행로였을지도 모른다. 세상 돌아가는 속도가 느리고 상하의 질서가 엄격하던 조선시대에 찾아보기 힘든 '액션과 로망'이 암행어사의 여정에 풍부히 담겨 전해진다.

하지만 암행어사의 행로가 모험과 낭만에 그칠 수만은 없다. 그 길은 출발점과 목적지를 잇는 평면적인 길이 아니고 명예와 고난, 이상과 현실, 성실과 기만이 엇갈리는 길이었다. 국왕의 측근 중 비밀리에 선발된 관원이 임금의 명령을 직접 수행하는 영광의 길이었으며, 따라서 출셋길로 줄달음쳐나가는 데 빠뜨릴 수 없는 화려한 길이었다. 반면 그 영광과 명예의 길에서 본분을 망각하고 추악한 탐욕을 행한 암행어사 또한 드물지 않았다. 지체 높은 관리로서 좀처럼 겪어보기 어려운 육체적 고난의 길이었던 동시에 제대로 된 관리라면 사회의 밑바닥을 들여다보는 마음의 고통이 한층 더 강렬해야 마땅한 길이었다. 남의 눈을 속이면서 걸어야 했던 암행暗行부터가 그렇듯이 이상과 현실이 어긋날 때 어사는 자신과 지배질서를 합리화하면서 걸어야 했고, 때로는 적극적으로 나서서 인민을 속여야만 하는 길이었다.

암행어사의 구체적인 활동은 의외로 많이 잊혀졌거나 혼란에 싸여 있다. 암행어사가 고을에서 신분을 드러내는 장면만 해도 그렇다. 조선시대 자료에서는 대개 출도出道로 표현됐는데, 어찌된 연유인지 그 말은 국어사전에서도 행방을 찾을 수 없다. 암행어사가 전가의 보도처럼 휘둘렀다는 부정한 관리에 대한 '봉고파직封庫罷職' 중에서 파직의 권한은 실상 어사에게 속한 것이 아니었다.

이 글은 1822년(순조 22) 평안남도 암행어사로 임명돼 평양을 포함한 그 지역 23개 군현을 순찰하고 돌아온 박내겸의 여정을 따라간다. 그는 넉 달이 넘는 일정에 맞춰서 『서수일기西繡日記』*에 크게 담았는데, 자신에게 이롭지 못한 사실들을 빼놓았을 가능성이 없지 않지만, 전체적으로 보아 솔직하게 기술되었다고 판단된다. 그 행간에서 읽히는 숨은 정황을 살펴

---

* 그가 국왕에게 바친 보고서인 서계(書啓)와 별단(別單)도 『일성록(日省錄)』에 수록되어 전해지고 있다.

는 가운데 시대적 · 지역적 맥락을 더해보고자 한다.

어사의 신분을 숨겨라

박내겸은 1822년 윤3월 16일 평안남도 암행어사에 임명됐다. 그는 과거시험관 후보로 뽑혀 궁궐로 들어가다가 승정원의 전갈을 받고 왕의 거처인 창덕궁 희정당으로 들어가 순조로부터 '내려가 잘하도록 하라'는 명령과 함께 봉투를 하나 받아들었다. 서대문 밖 조용한 곳에 가서 열어보니 임명장과 함께 업무 지침인 『사목事目』 한 책, 마패 하나, 유척鍮尺 둘이 들어 있었다. 이때 함께 불려 들어갔던 임준상은 평안북도 암행어사에, 박제문은 경기도 암행어사에 임명됐다. 평안도는 지역이 넓으므로 청천강을 경계로 그 남쪽과 북쪽에 암행어사를 따로 파견했다.

암행어사는 불시에 임명받아 지체 없이 목적지로 떠나는 것으로 되어 있었다. 하지만 19세기에 정승을 역임한 정원용의 지적에 따르면, 어사가 출발할 때는 친구들이 송별하는 경우까지 있어 활동지역에 도착하기도 전에 각 읍에서 모두 그 소식을 알게 되는 상황이었다. 기강은 점점 해이해졌던 것으로 보인다. 소설이지만 『열여춘향슈졀가』(완판 84장본, 이하 『춘향전』)에서 이몽룡은 암행어사 임명을 받은 후 본가에 가서 정식으로 부모에게 하직하고 출발했으며, 많은 수행원을 거느리는 등 전라도 땅에 닿을 때까지 굳이 암행어사의 신분을 감추지 않고 여행했다. 그가 깨진 갓, 살만 남은 부채 등으로 거짓 행색을 꾸민 것은 전라도 땅 여산에 들어가서였다.

박내겸은 어땠을까? 어사 명령을 받은 날의 일기에서 그가 모든 일을

〈풍속도〉, 이교익, 지본담채, 28.9×19.7cm, 국립중앙박물관 소장.
암행어사는 밤에도 쉬지 않고 걸었다. 갓을 벗어 손에 들고 도포를 풀어헤친 채 열심히 길을 가고 있는 모습.

던져두고 가족과 작별 인사도 하지 못한 채 떠나가야 한다고 걱정한 것
을 보면, 마땅히 극비리에 출발해야 한다는 인식은 있었던 듯하다. 하지
만 그는 결국 임명을 받은 뒤 닷새 만에 출발했다. 긴 여행을 위한 준비
도 필요했겠지만, 그사이에 가족을 찾아봤을 것이다. 어쩌면 친구들과
송별상을 함께했을지도 모른다. 어사 명령을 받은 날부터 후에 복명할

때까지의 일기 중에서 이때의 나흘치만 빠져 있다는 사실도 그간의 사정을 별로 밝히고 싶지 않았기 때문일 것이다.

박내겸은 행차 중 혹 비밀이 드러날까 매우 조심했다. 활동지역에 들어가서야 신분을 감춘 이몽룡과는 달리 윤3월 21일 서울을 처음 출발할 때부터 해진 도포와 망가진 갓으로 궁한 선비의 모습을 꾸몄다. 서울에서 멀지 않은 길에서 아는 사람을 만났을 때는 부채로 얼굴을 가리고 지나쳐야 했고, 개성에서는 옛 도읍을 둘러보고 싶었지만 아는 사람을 만날까봐 돌아올 때로 미뤘다. 그러한 조심성은 어사로 활동하는 동안 계속됐다. 여관이나 민가에 들어갈 때는 수행원들과 완전히 헤어져 홀로 들어가 묵기도 하고, 4월 11일 은산에서처럼 아전들이 알아채고 엿볼 것이 두려워서 급히 관아 문 앞의 여관에 들어가기도 했다.

사람들과 좀더 자세한 이야기를 할 때는 적극적으로 변장해 신분을 속이기도 했다. 4월 14일 맹산의 향청에 들어갈 때는 붓 수십 자루를 보자기에 싸서 어깨에 걸고 들어가 거짓말을 둘러댔다. '해주에 사는데 묏자리 때문에 송사를 벌이다 자산에 귀양을 갔고, 다행히 풀려났으나 돌아갈 길의 양식을 마련하기가 어렵다. 함경도로 들어가 아는 사람에게 구걸할 계획인데, 읍의 수령이 헤아려줘 마침 붓과 먹을 얻었으므로 그것을 팔아서 여행 밑천으로 삼으려 한다'는 것이었다.

일단 출도를 하면 얼굴이 완전히 공개되기 때문에, 그 뒤로는 신분을 감추는 일에 더욱 공을 들여야 했다. 우선 맡은 지역을 모두 암행으로 돌아 가능한 한 많은 정보를 얻은 다음에야 출도를 했지만, 그 이후로도 많은 노력을 했다. 박내겸은 5월 13일 순안에서 처음으로 출도했는데, 그 후 3일 동안 머물며 조사를 계속하다가 밤에 불시에 말을 끌어내 출발했다. 그는 관문을 나서자마자 앞뒤의 마부며 수행자들을 향해 모두 뒤에 떨어지라고 명령하고 마치 달아나듯이 샛길을 따라 '날아갔다.' 옆 군현인 강서를 지나 130리 떨어진 용강에 그다음날 암행으로 들어갔는데, 아전들이 어사의 행차를 알아채고 무섭고 당황한 속에 이리저리 뛰어다니며 미리 병풍이며 휘장을 치고 다과를 준비하느라 밤새도록 바빴다. 그러는 한편 번갈아 어사 일행이 묵는 집에 와서 눈치를 살폈다. 그러나 어사는 짐짓 모르는 척하고 자리에 들어 깊이 잔 후, 다음날 첫닭이 울 때 길을 떠나 그 옆의 삼화에 가서 출도를 외쳐 아직 자고 있던 아전들을 놀라게 했다.

어사 일행의 노력에 대응해 지역 주민이 그에 걸맞은 행동으로 협조하기도 했다. 박내겸은 5월 1일 강서에 들어갔을 때 밤중에 관서의 뛰어난 인물로 알려진 진사 홍희규를 찾아갔다. 지역 사정을 듣기 위해서였을 텐데, 박내겸은 그가 자기 얼굴을 알지 못한다고 생각하고 있었다. 홍희규는 불쑥 찾아온 손님을 몹시 냉대하다가 밤이 깊어진 후에야 등불을 걸고 무릎을 바싹 대더니 말했다. "어찌 이 누추한 곳에 오셨습니까? 귀인은 나를 알지 못할지라도 나는 일찍이 서울 평동平洞에 모인 자리에서 여러 번 뵈어 귀한 얼굴을 잘 알고 있습니다." 박내겸은 당황해 비밀을 누설하지 말 것만 당부하고 그냥 돌아왔다.

낯선 나그네를 향한 매서운 눈초리들

어사의 노력에도 불구하고 그 신분을 감추기는 참으로 힘이 들었다. 우선 지방민들은 낯선 나그네를 심히 경계하기 마련이다. 맹산에 들어갔을 때는 다가가서 이야기를 붙이기가 참 어려웠다고 한다. 박내겸은 산골짜기의 풍속이 어리석고 사납기 때문이라고 비판하고 있지만, 그런 속에서도 감시의 눈은 번뜩이고 있었을 것이다. 서울과 의주를 잇는 큰길 서관대로西關大路에 들어섰을 때는 의심을 품고 따져 묻는 사람도 있었고, 지나가던 역졸은 박내겸이 탄 말을 보더니 "이것은 청파역의 말인데 어떤 사람이기에 민간인 복장으로 타고 다니는가?"라며 따져 물었다. 평양에 들어가느라 대동강에서 배를 탔을 때는 뱃사람 또한 오가는 사람들을 조사하는 중이어서, 어사가 정말로 괴로워할 정도로 앞서 걸어온 여정을 깊이 캐물었다. 평양의 길에서는 어떤 사람이 크게 외친 적도 있다. '관속들이 꽤나 수선스럽다. 내 생각에는 틀림없이 어사가 성에 들어온 것 같다' 는 내용이었으니, 낯선 사람의 일거수일투족이 끊임없이 감시받고 있었다.

암행어사는 관속뿐 아니라 일반 백성에게도 관심의 대상이라 가는 곳마다 어사 행차가 화제에 올랐다. 박내겸이 길을 떠난 지 겨우 3일 후, 황해도 금천을 지나 가리탄加里灘이라는 곳에서의 일이다. 주막집 주인 노인이 일행을 끌어들여 마주앉았더니 말했다. "이른 봄에 전해온 소문에는 곧 암행어사 행차가 있을 거라고 해 사람들 마음에 두렵고 꺼려함이 있었는데, 이때까지 소식이 없으니 괴상한 일입니다. 나같이 어리석은 백성이야 어사 행차의 소식을 잘 알지 못하지만, 관가와 이서들은 서울과 통하니 암행어사가 오고 안 오는 것을 이미 환히 알고 있을 것입니다. 그래서 그 전처럼 법을 계속 어기는 것입니다." 정말로 어사 파견을 몰랐던 건지, 의심하면서도 짐짓 꾸며 말한 건지 알 수 없지만 어사의 동향에 신경을 집중시키고 있었던 것만큼은 사실이다.

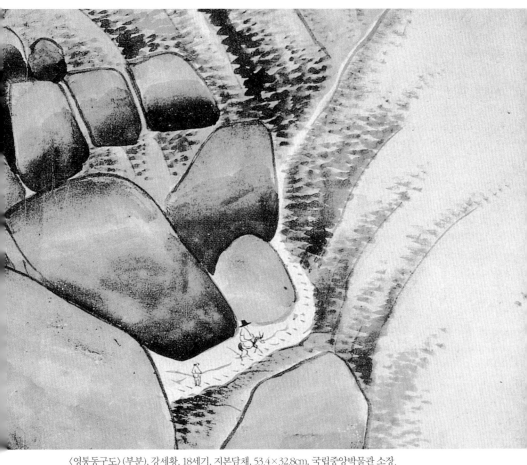

〈영통동구도〉(부분), 강세황, 18세기, 지본담채, 53.4×32.8cm, 국립중앙박물관 소장.
어사 행차 소식이 지방으로 퍼져나가면 암행어사의 발걸음은 더욱 조심스러워진다. 하지만 아무리 어리숙하
게 자신을 숨겨도 알아보는 사람이 많았다.

4월 12일 박내겸이 순천 땅 가창에서 마을 노인들과 어울려 이야기를 나눌 때도, 마을의 우두머리인 존위尊位가 그에게 어사 이야기를 꺼냈다. 암행어사가 내려왔다는 소문이 있는데 그렇다면 반드시 그곳을 지나게 마련이므로 읍에서 비밀리에 지시하기를, '자취가 수상한 자가 지나가거든 즉시 달려와 고하라'고 했다는 것이다. 그 노인은 어사로 보이는 사람이 아직 지나간 적이 없으니 괴상한 일이라고 말을 맺었지만, 실상 박내겸을 바라보는 눈길이 예사롭지 않았다. 출도한 다음이지만 어사가 신분을 감추고 순천 읍내 여관에 묵었을 때는 여관 주인이 관리에게 달려가 알리는 바람에 아전들이 몰려와 박내겸의 숙소를 밤새도록 엿보기도 했다.

『춘향전』에는 현지의 관속들이 어사를 감시하는 장면이 더욱 극적으로 묘사돼 있다. 이도령이 어사로 내려와 옥에 갇힌 춘향이를 만나본 후 남원 읍내를 염탐할 때의 사정이다.

> "어사또 춘향 집에서 나와 그날 밤을 새우려 하고 문안 문밖 염문할 새, 질에 가 들으니 이방吏房 승발承發 불러 하는 말이 '여보소, 들으니 수의또(어사또)가 새문 밖 이씨라더니 아까 삼경에 등롱燈籠 불 켜들고 춘향 모 앞세우고 폐의파관弊衣破冠한 손님이 아마도 수상하니 내일 본관 잔치 끝에 일십一什을 구별해 생탈生頉 없이 십분 조심하소.' 어사 그 말 듣고, '그놈들, 알기는 아는데' 하고 또 장청將廳에 가 들으니 행수군관行首軍官 거동 보소. '여러 군관님네, 아까 옥거리 바장이던 걸인 실로 괴이하데. 아마도 분명 어사인 듯하니 용모파기容貌疤記 내어놓고 자세히 보소.' 어사또 듣고 '그놈들 개개여신個個如神이로다' 하고 현사縣司에 가 들으니 호장戶長 역시 그러한다."

향리들의 근무처인 질청, 장교들의 근무처인 장청, 향리들 자치 기구의 전통을 지닌 현사에서 각기 그 우두머리들이 어사 감시를 지휘하고 있는데, 어사 행차 자체는 물론 어사의 신분에 대한 정보, 심지어 그 인상착의를 그린 그림인 용모파기까지 입수해 감옥의 춘향이 앞에 나타났던 이몽룡과 맞춰보고 있다. 이몽룡이 "그놈들, 하나하나가 모두 귀신과 같다"라면서 감탄하는 것도 무리가 아니다. 앞부분에서 이몽룡이 춘향이를 만나볼 때는 감옥에 "인적이 고요하고 지키는 사람까지 간 곳이 없었는데" 이미 감시의 눈빛은 어둠 속에서 날카롭게 빛나고 있던 것이다. 위 인용문은 어사를 감시하는 아전 무리를 어사가 감시하는 장면이지만, 실은 누가 다시 등 뒤에서 이몽룡을 쏘아보고 있었을지 모르는 일이다.

한편, 박내겸이 어사 염탐을 하고 있는 동안 여기저기서 어사의 수행원이나 친지를 사칭하고 사기 행위를 하는 자들이 나타났다. 이 역시 어사 행차에 대한 소문이 민간에 널리 퍼져서 그들이 준동할 여지가 커졌기 때문이다. 평안도에 들어온 지 한 달이 안 되는 4월 22일에 일어난 소동을 박내겸은 이렇게 기록했다.

"내가 암행어사가 되어 서도西道(평안도)로 나온 이후 멀고 가까운 곳의 간교하고 자잘한 무리들이 어사의 수행원이라고 거짓말을 하거나 어사와 친한 사이라고 칭하기도 하면서 아전과 백성들을 공갈 협박해 돈과 재물을 빼앗아갔다. 그 죄는 죽여도 시원치 않고 폐단 역시 적지 않은 까닭에 일찍이 여러 읍에 공문서를 내려 보내 조사하고 잡아들이도록 한 바 있었다.

그런데 이곳에 들어오자 읍의 장교들이 오히려 내가 돌아다니는 것에 의심을 품어, 몰래 발자취를 더듬어 쫓아다니면서 떨어지지 않았으므로 몹시 힘들었다. 어떤 고개에 도달해 인마와 수행원을 먼저 보내고 나무 아래에서 홀로 쉬노라니 추적하는 자가 도달했다. 마주앉아 이야기를 나누는데 먼저 엉뚱한 일을 말하면서 나를 살피느라 내려보고 올려보고 했다. 나는 얼굴색을 조금도 바꾸지 않고 묻는 대로 대답했더니 그 사람은 암행어사가 다닌다는 이야기를 하고 또 가짜어사에 대한 이야기까지 했다. 그리고 지금 남몰래 조사하러 다니는 중이라고 말하기도 하고, 끝내 내 행동거지가 수상하다는 말까지 했다. 그러더니 민간에서 붉은 실〔紅絲〕이라고들 부르는 철사 포승을 허리춤에서 꺼내어 보이며 말했다. '길손은 이 물건을 알아보겠는가.' 이 지경에 이르자 재앙의 조짐이 닥치는 터라 나도 대답 없이 가슴에서 마패를 꺼내보이며 말했다. '너는 이 물건을 알아보겠는가.' 그 순간 그 사람은 얼굴색이 흙빛이 되고 입이 오그라들어 말을 못하면서 쳐다보더니 곧 쓰러졌는데 판자 위의 작은 구슬처럼 언덕을 굴러가다가 평평한 곳에 이르러서야 멈췄다. 나는 마패를 들어 다시 가슴 속에 감춘 후 밑으로 내려가 그를 부축해 일으키며 위로했다. '너나 나나 모두 각자 나라 일을 하는 것이다. 너무 겁먹지 않아도 되니 힘을 내서 일어나 가거라.' 말을 마친 후 먼저 출발해 고개를 넘었다. 그 광경은 참으로 포복절도할 일이었다."

마패에는 말 한 마리에서 열 마리까지 그려져 있는데 영정조시대에 암행어사는 보통 세 마리가 그려진 삼마패를 사용했다.

이때의 일만 해도 어사의 수행원이나 친지를 사칭하는 행위를 거론했을 뿐 가짜어사 자체가 문제됐던 것은 아니다. 하지만 아주 이른 시기부터 문제였던 가짜어사가 박내겸 때라고 나타나지 않았을 리 없다. 4월 28일 함종에 들어갔을 때 박내겸이 고을 연못에서 낚시꾼과 이야기를 하다가 시험 삼아 암행어사 소식을 찔러본 것이 다음과 같은 대화로 이어졌다.

"암행어사 행차가 두세 번 지나갔는데 어제오늘 또 왔다고 합니다. 남들이 이야기하는 것을 언뜻 들으니 오늘 온 사람은 가짜인 것 같다고 하던데 잘 알지는 못하겠습니다."
"어느 간 큰 녀석이 감히 어사 행세를 한다는 말이오?"
"근래 인심이 맑지 못하니 못된 무리가 가짜로 다니면서 재물을 빼앗는 폐단이 없으란 법이 있겠습니까?"

낚시꾼의 말대로라면 그보다 먼저 암행어사의 언행을 흉내 낸 사람들이 지나갔다는 것인데, 그곳 사람들이 암행어사 행차 또는 그것이 가짜냐 진짜냐 하는 데 온통 정신을 쏟고 있었던 것이다. 낚시꾼과 헤어진 박내겸이 여관에 들어오자 어떤 사람이 달려들어와 지나온 길을 따져 물을 뿐 아니라, 아전과 장교들이 아래위 집집마다 터를 잡고 모여들어 어사 일행을 에워싸고 조여들었다. 낚시꾼이 관속에게 밀고했던 것이다.

어사 신분이 탄로 나다

결국 박내겸의 신분은 곳곳에서 드러날 수밖에 없었다. 앞서 언급한 정원용이 개탄한 바에 의하면 암행어사의 비밀스러운 행차가 공개 행차나 다를 바 없게 되고, 폐단을 살핀다는 것이 오히려 폐단을 더하게 됐던 이유 중 하나는 어사가 종자들을 시켜 편지를 계속 주고받는 데 있었다.

〈나루터〉, 전 이형록, 19세기, 지본담채, 28.2×38.8cm, 국립중앙박물관 소장.

박내겸도 수행원들을 통해 본가와 편지를 주고받고 있었다. 그는 서울을 떠난 지 13일 만에 집안 편지를 받았다. 이때는 뒤이어 출발한 수행원이 편지를 가지고 왔으므로 비밀 유지에 별문제가 없었겠지만, 4월 21일에 받은 편지는 사람들의 손을 여러 번 거쳐 헤어져 활동하고 있던 수행원들을 통해 전달됐으므로 그만큼 비밀이 누설됐을 가능성이 크다. 그는 이후 평양에서 두 차례 편지를 받았고, 출도한 다음에는 은산과 성천에서 파발 편에 전달된 편지를 받아봤다. 출도한 날짜에 맞춰 편지가 그 고장으로 온 것을 보면 비록 수신자와 내용이 밝혀지지 않았다 해도 편지가 어사의 일정을 따라 움직이고 있었음을 알 수 있다. 출도가 모두 이뤄진 다음 평양에 머물 때는 편지 왕래가 더욱 활발했다.

박내겸 스스로도 신분을 숨기는 데 그리 철저하지 못했다. 처음 평양에 도착한 날 박내겸은 곧장 관찰사를 방문해 인사를 올렸다. 지위가 훨씬 높을 뿐만 아니라 암행활동을 하기 위해서는 그의 뒷받침이 필요했으리라. 그러나 "그의 수행원 조익렴이 감영의 장교였으므로 남의 눈을 피할 수 있었고, 평소 잘 아는 사이여서 관찰사를 믿었다"라고 일기에 방문 이유를 적어놓은 것을 보면, 암행어사가 관찰사를 방문하는 일이 당연한 것은 아니었다. 그보다 앞서 처음 성천에 도달했을 때는 공주 박서방이라 해 남의 이목을 속이고 부사 이기연을 만나 한방에서 잤다. 이기연과는 어렸을 때부터 친구 사이였던데다 그의 다스림에 문제가 없었기 때문이라고 스스로를 합리화했지만, 그 기록은 그의 행동이 원칙에 부합하지 않았음을 보여준다.

과연 많은 사람이 암행어사의 신분을 눈치 채거나 알아봤다. 영원 근처 포탄에서는 좌수의 집에 묵었는데, 그 주인이 경험이 많고 세상일에

노련했다. 10여 년 전에 홍병철이 어사로 왔을 때도 그의 집에 3일 동안 머물렀다고 한다. 박내겸을 앉혀놓고 이런 이야기를 하고 있는 주인이라면 앞에 앉은 어사의 신분도 이미 파악했거나 어느 정도 짐작하고 있었던 것이다.

그중에서도 박내겸을 향해 거리낌 없이 자기 느낌을 밝힌 사람은 기생들이었다. 평안도에 들어간 직후 처음 만난 기생들부터 예사롭지 않은 이야기를 했다. 성천에서 부사 이기연의 대접을 받던 날, 늙은 기생이 그를 바라보며 말했다. "손님께서는 말에 부끄러움이 없고 널리 통하는 기운이 빼어나니 이미 높은 자리에 오른 분 같습니다. 오래지 않아 반드시 귀하게 드러나게 될 것입니다." 사람들이 암행어사 행차에 온통 신경을 쓰던 상황에서 이러한 말을 올린 것은 박내겸의 신분을 꿰뚫어보고 있다는 증거였다.

박내겸이 맹산의 향청에 들어갔을 때 그곳에 불려와 있던 기생 하나는 그가 붓이나 팔고 구걸이나 하는 선비로 변장했는데도, "손님 손놀림이 꽤나 익숙하고 말씀이 부드럽고 아름다우니 결코 곤궁해 구걸하러 다니는 분이 아닙니다. (…) 제가 술과 안주를 마련해놓고 놀이꾼을 많이 모을 것이니 함께 내기 쌍륙이나 즐기면 좋겠습니다"라고 했다. 박내겸이 자리를 뜨자 그녀 또한 일어나서 나와 집을 알려주며 적극적으로 유혹했다.

성천에 다시 갔을 때도 부용芙蓉이라는 젊은 기생 하나가 한참을 들여다보더니 "제가 겪어본 사람이 많습니다. 손님께서는 결코 궁하고 어려운 분이 아니신데 행색은 왜 이렇게 초라하신가요? 다시는 제가 선비님들 관상 볼 생각을 하지 말아야겠습니다"라며 시와 노래로 그를 성심껏 접대했다. 이레 뒤에 박내겸은 그녀의 동무 기생을 찾아갔다가 극진한 대접을 받았다. 이야기를 들어보니 부용이 말하기를 "여러분이 무얼 알 겠소마는 성천태수가 귀인이라는 것만은 알 것이오. 이 손님이 지금 비 록 초췌하지만 야박하게 대하면 성천태수를 위하는 길이 못 될 겁니다" 라고 했다는 것이다. 이 말을 듣고 "그녀가 비밀을 알아챈 것을 알고서는 일어나 나왔다"라고 박내겸이 솔직히 기록했듯이, 성천의 기생들은 그가 누구인지 알아보고 있었다.

이런 가운데 박내겸이 암행하는 지역에 어사가 파견됐다는 소문이 파 다하게 퍼졌다. 평안도 땅에 들어와 약 20일이 지난 4월 15일에는 박내 겸이 묵고 있는 집의 이웃 사람이 어사의 행차가 묘향산으로 행한다는 소문을 듣고 억울한 일을 호소하기 위해 급히 어사를 찾아 나서고 있었 다. 비록 출도를 시작한 다음이지만 여전히 신분을 감추고 암행하고 있 던 6월 5일, 순천의 어느 곳에서도 박내겸은 청원서를 올릴 목적으로 암 행어사를 찾아 나선 사람을 만났다.

박내겸 스스로 자신의 신분을 밝혀야 하는 경우도 있었다. 4월 22일에 는 자기를 뒤쫓던 포졸에게 신분을 밝혔을 뿐만 아니라, 이미 그전에 어 사의 수행원이나 친지를 칭하는 사기꾼들을 잡아들이라는 공문을 각 읍 에 보낸 바가 있었다. 같은 달 28일 함종에서 아전들에게 포위당해 위급 해졌을 때는 신분을 밝힌 정식 공문을 수령에게 보내 자기를 가짜어사로 지목한 사람을 잡아 가두게 하고 포위에서 벗어났다. 이 모든 소문은 빠 르게 번져나갔을 것이다. 어사의 인상착의는 물론 몽타주까지 고을에서 고을로 전달됐을 수도 있다.

하루에 120리, 고통과 인내의 길

박내겸은 1822년 윤3월 21일 서울을 출발해 닷새 뒤인 26일에 양덕을 통해 자신의 염찰지역인 평안도로 들어갔다. 그후 신분을 감추고 곳곳을 다니며 정보를 입수해 5월 13일, 즉 서울을 떠난 지 51일이 되는 날에 순안에서 최초의 출도를 했다. 그다음에는 암행과 출도, 신분을 밝힌 채 이동하는 명행明行을 되풀이하다가 6월 30일 평양에서 최종적으로 출도했다. 그후 7월 17일까지 평양에 머물며 문서를 조사하고 간간이 유흥을 즐기다 18일 다시 신분을 감추고 평안도를 떠나 귀경길에 올랐다. 24일부터 27일까지 양주의 맏형 집에 머물면서 보고서 마무리 작업을 하고, 28일 임금 앞에 나아가 임무를 마쳤음을 아뢰고 보고서인 서계書契와 별단別單을 바침으로써 125일간의 임무를 마감했다.

암행어사는 두 가지 보고서를 제출했다. 서계는 자기가 돌아본 지역의 지방관과 관찰사에 대해 업무 수행의 자세와 잘잘못, 어사로서 급히 취한 조처들을 정리한 것이고, 별단은 해당 지역의 사회문제와 백성들이 겪는 고통에 대해 그 내용을 정리하고 어사로서 모색한 해결 방안을 서술한 정책 보고서였다.

박내겸의 보고서는 국왕의 일기 형식으로 작성된 국정 기록인 『일성록』에 실려 있다. 서계는 순 한문으로 된, 『일성록』 원본의 34면에 달하는 장편으로서 평양서윤 한백연으로부터 고양군수 정연시에 이르는 59명의 관원에 대한 잘잘못을 담았다. 별단은 평안도의 토지세, 환곡, 국방, 권세가의 백성 침탈 등에 대해 문제를 진단하고 그 나름대로의 해결책을 제시했다. 분량은 『일성록』 원본으로 35면에 달한다. 여기에는 경제력을 바탕으로 성장한 새로운 세력에 의해 평안도지방의 사회질서가 변화하고

敎旨
朝散大夫守議政府△
人知製敎兼春秋館編
修官趙廷機贈通政大
夫弘文館副提學知製
敎兼經筵參贊官春秋
館修贊官者
順治三年十二月二六日

조정기(趙廷機)를 홍문관 부제학에 임명하는 교지. 조선시대 홍문관 제학직에 오르는 것은 학자로서 영광이자, 그 자체가 주목받는 지식인의 징표였다.

있는 상황 등이 잘 나타나 있다. 박내겸은 이 서계와 별단을 작성하기 위해 이동 중에도 수행원들이 조사해온 내용과 자신이 직접 조사한 것을 틈날 때마다 계속 정리했다. 그가 바친 서계와 별단은 홍경래난 이후 평안도사회의 실상을 이해하는 데 없어서는 안 될 매우 중요한 자료다.

조선후기에 국가의 엘리트 관원으로 성장한 인사들은 필히 문과에 급제해 홍문관·사헌부·사간원 등의 관원이 돼 국왕을 측근에서 섬기는 시종신侍從臣과 지방 군현에 나가 국왕을 대리해 백성을 직접 통치하는 수령을 거치게 마련이었다. 이에 더해 중요한 경력이 됐던 것이 암행어사와 중국으로의 외교사절 경험이었다. 큰 나라를 방문해 견문을 넓히고 국제질서를 익히는 것과 더불어, 눈높이를 파격적으로 낮춰 백성의 생활을 경험하고 지방 통치의 명암을 속속들이 파악하는 것이 국가 운영에 매우 중요한 자산이 됐던 것이다. 암행어사로 나갈 때의 박내겸은 43세

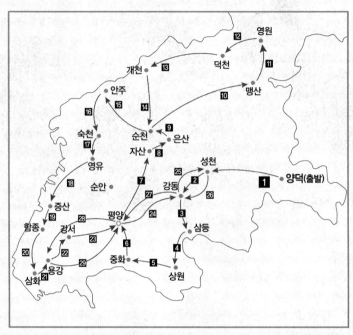

박내겸의 출도 이전 경로(1822년 3월 26일~5월 13일)

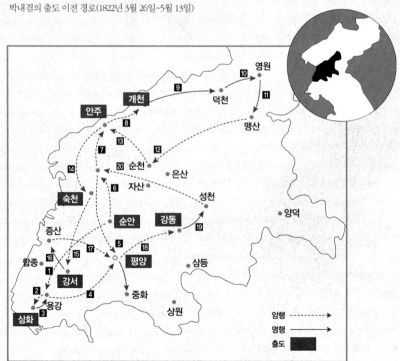

박내겸의 출도 이후 경로(1822년 5월 13일~7월 18일)

였다. 문과에 급제한 후 13년 동안 그는 종5품 관직인 홍문관 부교리까지 승진했었다. 평안남도 암행어사 임무를 마친 후에는 여러 지방의 수령과 함경도의 북평사北評事를 지내고 외교사절로 청의 심양과 북경을 다녀오면서 관직이 호조참판에 달했다. 당시의 상황과 그의 집안으로 볼 때 아주 순조로운 출세였다. 1822년에 박내겸이 암행어사로서 평안도를 걸었던 길은 그와 같은 출세가도를 걸어가는 길이기도 했던 것이다.

박내겸은 어사로 활동하면서 보통 말을 타고 다녔지만, 신분을 감추는데 꼭 필요하면 두 발로 걷기도 했는데, 하루 70리에서 90리에 이를 정도였다. 물론 비가 오거나 출도 후 문서를 조사할 때는 한 곳에 머물러있거나 20리나 30리만 이동했다. 가장 먼 거리를 간 날은 120리를 이동했는데 그렇게 움직인 날은 모두 나흘이었고, 하루에 110리를 이동한 것이 닷새였다. 서울을 떠나 다시 돌아올 때까지 이동한 거리는 4915리로 125일 동안 하루 평균 40여 리를 걸었다. 조선후기 10리가 얼마쯤 되는지 정확하지 않지만, 4.2킬로미터로 계산하면 2064킬로미터가 된다. 길게는 경부고속도로의 여섯 배가 넘고, 작게 잡아도 다섯 배에 달하는 거리다. 이 먼 길에서 때로는 어깨가 잠기는 깊은 물을 만나 남의 신세를지면서 간신히 건너기도 했다. 또 한 필밖에 없는 말이 병이 났을 때는그것을 옆에 끼고 몇 차례나 고개를 넘고 내를 건너느라 발은 부르트고숨은 헐떡이는 괴로움을 경험했다.

권력과 쾌락

박내겸은 임무를 수행하느라 많은 고통을 겪기도 했지만, 다른 한편으로는 큰 권력을 누렸다. 암행어사로서 지닌 권력은 평안도 관찰사가 그를 대하는 태도에서도 나타난다. 관찰사는 품계가 종2품인 고위 관직으로, 당시 평안도에는 세도가문 출신인 김이교가 나가 있었다. 그런 그가 평양 출도 후 문서를 조사하고 있던 박내겸을 세 번씩이나 직접 찾아가 만나고, 배를 동원해 하루 종일 그리고 밤까지 유흥을 베풀어줬다. 박내겸은 그때 겨우 종5품 관직에 올라 있을 뿐이었다.

하지만 암행어사로서 누리는 권한의 통쾌함은 무엇보다도 출도에 있었다. 『춘향전』에서처럼 '강산이 무너지고 천지가 뒤눕는' 출도 장면이 연출되는 것이다. 5월 13일 순안에서 최초로 출도하던 장면을 박내겸은 이렇게 묘사했다.

"역졸들이 빠른 소리로 암행어사 출도를 한번 외치니 사람들이 무리지어 놀라 피하는 것이 마치 바람이 날고 우박이 흩어지듯 했다. 우선 문루에 올라가 바라보니 온 성안의 등불이 모두 꺼지고 바깥문들이 빠짐없이 닫혔다. 계속되는 소리로 빨리 외치는데 끝내 사람의 자취는 없었다. 내가 거느린 무리가 여기저기서 들어오는데 관아 건물들은 비어서 사람이 없었다. 나도 오래 서 있기가 어려워 천천히 동헌으로 들어갔는데 그곳 역시 빈집이었다. 암행어사의 위엄과 서슬은 과연 이와 같은 것이었다."

5월 28일 개천에서 두번째 출도를 했을 때는 그날이 장날이었는데도 사람들이 모두 도망가버려 거리가 텅 비었다. 평양에서는 대동문에 올라가 출도를 외치려는데, 누각 문이 닫혀 있자 역졸이 돌을 들어 문을 부쉈다. 박내겸은 "큰소리로 한번 외치니 성내가 온통 끓는 솥처럼 돼 사람과 말들이 놀라 피하는 것이 산이 무너지고 바닷물이 밀려드는 듯했다. 평안도에 나온 이후로 으뜸가는 장관이었다"라고 기록해뒀다.

출도 후 암행어사가 취한 조처는 즉각 효과가 나타났다. 안주에서 출도한 것은 6월 6일이었는데, 나흘 뒤에 암행을 할 때는 길에서 죄수의 칼〔枷〕을 쓴 사람을 여러 번 만났다. 박내겸이 발행한 지시 공문을 따라 안주에서 다른 곳으로 이감돼가는 사람들이었다. 서울로 돌아가느라 황해도의 동선령을 넘을 때는 자신의 조처로 자리에서 쫓겨난 순안수령의 여종이 어사를 저주하더라는 소식을 전해 듣기도 했다.

그의 표현대로 '세상에는 참으로 없는 일이 없다'고 할 만한 일도 벌어졌다. '관서에서 으뜸가는 집안' 출신이자 토호와 부자들을 끼고 변장까지 역임한 황명조라는 인물은, 사촌형 겸조가 자기 죄상을 어사에게 일러바친 것으로 의심해 밤중에 사촌형을 찔러 죽이고 자기도 배를 찔러 자살했던 것이다.

그런 권력이 있었기에 암행을 하는 박내겸이 청원서를 들고 어사를 찾아 헤매는 인물들과 거듭 부딪쳤던 것이다. 조선후기에 의지할 데 없는 인민들이 암행어사에게 거는 기대는 매우 컸다. 변사또를 봉고파직하고 춘향이를 구해내는 이몽룡의 통쾌한 활약도 그렇지만, 수령의 무능과 그 주위의 기생·책객 그리고 토호의 부패상을 실감

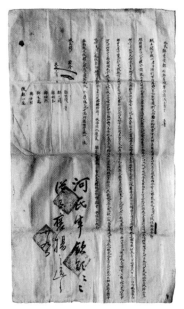

진주 사람들이 암행어사에게 정상규의 부인 하씨의 효행을 포상해주십사 올린 상서. 조선 시대 어사에게는 이런 청원서가 몰려들었다.

나게 묘사한 우화소설『까치전』에서도 암행어사가 염탐 끝에 나서서 암까치의 원한을 명쾌하게 풀어주고 있다.

하지만 암행어사의 봉고파직 권한은 과장된 것이다. 창고를 봉해 부정한 수령의 업무를 정지하는 것은 어사의 직무에 속하는 일이었다. 그러나 어사가 독자적인 염탐과 조사만으로 수령을 직접 파직하는 것은 체제의 운영 원리에 비추어볼 때 성립될 수 없는 일이었다. 백성 앞에서 수령의 권위를 직접 훼손하는 것도 용납할 수 없었는데, 많은 경우 수령이 어사보다 품계가 높았기 때문이다. 정조 연간에 전라도 안핵어사로 파견됐던 이희갑이 나주목사 조시순을 파출罷黜하고 그 죄상을 처벌할 것을 요청하는 장계를 올리자 정조는 이희갑의 죄상을 따져 보고하라고 명령했다. 암행어사의 할 일은 봉고와 사실 보고에 그칠 따름이며, 수령의 파출이나 처벌을 요청하는 것은 잘못이었다. 이 경우 암행어사가 중앙정부에 대해 수령의 파직을 청했을 뿐인데도 그 권한을 넘은 일로 지적됐으니, 스스로 수령을 파직하는 것은 있을 수 없는 일이었다.『춘향전』이나『까치전』의 묘사는 조선의 지배체제가 붕괴되던 속에서 어사의 권한이 과장된 것이었다. 어사가 수령을 파직하는 경우는 일반 사료에서도 찾기 힘들고, 박내겸 또한 여러 지역에서 출도했지만 수령의 파직을 명령한 일은 없었다.

한편 암행어사의 업무 수행이 항상 수고로움과 고통 속에서만 이루어진 것은 아니었다. 출도할 때의 짜릿함에 대해서는 박내겸 스스로도 여러 번 서술했으며, 그것 말고도 많은 즐거움이 있었다. 가는 곳마다 풍광을 감상하고 평가하는 것이야 심상한 일이라 해도, 평양에 처음 들어갔을 때는 남들이 볼까 두려워하는 중에도 배 하나를 세 내어 대동강 절벽 아래로 가서 수행원이 마련해온 술과 안주를 즐겼다. 출도를 한 다음에는 성천부사나 평안감사가 제공하는 대동강 유람과 잔치를 마음껏 누릴 수 있었다.

그러나 여행 기간 중 박내겸의 사생활에서 가장 큰 비중을 차지한 것은 기생과의 인연이었다. 그는 출도도 하기 전에 이미 기생의 유혹을 받았다. 맹산 향청에서 만난 기생이 자기 집에 가서 놀이꾼을 불러 모아 함께 놀아보자고 적극적으로 권유했을 때는 말은 안 했어도 머리를 끄덕여 반승낙을 했다. 하지만 밤에 이리저리 생각을 하면서도 감히 가지 못했다. 성천 관아에서 만난 경란鏡鸞이 평양에 열고 있는 기생집을 찾아간 적도 있는데, 그녀가 자기 신분을 알아챈 것을 느끼고는 일어서서 나왔다. 암행 염탐을 끝내고 출도를 앞두고 있던 시점이라 적당히 신분을 감추고 기생집에 놀러갔지만, 어사의 마음가짐을 아주 잃지는 않았으니 신분이 드러난 것을 느끼는 순간 술맛이 떨어졌을 것이다.

출도를 한 후에는 좀더 자유롭게 기생들과 어울렸다. 용강에서는 현령이 보낸 향염香艷과, 평양에서는 관찰사가 보낸 만홍晚紅과 동침했다. 강동에서 출도한 후 자리를 함께한 기생 부용으로부터는 "정자는 신선들의 거처로 이름을 얻어야지 죄인 다스리는 형구가 뜰에 가득 차고 짚신 신은 발이 높은 자리까지 올라온다면 품격을 잃게 됩니다" 하는 말을 듣고 동감을 표하기도 했다. 어사의 엄한 다스림으로부터 자기 고장을 보호하려는 기생의 재치가 돋보이는 장면이다.

그러나 가장 관심을 끈 것은 성천기생인 또다른 부용과의 인연이었다. 박내겸은 출도 전에 영락한 선비로 변장하고 성천에 가서 친구 이기연의 대접을 받을 때 그녀와 더불어 시와 노래로 시간을 보냈고, 나중에 신분

암행어사길에서 가장 행복했던 순간은 이런 산수유람의 기회가 주어
질 때였다. 평양 8경의 하나로 대동강변 금수산(錦繡山) 모란봉의 동
쪽 청류벽(淸流壁) 위에 있다. 뛰어난 건축술뿐만 아니라 모란봉과 어
우러진 아름다운 경치로 진주 촉석루, 밀양 영남루와 더불어 조선 3대
루의 하나로 이름이 높았다. 《관서명구첩》 중 〈평양부벽루〉, 필자
미상, 18세기, 지본담채, 41.7×59.3cm, 개인 소장.

을 밝히고 그 고을에 들어갔을 때도 함께 시와 노래를 즐기고 뱃놀이도 했다. 그로부터 한 달 가까이 지난 후, 박내겸이 평안도를 떠날 때가 다 됐을 때 부용이 그의 자취를 밟아 홀연히 중화에 나타났다. 박내겸은 그녀와 함께 달을 바라보고 적벽부를 낭송하면서 인연을 신기해했다.

그 인연의 실상은 무엇이었을까? 부용은 자字를 추수秋水, 자호自號를 수일水一이라 했는데, 그전에 이미 서울에 드나들면서 이름을 날리던 기생이었다. '귀한 집 자제와 높은 자리의 명사들이 그를 끌어다 함께 앉아 시와 노래를 주거니 받거니 하지 않은 사람이 없었고, 박내겸 또한 그 이름을 많이 듣고 그녀가 지은 시를 익히 보았다'는 것이었다. 따라서 이때의 부용은 한창때를 넘긴 기생이었고, 박내겸의 행방을 수소문해 성천에서 중화까지 먼 길을 찾아온 것은 앞날을 의탁하려는 필사적인 노력이 아니었을까? 그녀는 박내겸을 처음 봤을 때 이미 그 신분을 짐작하고 "진정 자기를 사랑하는 자가 있다면 비록 그 사람의 속옷이 된다 하더라도 사양하지 않을 것"이라고 하면서 그를 극진히 대접했다. 동료 기생 경란도 부용의 언행을 통해 박내겸의 신분을 알 수 있었다. 반면 박내겸은 그녀와 더불어 시와 그림, 노래를 즐기면서도 일정한 거리를 두었던 것으로 보인다. 관기와의 동침 사실을 솔직히 기록한 그였지만 부용과 같이 잤다는 말은 없고, 멀리 자신을 찾아온 일에 대해서도 더이상의 언급을 하지 않았다.

한 노파의 세상 비판

박내겸은 암행어사로서 평안남도를 돌아보는 동안 지방관들의 다스림과 지역 폐단을 파악한다는 본래 임무 외에, 사회의 밑바닥을 들여다보고 정부 관리로서 자신을 돌아보게 됐다. 그는 길 떠난 지 사흘 후 황해도 신계에서 사람들 틈에 섞여 관청으로 들어가 굶주린 자들을 구하기 위한 죽사발을 받아들었다. 평양에서는 관찰사가 벌이는 잔치를 대동문 누각에 올라가 멀리서 구경하다가 몽둥이를 들고 와서 구경하는 사람들을 내모는 감영의 아전들에게 쫓겨 여러 차례 곤경을 겪으며 누각에서 내려와야 했다. 엘리트 관원으로 하여금 그런 경험을 하도록 한 것이 암행어사 제도의 진면목이라 할 수 있다.

박내겸은 평안도의 경제적 번성과 뛰어난 풍광을 자기 눈으로 확인하며 기록으로 남겼다. 평안도와 함경도가 서로 통하는 곳인 양덕의 가창假倉은 "화물이 산처럼 쌓이고 마을은 넉넉하고 번성해서 산골짜기의 큰 도회"라 할 만했다. 평양 연광정에 처음 올라갔을 때의 경험은 "하늘을 찌르는 누각, 나루에 어지러운 커다란 배들, 땅 끝까지 가득한 동네, 강을 따라 계속되는 숲. 이리저리 둘러보느라 다른 겨를이 없고 무어라 이름 붙일 수 없었으니 진실로 평생토록 잊지 못할 장관이었다"라고 기록했다. 평양의 별감으로부터 "아버지가 이익을 몰아 부를 쌓으면 아들이 방탕하게 놀러다니며 남김없이 써버리고 손자는 굴러다니는 거지가 돼 의지할 곳이 없기 때문에 세상에서 가장 불쌍한 것은 부자의 손자"라는 시중의 농담을 들으면서는 치부와 몰락이 무상한 평양의 경제 실상을 접할 수 있었다.

박내겸의 눈에도 지배층의 행태는 왕왕 어이없는 모습으로 나타났다. 국령이라는 인물은 성천군수나 관찰사와도 가까운 사람이었는데, 유람을 마친 후 평양을 떠나는 장면은 한 편의 소극笑劇에 지나지 않았다. 국령은 그림배 위에 단정히 앉았는데 그를 모시던 경란이라는 기생이 애틋한 미련에 이별을 참아내지 못했다. 국령은 손을 저어 들어가게 했지만 기생은 말도 못하고 일어나지도 못하며 눈물만 비처럼 쏟아낼 뿐이었다. 배가 오래도록 떠나지 못하고 국령 또한 차마 정을 끊고 떠나지 못하더니, 마침내 함께 타게 해 배를 출발시켰다. 박내겸의 말마따나 "크게 웃을 만한 일이었다."

한편 인민들은 지배층의 행태를 거침없이 비판하곤 했다. 가리탄 주막의 주인 노인이 정체 모를 선비일 따름인 박내겸 일행을 끌어들여 마주 앉더니 전임 수령의 잘하고 못한 일과 간사한 이서들이 민폐를 끼치는 상황을 이야기한 것이 한 예다. 은산에서 만난 아기 보던 노파는 "요즘 세상에 어찌 죄 없는 자가 있겠습니까?" 하면서 관속과 토호들의 행태를 비난했다.

그렇게 여행을 하면서 박내겸은 지배층으로서의 자신을 되돌아보곤 했다. 어사에 대한 민중의 기대를 접하면서 그 책임이 막중함을 여러 번 토로했고, 삼등에 갔을 때는 그곳 명승인 삼십육동천三十六洞天을 유람하는 지배층 때문에 백성의 고통이 크다는 원망을 듣고 아랫사람들의 현실을 돌봐야 할 책임을 느꼈다. 일기에 담겨 있는 그의 행적에 왜곡이 있을 수 있겠지만, 하층민 앞에서도 그의 예절은 반듯했던 것으로 보인다. 상원군에서는 맨 밑바닥 신분인 관노官奴의 달팽이 같은 집에 묵어야 했다. 다음날 새벽에 주인이 관청에 일하러 나가자 날이 아직 캄캄하고 비까지 오고 있었지만 박내겸 또한 바로 따라나섰다. 집에 주인의 처인 젊은 여자만 남았기 때문이다. 그는 길에서 나아가지도 물러나지도 못하다가, 한 술집에서 등을 켜고 국을 끓이는 것을 찾아낸 후에야 뛰어들어가 부뚜막의 화롯불 앞에 앉을 수 있었다.

"어사가 볼지 모르는데 이런 소란을 피우는가?"

박내겸의 발길이 닿는 곳곳에서 전도된 현실이 펼쳐지고 있었다. 함종에서 백성들에게 환곡을 나눠준다는 소식을 듣고 박내겸은 사람들과 섞여 읍의 창고 마당으로 헤치고 들어갔다. 나눠주는 쌀의 품질이 거칠다고 몇몇 사람이 수령에게 고발하려 하는데 아전들이 말리니 "근래 암행어사가 내려왔다고 하는데도 이처럼 농간을 부리는가?" 하고 항의했다. 백성들은 암행어사가 자기편일 수 있다고 생각했지만, 아전들은 웃으며 대꾸하고 끝에다 덧붙였다. "암행어사가 이 마당에 들어와 있으면 어쩌려고 이처럼 소란스럽게 구는가?" 아전들이 보기에 암행어사는 체제 쪽에 서서 백성을 압도하는 존재일 따름이었다. 항의하던 몇 사람은 결국 더 말하지 못하고 받은 것을 헤아려 흩어졌다. 백성의 고통을 구하라고 파견된 암행어사가 도리어 백성을 협박하는 구실로 이용되는 것을 보며 박내겸도 "어리석은 백성은 호소할 곳도 없다니, 참 심하구나" 하고 한탄했다.

6월, 박내겸은 함께 암행어사로 임명돼 평안북도로 파견된 임준상이 강계에 도달해 '마음을 쓰는 것이 착하지 않아 덕망을 잃었다'는 소식을 들었다. 그는 같은 암행어사로서 매우 참담해했다. 그런데 6월 26일 정부에 올라온 평안도 관찰사 김이교의 장계에 의하면 청북 암행어사 임준상은 강계에 도착해 갑자기 구토를 하더니 사망했다고 한다. 어찌된 일이었을까? 강계는 산삼의 대표적인 산지로서, 이때는 채취량이 줄어들었지만 그래도 엄청난 재물이 왔다갔다 하는 곳이었다. 임준상은 그런 속에서 주민들을 수탈하다가 저항하는 사람들에게 살해당한 것이 아닐까? 관찰사조차 진상을 파악하지 못했거나 일이 복잡해지는 것을 꺼려 적당히 둘러대 허위 보고를 한 것은 아닐까? 실록에 따르면 국왕은 임준상이 고생을 무릅쓰고 어명을 수행하다 죽었다고 심히 애통해했다. 그에게 동부승지를 증직하고 각별히 운구해 장사지낼 것이며, 혹시 아들이 있다면

평양성 아래에서 본 을밀대의 모습.

나이 차기를 기다려 등용하라고 명령했다. 과연 관찰사 김이교가 국왕에게 허위 보고를 할 수 있었을까? 정확한 진상을 알기는 역시 어렵다. 그러나 조정의 인식과 민생의 현장 사이에 엄청난 괴리가 빚어지고 있었던 것이 19세기 세도정치의 특징이었음을 상기할 때 전혀 가능성 없는 일은 아니다. 진상이 어떻든 동료 암행어사의 탈법에 대해 박내겸은 분노했다. 온 도내에 일어난 주민들의 주장처럼 자신이 청천강을 건너가 임준상을 다스려야 하는 것이 아닌가 고민도 했다.

하지만 그가 눈앞에 펼쳐지는 장면의 시대적·지역적 맥락을 읽을 수

있었는가 하는 것은 별개의 문제였다. 박내겸이 평양의 기자묘箕子墓를 둘러보니, 제도에 맞지 않을 뿐 아니라 너무 초라했다. 그는 "우리 동쪽 나라에서 군신과 부자의 윤리가 있음을 아는 것은 모두 성인 기자가 남기신 가르침인데, 높이고 보답하는 법식이 마음을 다하지 못했음"을 슬퍼했다. 당시 조정에서든 평안도에서든 평안도의 지역적 권위를 강조할 때는 언필칭 '기자의 고장'임을 내세웠다. 평양성 바깥쪽으로는 기자가 정전제井田制를 시행하던 유적이 완연하게 전해진다고도 했다. 하지만 "기자가 문명을 일으킨 땅"이라는 진술은 평안도 인사들에 대한 격심한 차별 대우와 큰 충돌을 일으키지 않고 몇 백 년을 공존해왔다. 궁색한 기자묘는 '기자의 고향 평안도'라는 화려한 명제가 실상은 그 지역에 대한 차별의 현실을 호도하는 허울일 뿐이라는 상황을 박내겸에게 웅변하고 있었지만, 박내겸은 그저 슬퍼할 뿐이었다.

박내겸은 평양에서 미친 사람을 만났다. 그 사람은 원래 그곳 지배층의 착실한 선비였는데 공부하는 괴로움이 지나쳐 광인이 되었다는 것이다. 박내겸은 그를 불러 밥을 함께 먹고 경전을 외워보게 하면서 '마음이 상하고 불쌍해서 차마 볼 수 없을' 정도로 동정했다. 이 광인의 개인적인 사정을 자세히 알 수는 없지만, 본래 단정하고 아취 있던 평양의 선비가 아이들에게 쫓기는 미친 사람이 된 데는 장래의 정치적 진출로를 찾을 수 없다는 사실이 작용했을 수도 있다.

당시 평안도와 함경도의 인사들은 조정에서 극심한 차별을 받아 관직 진출에서 결정적 장애를 겪고 있었다. 문과를 통과하면 분관分館이라 해 승문원, 성균관, 교서관 중 한 곳에 소속되어 정해진 기간 동안 업무를 익히도록 돼 있었는데, 승문원 출신자들만이 국왕을 가까이 모시거나 정부 운영의 핵심적인 관직으로 나아갈 수 있었다. 또 무과급제자들이 나오면 선전관·부장·수문장 중 한 관직에 미리 추천하는 절차가 있었는데, 무장으로 순조롭게 진출하려면 반드시 선전관천宣傳官薦을 받아야만 했다. 그러나 평안도나 함경도 출신 인물들은 승문원에 분관되거나 선전관천을 받을 길이 19세기에 들어와서도 제도적으로 막혀 있었다. 평안도 인사들의 사정이 그러했던 만큼 딱히 이 사람이 아니라 하더라도, 수많은 서북의 인재가 부당한 차별 속에 울화를 쌓아가고 있었다. 하지만 박내겸이 그곳 인재를 등용하기 위해 별단에서 제시한 대책은 이른 시기부터 논의되고 있었던, 승문원 분관이나 선전관천을 허락하자는 원론에도 미치지 못했다.

박내겸은 숨겨진 인재를 발굴해야 하는 임무를 위해 개천의 참봉 현심목玄心穆을 찾아본 후 그를 조정에 천거했다. 하지만 박내겸이 격찬한 현심목의 학문 내용은 『중용』을 읽는 것, 학문 탐구의 성실한 자세, 가묘 참배 때의 엄숙함, 경전·역사서·제자백가서의 구비, 천문관측기의 제작, 시와 음악 등에 대한 조예, 예설에 대한 저술에 그쳤다. 17세기 이후 변화하는 현실에 조응해 거세게 일어났던 새로운 학문 경향이나 그것을 현실에 적용하는 문제에 대한 고민은 찾아보기 어렵다. 박내겸의 현심목 추천은 별다른 문제의식이 없는 상투적인 행위였다. 현심목은 앞 시기부터 기회 있을 때마다 조정에 추천됐지만 별다른 성과를 남길 수 없었던 인사로, 박내겸이 만나보았을 때는 이미 80대에 다다른 노인이었다.

박내겸은 기자묘와 평양의 광인을 보면서 마음속 깊숙이 우러난 슬픔을 느끼고 별단에서 그에 대한 대책을 건의했다. 또, 현심목을 만나보고 느낀 찬탄 그대로 그를 조정에 천거했다. 그러나 이것들은 모두 평안도의 현실에 아무런 변화를 가져올 수 없는 껍데기만의 대책이었다. 박내 겸 개인의 마음가짐과는 별도로 지배체제의 작동을 본다면 하나의 기만에 지나지 않았다.

나아가 박내겸 스스로도 궤변으로 지방민을 기만할 때가 있었다. 개천 향교에 들어갔을 때의 일이다. 선비들이 그 지역 인재를 등용하기 위한 회시의 문제점을 조심스럽게 지적했다. 부자들만 모두 합격하고 가난한 사람들은 불리했으니 부정이 개입되지 않았겠느냐는 불만이었다. 처음에 그들의 주장에 동감하는 듯하던 박내겸이지만 끝에 가서는 이렇게 말했다.

> 요즘 세상에 옳고 그름을 가리는 데도 바른 도리가 없어져서, 가난한 사람들이 글을 파는 것은 허물하는 법이 없고 부자가 남에게 글을 짓게 하여 급제하는 것만 탓합니다. 시험관이 의심을 받지 않으려면 글 잘하고 글씨 잘 쓰는 사람은 부자라 하여 밀어내고, 가난한 자라는 이유로 글 못하고 글씨 못 쓰는 사람을 뽑은 후에야 겨우 공정한 도리라고 할 것입니까?

박내겸은 역시 철저히 조정의 관인인 것이다. 비록 궁색한 과객으로 변장했다 하더라도 시골 선비들에게 시험관이나 정부의 잘못을 인정할 수는 없는 노릇이었다. 되지도 않는 논리를 세워가며, 부자들로부터 돈을 받고 답안을 대신 작성해주는 가난한 선비들에게 전적인 책임을 돌려버렸다. 정체를 알 수 없는 사람에게 괜히 쓸데없는 말을 많이 할 필요는 없다고 느낀 그곳의 선비가 "정말 그렇습니다. 글을 파는 자의 죄입니다. 시험관에게 무엇을 탓하겠습니까?" 하고 마무리를 지었다.

226

암행어사 역시 철저한 관인일 뿐

1822년 평안도 암행어사 박내겸이 밟아간 길은 어사와 지방민, 지방의 관리들 사이에 속고 속이며, 감시하고 감시당하며, 진짜와 가짜가 어지럽게 엇갈리는 과정이었다. 우리는 박내겸의 일기와 보고서에서 성실하게 업무를 수행했던 19세기 전반기 한 관인의 모습을 읽을 수 있다. 그는 넉 달이 넘도록 2000킬로미터의 여정을 소화하면서 지방관의 잘잘못과 민간의 폐단을 조사했다. 그럼에도 불구하고 그의 행적은 암행어사의 이상과는 거리가 있었다. 비밀을 지키려 노력했으나, 그것은 이미 구조적으로 불가능한 일이었다.

어사는 고통과 쾌락을 번갈아 맛보며 임무를 수행하고 있었다. 먼 길에 발이 부르트기도 하고 가짜어사로 오인받아 위기에 처한 때도 있었지만, 출도할 때의 권력이나 기생과의 기이한 어울림은 어사로서만 누릴 수 있는 즐거움이었다. 그런 가운데 고전소설이나 설화에서 봐왔듯이, 의지할 곳 없는 민중이 암행어사에게 기대를 걸고 있었던 상황은 박내겸의 행차에도 마찬가지였던 것 같다. 주막의 노인과 아기 보는 노파도 암행어사를 기다리고 있었으며, 억울한 일이 있는 사람들은 청원서를 써서 들고 어사를 찾아 헤매고 있었다.

암행어사는 낯선 고장의 풍광은 물론, 인민의 시각에서 지배층의 행태를 관찰하고 자신을 돌아볼 수 있었다. 지역사회가 숨 가쁘게 돌아가는 현실을 접할 수도 있었고 전도된 논리에 아연해하기도 했다. 상업적 축재와 몰락의 현실, 동료 암행어사의 부정행위 등이 그 대표적인 예다. 하지만 궁색한 기자묘나 평양의 광인에 대해서처럼 스스로 동정하고 분노하고 의문을 가지는 문제에 대해서도 그 사회적 맥락을 파악하기란 쉽지 않았다. 나아가 80대에 달한, 현실과 괴리된 모습의 학자를 관서의 유명 인물로 천거하는 것에서 보듯 상투적인 정치 행위를 되풀이하는 경우도 있었다. 박내겸 개인의 성실성에도 불구하고 그것은 체제 유지의 자기 위안과 기만술에 불과했다. 때로는 박내겸 스스로 궤변을 동원해가면서 지방민을 기만했다.

　부정행위를 일삼는 관리가 아니라, 오히려 성실하게 업무를 수행해가던 암행어사의 행적에서 드러나는 여러 수준의 자기 위안과 기만은 19세기 조선사회가 유지하고 있었던 정치체제의 한 단면이었다.

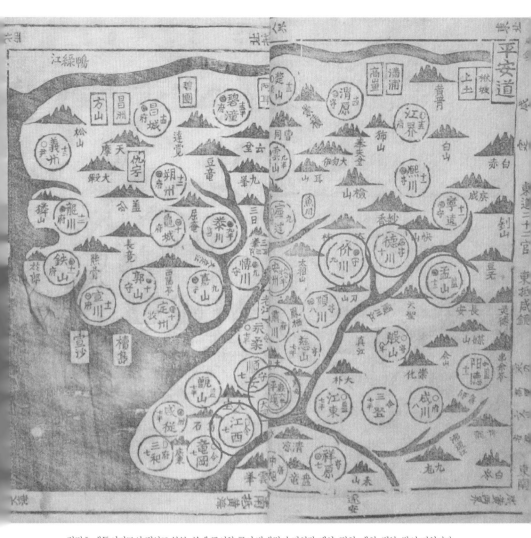

김정호 대동여지도의 평안도 부분. 붉게 표시한 곳이 박내겸이 거쳐간 맹산, 덕천, 개천, 평양, 강서 지역이다.
이 고장들을 끼고 흐르는 대동강이 보인다.

【1822년】

윤3월 16일   어명을 받다

윤3월 21일   길을 떠남

윤3월 24일   가리탄 주막집에 들러 노인의 한탄을 들음. 신곡원에 머묾

윤3월 26일   평안도 양덕 잠입, 업무 개시. 110리 길 이동

윤4월 3일   반천에 도달하여 성부와 노유종을 만나 동행. 중화 촌 마을의 집
              에 당도해 머묾. 50리 길 이동

윤4월 4일   중화를 거쳐 영제교에서 중식. 평안감사 김이교를 찾아가 인사드
              림. 성내 여관에 머묾. 50리 길 이동

윤4월 6일   평양의 한 광인을 만남

윤4월 8일   경박과 치삼이 와서 함께 모여 문서를 정리, 기록하고 다음 계획
              을 세움. 감사에게 작별 인사를 하고 돌아옴

윤4월 15일   말을 탈 수 없어 걸어서 시내와 고개를 몇 차례 넘음. 좌수 한학모
              집에 묵음 65리 길 이동

윤4월 16일   저녁 무렵 영원군으로 진입. 5리 길 이동

윤4월 21일   순천 땅을 향함. 무진대無盡臺에서 중식. 촌철살인의 은산 노파를
              만남. 70리 길 이동

윤4월 22일   순천에 가짜어사 소동

윤4월 22일   빈수원頻水院에서 중식 후 저녁에 안주에 도착. 백상루에 오른 후
              칠불사에 들어감. 여관에서 간만에 휴식을 취함. 90리 길 이동

윤4월 25일   성부와 치삼은 다른 길로 가게 하고 늦게 노유종만 데리고 출발.
              길에서 비와 우박을 만나 정좌수의 집으로 피함. 숙천에서 중식.
              유곡에서 다다라 묵음. 80리 길 이동

19세기 말 제주의 관아 모습을 찍은 사진과 〈탐라순력도〉에 담긴 제주목관아의 모습.

윤4월 28일　농민을 협박하는 아전들을 목격하고 한탄

윤5월 1일　마현馬峴을 넘어 김경서의 사당에 참배함. 비를 무릅쓰고 용강현으
　　　　　　로 가 중식. 길에서 용강 수령의 행차를 만나 강서현으로 급히 피
　　　　　　함. 밤중에 관서의 뛰어난 인물 홍희규를 찾아갔으나 신분이 들통
　　　　　　나 여관으로 돌아옴. 60리 길 이동
윤5월 5일　학나루를 건너 강동현에서 중식 후 성천 땅에 들어감. 성천 읍민
　　　　　　들의 어리석은 소망을 목격
윤5월 8일　평양의 거물들과 대동강 유람
윤5월 12일　경박과 노유종이 돌아와 조사 기록을 정리하게 함. 저녁에 성천
　　　　　　기생 경란을 찾아감. 신분이 드러난 듯하여 물러남
윤5월 13일　오후에 길을 떠나 황혼에 순안현 관아에 도달. 최초의 어사 출도
윤5월 18일　용강의 아전들을 심문하여 다스림

윤5월 20일 문서 조사가 끝나 날이 밝은 후 용강현에 들어감. 수령이 향염이
          라는 기생을 들여보내 동침함. 20리 길 이동
윤5월 24일 서울에서 온 편지에 답신. 순안현에서 중식. 저녁에 암적천에 도
          달해 묵음. 70리 길 이동
윤5월 25일 숙천에서 중식 후 안주에 급히 들어감. 110리 길 이동
윤5월 26일 개천에 출도해 죄수들을 심문. 60리 길 이동
윤5월 29일 창고들을 봉하고 덕천군을 향해 행차. 직동에서 참봉 현심목을 찾
          아뵙고 알일령을 넘음

윤6월 1일   문서 조사. 식사 후 공개적으로 영원군을 향함. 신창에서 말에게
          먹이를 주고 옛 성 자리에 도달. 해가 진 후 영원군에 머뭄
윤6월 3일   신분을 밝힌 채 행차하여 맹산 북창에서 조식 후 저녁에 현에 들
          어감. 70리 길 이동
윤6월 5일   비를 무릅쓰고 출발해 신창에서 중식. 저녁에 강을 건넘. 신분이
          알려짐. 90리 길 이동
윤6월 16일 아침 일찍 출발. 단구 식당에서 중식 후 저녁에 평안성 내에 묵음.
          달빛을 타고 만수대로 홍성구를 찾아본 다음 닭이 운 후 여관에
          돌아옴. 90리 길 이동
윤6월 17일 늦게 출발해 장경문으로 나옴. 지경 식당에서 중식. 더위에 열파
          정에 올라 휴식. 강동으로 향함. 백마문白馬門에 올라 출도. 90리
          길 이동
윤6월 27일 순안현에서 중식 후 연정蓮亭에서 휴식. 평양 유군의 집에 머뭄.
          110리 길 이동
윤6월 28일 더위로 인해 문서와 출입을 금하고 문서와 장부 수정

19세기 말 관아에서 벌어진 재판 광경.

윤6월 30일 평양 출도

윤7월 1일 문서 조사. 저녁에 연광정으로 처소를 옮김
윤7월 9일 관아에서 보내준 기생 만홍과 동침
윤7월 10일 인현서원과 충무사 참배. 한사정에서 중식 후 정전과 기자궁, 기
          정을 돌아본 후 저녁에 돌아옴
윤7월 11일 감사와 배를 타고 부벽루에 올라가 즐김
윤7월 16일 문서 조사. 서울에 편지를 보냄. 기생 부용과 함께 보냄
윤7월 18일 귀로에 오름. 황해도 황주로 빠져나옴. 50리 길 이동
윤7월 19일 동선령을 넘음. 봉산에서 중식 후 검수역에서 휴식. 서흥에 묵음.
          110리 길 이동
윤7월 20일 총수의 식당에서 중식. 칠령 여관에 숙박. 100리 길 이동
윤7월 24일 90리 길 이동. 복명 보고서와 별단 정서하는 일에 착수
윤7월 28일 복명

요양길

七五세의 큰 스승

한강 정구의 화려한 온천행

강민구

요양길은 다른 목적의 여로와 달리 입체적이지 못하다. 몸이 아픈 상태에서의 출행이므로 반드시 필요한 행위 이외의 것은 제한되기 때문이다. 또 옛날에는 병이 들면 어지간한 양반이라도 솜이불 둘러쓰고 이를 딱딱 마주치면서 견뎌내야 했지, 요양을 떠난다는 것은 엄두도 못 냈다. 그런데 조선중기의 큰 스승 정구는 일흔 중반의 고령에 제자 수십 명의 호위와 수발을 받으며 한 달 보름간 요양을 다녀왔다. 요양길에 당치도 않은 '성황'이라는 말을 대신할 표현이 있을까?

한강 정구는 어떻게 요양길에 올랐는가

> 우둔한 자질에 근심 질병까지 더해
>
> 사십 년의 세월을 헛되이 보냈구나

정구는 「우음偶吟」에서 자신의 40년 세월을 이처럼 회고했다.

명예와 이익도 멀리하고 진리를 향해 부단히 정진하던 그를 좌절시킨 것 중 하나는 질병이었다. 정구를 평생 괴롭혔던 질병은 무엇일까? 크고 작은 병을 앓았으나 문헌 기록상의 병력은 40세 이후부터 구체적으로 보인다. 이이에게 보내는 편지에서 자신이 병으로 고통받는 심정을 토로하고 있으니, 이때 나이가 41세였다.

"저는 지난날 남쪽 고향으로 돌아온 뒤에 온갖 질병이 다 모여들어 마비되고 마르는 증세가 극심합니다. 지금은 또 오른팔이 점점 비틀어져 자유롭게 움직일 수 없어서 여러 달째 문을 닫고 밖을 나가지 못합니다. 침을 맞고 약을 먹어가며 죽음에서 구원되느라 경황이 없으니 달리 무슨 말할 것이 있겠습니까?"

중년에 이미 마비 증세를 앓았던 정구는 오른손을 사용하지 못하고 몇 달 동안 출입을 하지 못할 정도였다. 그는 이 병을 치료하기 위해 침을 맞고 약을 복용했다고 하지만, 평생 치유되지 않았다. 74세 때인 1616년 신안현감 김중청에게 보낸 편지에서 "저는 앓아온 병이 점점 더 심한데다가 지금은 심한 담痰에 풍까지 겹쳐서 오른쪽 몸이 완전히 말라버렸습니다. 그래서 팔다리를 움직일 수 없을 뿐만 아니라 매일 견딜 수 없이 결리고 아픈 나머지, 죽는 날만 고통스럽게 기다리고 있을 따름이기에 더 드릴 말씀이 없습니다"라며 병고를 토로하고 있다. 76세 때인 1618년 여주목사 김용에게 보낸 편지에서는 자신이 풍병을 5년 동안 앓았다고 했으니, 그는 40대부터 마비 증세로 시달리다가 71세부터 심한 풍병에 걸려 오른쪽 반신이 마비되는 지경에 이른 것이다.

제자 이윤우에게 보낸 편지에서 그는 병을 앓는 자신의 처지를 매우 비통한 어조로 드러내고 있다.

"나는 날이 갈수록 풍비風痺가 고질이 되어가고 간혹 원기가 조금 좋을 때도 있지만 한쪽 손발이 마르는 증세가 점점 더 심하다네. 다행히 목숨을 조금 더 이어간다 하더라도 장차 문을 닫고 들어앉아 몹쓸 병을 앓는 폐인이 되고 말 처지이니, 참으로 한탄스러우이."

정구가 무흘정사를 지었던 무흘계곡의 선바위.

정구가 밝힌 자신의 병명은 풍비, 주비周痺 또는 행비行痺라 부르기도 한다. 이 질환은 비증痺症의 일종으로 팔다리와 몸이 쑤시고 무거우며 마비가 오는데 그 부위가 일정하지 않고 수시로 이동한다. 그는 자신의 풍비가 치유할 수 없는 질환이고 결국은 폐질자가 되고 말 것이라고 몹시 비관했다.

정구는 마비 증상 외에도 말에서 떨어지는 바람에 중상을 입은 일이 있다. 61세 때 무흘정사武屹精舍의 공사를 감독하느라 말을 타고 왕래하다가 비탈길에서 말이 미끄러지는 바람에 떨어져 허리를 크게 다쳤던 것이다. 당시 증세는 박덕응에게 보내는 편지에 절절이 드러난다.

"말에서 떨어져 중상을 입은 지 지금 다섯 달이 지났으나, 어혈이 아직도 허리와 배 사이에 뭉쳐 있으면서 이리저리 옮겨다니며 통증을 일으키는 통에 앓으면서 고통받고 있습니다. 그래서 학업을 전폐하고 흙인형처럼 멍청하게 기상이 심난하니 어찌 말할 만하겠습니까?"

정구의 낙상落傷은 무려 다섯 달이 지나도록 치유되지 않았다. 그동안 학문도 전폐했으니 그 정도가 심했음을 알 수 있다. 40대에 발발한 마비 증세, 61세 때의 심각한 낙상, 70대의 풍병이 정구의 중년과 노년에 일어난 사고와 질환인데, 70대 후반 정구는 자신을 괴롭히는 지병을 치료하기 위한 요양에 나선다. 그의 온천 요양은 『한강선생봉산욕행록』*의 기록을 통해 소상히 알 수 있다.

지금도 그러하지만 특히 의료 여건이 변변치 못했던 시절에 온천욕은 가장 효험 있는 요양으로 여겨졌다. 이수광은 "온천은 경기도, 전라도를 제외하고 없는 곳이 없는데, 평산·연안·온양·이천·고성·연풍·동래가 가장 유명하다. 조선의 세종이 눈병이 났을 때 여러 곳의 온천수를 길어다가 무게를 달아본 뒤에 거동하여 목욕하니 좋은 효험이 있었는데, 이천·갈산의 물이 가장 무거워서 최고였다고 한다"고 했다. 정구는 유명한 온천 중에서 자신의 처소와 가장 가까운 동래를 택했던 것 같다. 『한강선생봉산욕행록』을 편찬한 정재기는 정구의 온천행을 다음과 같이 개괄했다.

"옛날 만력萬曆 정사년에 우리 선조 문목공께서 동래온천에 가서 목욕하셨으니, 이것이 그 일록이다. 봉산은 동남쪽 아래 바닷가 고을로 외지고 멀다. 그래서 온천이 가장 영험하니 그곳에서 목욕하면 풍습風濕을 낫게 하고 혈기를 다스려 피부와 근육, 뼈에 관련된 모든 병의 치료에 효험이 있다고 한다. 이때 선생께서 마침 풍비를 앓고 있어서 온천행을 하셨다. 그러나 당시 혼란

＊『한강선생봉산욕행록』은 75세의 정구가 지병을 치료하기 위해 동래온천을 다녀오기까지 45일간의 여정을 그의 제자 이윤우가 기록한 것과 응천(凝川, 지금의 밀양)의 노극홍 집에 있던 초고를 정구의 후손 정재기가 비교·대조·종합하여 1913년에 상재(上梓)한 책이다. 봉산(蓬山)은 동래의 옛 이름이다.

스러운 세상을 만나 인륜이 끊기고, 간사한 자들이 득세해 올바른 도리가 행해지지 않았다. 그 행차는 또한 희망 없는 세상을 떠나려는 생각을 붙인 듯도 하다. 현자들이 모시고 따르며, 동자가 명을 받들고, 대臺에서 바람을 쐬고 배에서 노래하니, 이것은 기수沂水에서 목욕하겠다는 기상이기도 하다. 아! 세상의 도리가 없어지고 천리가 유행하는 것을 이 기록에서 모두 다 볼 수 있으니, 어찌 다만 온천의 영험뿐이리요!"

정재기는 정구의 온천행이 단순히 병의 치료만을 목적으로 하는 것은 아니라고 단정했다. 직접적인 이유는 폐질에 가까운 풍비의 치료에 있었지만, 혼란스러운 세상을 탐탁히 여기지 않는 의미도 담고 있었던 것이다.

구름같이 몰려온 배웅 행렬

광해군 재위 9년, 1617년 음력 7월 20일 초가을.

닭이 세번째 홰를 치며 울자 75세의 정구는 어두운 새벽에 가마를 타고 출발해 먼동이 틀 무렵 사빈泗濱 지암枝巖에서 배에 올랐다.

배는 연로한 스승의 요양길을 염려한 도동서원道東書院의 원장 곽근이 곽경형, 곽양형 등에게 배를 타고 물을 거슬러 가게 해 전날부터 정박시켜둔 것이다.

노학자의 요양길은 참으로 굉장했다. 늙은 스승에게 인사를 드리거나 따라나서기 위해 학자, 관료, 제자들이 새벽부터 서둘러 찾아왔다. 대구의 도호부사를 위시해 채몽연·이윤우·배상룡·정천주를 포함한 11인이 배에 올라 인사를 드린 후 내렸고, 박충윤·이문우·도성유·이육을

한강 정구가 제자들을 길러낸 대구의 도동서원(왼쪽). 유학자 김굉필의 학문과 덕행을 기려 창건됐다. 정구가 그를 기려 심었다고 전해지는 은행나무(일명 김굉필 나무). 이날 요양길 배웅에 서원 제자들이 많이 나왔다.

포함한 7인은 뱃머리에서 인사하고 물러났다. 부강정浮江亭을 지나 금강 앞 여울에서 아침을 먹을 때, 이육·나굉·김극명이 작은 배를 타고 뒤따라와서 동행했다. 원당포元堂浦에 이르자 별감 정승경이 작은 배로 부지런히 노 저어 왔다. 강 언덕 위에는 정구를 전송하기 위해 모인 마을 사람들이 대열을 이루었고, 언덕 아래에서는 일군의 사람들이 연회를 열기 위해 차일과 막장을 치며 준비하고 있었다. 배를 잠시 정박하고 내리자 향리의 여러 사람이 정구의 잔에 술을 따른 뒤에 인사를 드리고 물러났다.

제자들은 선생과 동행하는 영광과 선생의 쾌차를 기원하는 심정을 노래했다.

강촌에 바람 일자 새삼 가을이라 놀랍지만

선생님 모실 욕심에 물길 여행 나선다

조용히 선생님 모시니 맑은 흥취 넉넉한데

세상의 무슨 일인들 마음에 들어오겠는가

맑은 강과 물색이 초가을에 들 무렵

선생님 모시고 배 띄워 물길 나섰다

도체道體가 이제부터 응당 기쁘고

고질 씻어내기를 많은 이들 바라네

그는 어떤 존재였기에 요양길이 이처럼 성대했을까?

본관이 청주淸州인 정구(1543~1620)는 철산군수 정윤증의 종손으로, 조부는 사헌부 감찰 정응상이고, 아버지는 김굉필의 외증손으로 충좌위忠佐衛 부사맹副司孟 정사중이며, 어머니는 성주이씨星州李氏로 환煥의 따님이다. 그는 이황과 조식의 문하에서 영남 학풍의 정맥을 계승했으며, 경학에서 천문에 이르기까지 다방면의 학문에 정통했다. 특히 예학에 밝았는데, 예를 통해 사회와 국가생활을 이롭게 하자는 도덕지상주의로 영남 사림의 존경을 받았다.

정구는 학문과 덕행의 명성으로 추천되어 벼슬을 했는데 첫 부임지인 창녕에서 선정善政을 베풀어 생사당生祠堂이 세워졌으니, 그가 지행일치의 고결한 삶을 견지했음을 잘 보여준다. 또 임진왜란 때 각 군에 격문을 보내 의병을 일으키도록 한 일이나 광해군이 즉위하던 해에 대사헌에 임명 됐지만 임해군臨海君의 옥사가 일어나자 관련자들을 모두 용서하라고 상소한 후 귀향한 일, 계축옥사 때 영창대군을 구하기 위해 상소를 한 뒤 관직을 버리고 고향 성주에 돌아와 100그루의 매화를 심고 정원을 가꾸며 유생들을 가르친 일 등은 그의 고결한 삶의 구체적인 증표다.

한매寒梅보다도 향기롭고 고고한 노스승 정구. 유생들에게 있어 그는 먼발치에서 바라보아도 좋고, 아무리 험한 곳이라도 기꺼이 따라 모시고 픈 흠모의 대상이었다. 심지어는 출발하는 날, 90세의 노인이 정구에게 문후를 드리려고 종일 기다리고 있었는데 배가 서둘러 앞으로만 가느라 알아차리지 못한 채 지나쳐버렸다. 후에 정구는 그를 만나지 못한 것을 매우 안타깝게 생각했다. 참으로 아름답고도 숙연한 정경이 아닐 수 없다.

배를 타고 물길로 여행한 첫날의 이동 거리는 150여 리로, 지암에서 출발해 부강정浮江亭·원당포를 거쳐 수문水門이 있는 쌍산을 지나 도동서원에 멈췄다.

21일에 도동서원에서 분향 알묘하고 가마를 타고 선영에 참배한 후 어목정漁牧亭·부래정浮來亭을 거쳐 창녕의 우산촌牛山村까지 물길로 50여 리를 여행했다. 역풍이 크게 일어 많이 가지 못했던 듯하다. 이날 배 안의 규율을 위반한 제자를 벌주었다고 하니 여행 중에도 일정한 규율이 있고 긴장이 유지되었음을 알 수 있다.

22일에 창녕의 경계에서 출발해 마수원馬首院 나루와 도홍탄道興灘을 지나 웃개나루(上浦)에 묵기까지 물길로 150리쯤을 갔다.

23일에도 강을 따라 50여 리를 가서 부곡과 창원을 잇는 본포本浦 부근의 촌집에 묵었다.

24일에는 물길로 150여 리를 여행한다. 창원의 경양대景釀臺·공명헌空明軒·남수정攬秀亭을 거쳐 밀양 인근의 미례彌禮와 삼랑포三浪浦를 지나 양

김해에 있는 신산서원

산梁山 경계에 들어서서 저녁 무렵 황산黃山을 지나 역촌驛村까지 갔다.

25일에는 물길로 60여 리를 여행했다. 이날은 새벽녘부터 배를 저어 산산蒜山 앞 여울에서 아침식사를 한 뒤 삼차강三叉江을 지나 김해부金海府 동쪽의 신산서원新山書院에 도착했다.

26일에는 말을 타고 육로로만 20리를 여행했다. 양산 기장과 울주를 잇는 고개인 기울현岐蔚峴까지 가고, 이후로는 길이 험해 견여를 타고 고개를 넘어 정오 무렵 동래온천에 도착했다.

51년 만에 스승 조식에게 절하다

정구의 요양 여정 중 눈길을 끄는 것은 신산서원을 찾아 스승 남명 조식을 참배한 일이다. 조식은 김해 동쪽 신어산神魚山에 산해정山海亭을 짓고 강학활동을 했다. 그후 사림들이 그 동쪽에 남명을 봉향하기 위해 서원을 세웠다. 임진왜란 때 정자와 서원이 모두 없어지니, 사람들이 정자가 있던 터에 다시 서원을 세우고 '신산서원'이라고 이름을 붙였다.

7월 25일, 정구 일행은 지금의 경남 밀양 하남면 명례리인 미례를 지나 김해 동쪽의 신산서원에 도착한다. 산에 올라갈 때도 가마로 이동할 수밖에 없을 정도로 거동이 불편한 정구는 부축을 받으며 남명이 봉향되어 있는 묘당에 들어가, 스승 조식에게 머리 조아려 절했다. 남명을 산해정에서 찾아뵌 지 51년이나 되었다고 했다. 퇴계의 문하뿐만 아니라 남명의 문하까지 출입함으로써 정구는 영남을 대표하는 두 학맥의 적통을 계승했다.

정구의 남명에 대한 흠모는 그의 만사輓詞에 잘 나타난다.

하늘이 호걸을 이 나라에 보내주시니
뜻은 우주처럼 크고 용맹은 전고에 없다
진작 과거를 멀리하고 호연히 높이 날아
부귀를 뜬구름 삼고 도를 깊이 즐기셨다
충신忠信을 바탕 삼고 경의를 학문 삼아
식견이 고매하고 풍모와 절개 우뚝했건만
나아가 등용되지 못하고 물러나 이름 남지 못하니
우리 도는 끝이 났구나! 내 누구를 탓하랴

조식은 젊은 시절에 과거 공부에 힘을 쏟다가 심성 수양과 학문의 소중함을 깨닫고 과거 공부를 그만둔다. 단성현감을 사직하며 올린 상소에서 그가 보여준 조정의 신하들에 대한 준엄한 비판, 명종과 대비 문정왕

후에 대한 직선적인 표현은 당시 사회에 큰 파문을 일으켰다. 이렇게 모든 벼슬을 거절하고 오로지 처사로 자처하며 학문에만 전념한 남명의 명성은 날로 높아져, 오건·정구·정인홍·하항·김우옹 등 당대의 내로라하는 학자들이 찾아와 학문을 청했다. 남명의 이러한 삶의 자취는 정구와 너무나 닮아 있다.

정구 역시 모든 명리를 떨쳐버리고 성주의 회연檜淵 옆에 초당을 짓고 100그루의 매화를 심은 백매원百梅園이라는 정원을 가꾸며 유생들을 가르쳤다.

　　작고 작은 산 앞의 작고 작은 집에
　　정원 가득한 매화와 국화가 해마다 늘고
　　게다가 구름과 물을 그림처럼 꾸미게 하니
　　온 천지에서 내 생애가 가장 호사롭구나

그는 자그만 산자락에 작은 집 한 채를 짓고 소박하게 살면서도 그런 자신이 세상에서 가장 호사롭다고 자족하고 있다. 세속의 부귀영화를 떨치고 매화와 국화 가득 피어나고 구름과 물소리가 그림같이 아름다운 자연에 깃든 삶의 흥취가 꾸밈없이 우러나는 시다. 정구에게서

〈백천교〉, 정선, 1711년, 36×37.4cm, 국립중앙박물관 소장.

발견되는 탈속 취향은 남명이 보여주는 그것과 유사하다. 정구의 제자들이 스승을 받드는 정성은 결국 그들의 스승으로부터 배운 것이었다.

체계적인 투약과 온천욕

정구는 요양 기간 중 어떤 약을 복용했을까? 약을 먹는 것 외에 시술은 받지 않았을까? 또 치료를 목적으로 온천행을 했는데, 온천욕은 어떻게 했을까?

정구는 의학에도 조예가 있었다. 그는 눈병 치료의 처방을 담은『의안집방醫眼集方』을 저술하고 자신이 소장한 의학서 중에서 출산과 육아에 대한 내용을 가려 뽑아『광사속집廣嗣續集』을 편찬하기도 했다. 의학 지식이 있는 정구는 요양 여정에서 약재와 물의 양 조절이 적절한지 세심히 살피기도 했다.

『한강선생봉산욕행록』에 처음으로 보이는 약의 복용 기록은, 7월 21일에 평위산平胃山과 생맥산生脉散을 합한 것에 향부자香附子·지각枳殼·백복령白茯苓·신곡新曲·향유香薷를 더한 약을 먹었다는 것이다.

평위산은 위의 기능을 고르게 해준다는 의미의 이름이 붙은 약인데, 창출蒼朮·진피陳皮·후박厚朴·감초·생강·대추로 조제하며 물로 달여 복용하거나 가루로 만들어 복용한다. 이 처방은 소화기계 질병을 치료하는 데 많이 이용한다. 비위의 기능이 고르지 못해 생기는 식욕부진과 복통·구토·설사 등의 증상을 치료한다. 생맥산은 여름철의 더위와 갈증, 땀을 많이 흘리는 증상 등을 치료하는 약으로 맥문동·인삼·오미자의 세 가지 약재로 만든다. 향부자는 경락을 통하게 하여 피를 맑게 하고,

정구는 평위산과 생맥산을 중심으로 약을 먹어 소화기계 질환을 다스렸다. 사진은 평위산을 만드는 데 핵심 약재인 창출(왼쪽)과 인삼, 오미자와 섞어 생맥산을 만드는 맥문동의 모습.

신경을 안정시키고 만성적으로 쇠약한 위장이나 신경성 소화불량, 식욕을 회복시키는 것이다. 또 탱자나무의 성숙한 과실인 지각은 주로 폐와 비장, 대장 등에 작용하는데, 기가 정체해 가슴에 맺힌 듯하며 누르면 아프거나 옆구리가 부은 경우, 구토 · 딸꾹질 · 소화불량 · 설사 등을 다스린다. 백복령은 강장제로 흔히 사용하는데, 구토 · 설사 · 건망증 · 수면 장애 등에도 처방한다. 향유는 발한 · 해열 · 지혈제인데 부스럼 · 각기 · 수종 · 위염 · 구취의 치료제로도 사용한다.

　정구는 7월 22일에도 21일과 같은 약을 먹었다고 하며 동래온천에 도착할 때까지 약을 먹었다는 기록은 없다.

　7월 29일에는 평위산과 생맥산을 합한 약을 복용했고 30일에는 평위산에 향부자 · 백복령 · 신곡 · 향유 · 축사밀縮沙蜜을 더한 약을 복용했다.

축사밀은 비위의 기가 소통되지 않거나 구토, 설사 또는 소화불량의 치료제로 쓴다.

8월 1일에는 생맥산에 지각을 더한 약을 복용했고, 2일에는 평위산과 생맥산을 합한 것에 지난번과 같은 약재를 더한 약을 복용했다. 이날 이육이 약 달이는 일을 감독했으나, 약재와 물의 양을 알맞게 조절하지 못해 책망을 받았다.

8월 3일에는 이육이 어제 약을 잘못 달여 꾸지람을 들었기에 다시 약재 달이기를 원하자 허락했다. 그러나 조제를 잘못한데다 너무 달여서 약을 다 태웠다. 이에 자백하고 사죄하자, 정구가 "어제 잘못 달였는데 오늘 또다시 약재 달이기를 허락하였으니 잘못은 내게 있다. 너는 나를 책망하라"고 했다. 정구는 물 7홉을 더 넣어서 다시 달이기를 명하고 그것을 마셨다.

8월 4일에는 평위산과 생맥산을 합한 것에 지난번과 같은 약재를 더한 약을 복용했다.

8월 6일 이전에는 주로 평위산과 생맥산에 몇 가지 약재를 더한 약을 복용했지만 이날 이후로는 주로 강활유풍탕羌活愈風湯을 복용했다. 이 약은 창출·석고石膏·생지황을 비롯해 강활·방풍防風·당귀當歸·만형자蔓荊子·천궁川芎·세신細辛·황기黃芪·지각枳殼·인삼人蔘·마황麻黃·백지白芷·감국甘菊·박하薄荷·구기자枸杞子·시호柴胡·지모知母·지골피地骨皮·독활獨活·두충杜沖·진교秦艽·황금黃芩·백작약白芍藥·감초甘草 등 도합 26여 종의 약재로 구성하는데, 중풍에 특효가 있다.

정구는 8월 6일부터 13일까지 10일 하루만 제외하고 모두 강활유풍탕을 복용했으니 이 기간에는 중풍의 치료에 주력했음을 알 수 있다.

13일 이후로는 약을 복용한 기록이 없으니 투약을 중단하고 온천욕만으로 중풍을 다스리는 처방을 사용했던 듯하다.

그밖에 제자들이 복용한 약의 기록으로 양위진식탕養胃進食湯과 불환금정기산不換金正氣散이 보인다. 양위진식탕은 8월 9일에 노극홍이 복용한 약으로 비위가 허약해 음식을 먹지 못하며, 얼굴이 누렇고 몸이 여위며, 가슴이 더부룩하고 답답하며, 음식이 소화되지 않고 혹 트림이 나면서 신물이 올라오는 증세를 치료한다. 이 약은 삽주 · 인삼 · 흰삽주 · 진피 · 후박 · 백복령 · 감초 · 약누룩 · 보리길금으로 조제한다. 불환금정기산은

이천봉이 감기가 들어 쓰러졌을 때 먹은 약으로, 감기로 기침이 나고 머리가 아프며 목이 불쾌할 때 사용한다. 평위산에 곽향藿香과 반하半夏를 가미한 처방이다.

동래에서는 정구의 치료를 위해 이미 영산靈山 의원 안박을 대기시켜놓았다. 따라서 동래에서 요양하는 동안 대부분의 치료는 안박에 의해 시술되었다. 정구는 온천욕과 복약服藥 외에도 침술 치료와 뜸도 병행했다.

7월 27일에는 치통 때문에 안박에게 뜸을 뜨게 했다.

8월 7일에는 백회百會 · 풍지風

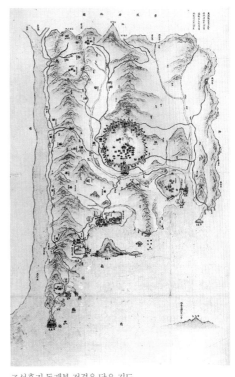

조선후기 동래부 전경을 담은 지도.

池・견정肩井・견우肩髃・곡지曲池・간사間使・합곡合谷・중저中渚・환도還跳・풍시風市・양릉陽陵・천족泉足・삼리三理・절골絶骨・해계解溪・태충太衝・위중委中・승산承山・상렴上廉・하렴下廉・신맥申脉・행간行間 등의 혈에 침을 맞았다고 한다. 이날 제자들도 침을 맞았다.

그러나 가장 중요한 치료는 역시 온천욕이었으니 그 기록이 상세하다.

7월 26일, 정구 일행은 정오에 온정溫井의 목욕하는 곳에 도착했는데 이곳에 대해서 다음과 기술했다.

> 동래부사가 지난봄에 선생께서 목욕하러 오실 것이라는 이야기를 듣고, 특별히 방 2칸에 대청 1칸으로 된 초옥을 지었는데 매우 정결하였다. 지금 일행이 많이 왔다는 소식을 듣고 또 임시로 2칸짜리 집을 지어, 제자들 처소로 만드니 그 정성을 볼 수 있다. 온정은 내석감內石龕과 외석감外石龕이 있다. 세상에서 전하는 말로는 신라왕이 만들었다고 한다. 한 개의 석감에 대여섯 명이 몸을 담글 수 있다. 온천물은 위쪽의 돌구멍에서 나오는데, 갑자기 손발을 담글 수 없을 정도로 매우 뜨겁다.

『삼국유사』나 『동국여지승람』 등의 기록에 의하면 동래온천에서 신라시대부터 왕이 목욕을 했다고 한다. 고려의 이규보나 조선의 김종직과 같은 대문호도 동래온천의 신비로움을 시로 경탄한 바 있다. 이렇게 유래가 오래되고 유명한 동래온천을 정구와 그 일행은 한 달간 독차지하는 호사를 누리게 된 것이다. 참으로 놀라운 일이 아닐 수 없다.

재미있는 것은 온천욕에도 일정한 순서가 있었다는 점이다.

첫날은 바로 온천에 들어가지 않고 온천물을 길어다 몸을 씻는 정도로 그쳤다. 의원은 침으로 경락을 통하게 하고 온천욕을 하도록 요청했다.

다음 순서는 목탕자木湯子라는 목조 욕조에 온천물을 길어다 붓고 몸을 담그는 것이다. 목탕자는 동래부사가 정구를 위해 특별히 제작한 것이라고 한다. 정구는 7월 28일부터 30일까지 사흘간 하루에 한 번, 모두 세 차례 목탕자에서 목욕을 했다.

그다음 순서는 석탕자石湯子라는 석조 욕조에서 목욕하는 것이다. 석탕자는 외석정을 의미하는데 외석감이라고도 했다. 정구는 8월 2일부터 14일까지 석탕자에서 하루 한 차례 목욕을 했는데, 1일, 3일, 5일, 7일, 8일은 건강이 좋지 않아서 목욕을 하지 않았고 11일은 비가 와서 물이 흐리기에 목욕을 하지 않았다.

그다음 순서는 석탕자에서 하루에 두 번 목욕하는 것이다. 정구는 8월 15일부터 18일까지 오전에 한 번, 오후에 한 번, 하루 두 차례씩 목욕을 했다.

이어지는 순서는 외석정에서 목욕 장소를 내석정으로 옮겨 매일 세 차례 목욕하는 것이다. 정구는 8월 19일부터 25일까지 아침에 한 번, 정오에 한 번, 신시申時(오후 3시~5시)에 한 번 목욕을 했다.

정구는 처음에는 하루에 한 번 목욕하는 것도 힘이 들어 하루씩 걸렀지만 15일부터 25일까지는 하루도 목욕을 거르는 일이 없었다. 또 8월 15일까지 매일 한 명에서 네 명의 제자들로부터 도움을 받아 목욕을 했지만 16일부터는 제자들의 도움을 받지 않았던 것 같다. 12일, 13일을 제외하고 욕조에 같이 들어간 제자는 이도자 · 노해 · 이도일 · 이서 · 이천봉 · 이윤우 · 이육이라고 기록되어 있다. 그들 중 이도자는 하루를 제외하고 매일 정구의 목욕을 도왔으며, 그 혼자서 목욕을 도운 적도 있다.

정구가 타고 다닌 남여(藍輿)의 뼈대는 이렇게 생겼다. 일반 가마와는 달리 지붕이 없는 개방식이고 위에 푹신한 방석을 깔게 되어 있다.

  정구의 온천욕을 통한 치료는 한 달 동안 점차 강도와 횟수를 높이는 등 체계적으로 이루어졌으며 이를 통해 정구는 상당한 효과를 보았다.

  눈물겨운 제자들의 병 수발

  정구의 요양길은 결코 순탄하지 않았다. 정구 자신이 노령인데다가 건강하지 못한 상태에서 먼 길을 이동했으며, 일기도 불순했다. 그는 대체로 수로를 이용했고, 육로로 이동할 때는 말을 타는 경우도 있었지만 대부분 견여肩輿나 남여藍輿를 이용했다. 제자들도 상당수가 중년을 넘어서 있었지만 그들은 모두 도보로 스승을 따라 이동했다. 이 기간 중 제자 이육은 학질을 앓았고 이서는 토사곽란으로 고생했으며 노극홍은 병 때문에 스승의 곁을 물러나 사우私寓에서 조리했다.

그의 제자 중 혹자는 요양길을 나서는 스승을 위해 미리 배를 준비해 두고, 공무에 바쁜 와중에도 직접 배에 올라 안부를 여쭈었으며 어떤 제자는 뱃머리에 무릎 꿇고 머리 조아려 절을 올렸다. 심지어 작은 배를 노 저어 따라오는 이도 있었다. 매일 밤 스승의 처소를 지키는 당직자도 정해져 있었다. 정구 제자들의 스승 앙모는 요즘의 사제관계로는 이해가 되지 않는 양상을 보이니, '극성스럽다' '별스럽다'는 표현이 어울릴 정도다.

폭풍우가 몰아치는 어두운 밤, 어떤 제자는 배에 남겨졌고 어떤 제자는 숙직을 서기 위해 비 내리는 밤길을 가야했다. 그러나 그 누구도 스승을 원망하지 않는다. 단지 병환으로 고생하는 스승이 조금이라도 편안하기를 바라고 이번 요양에서 스승을 괴롭히는 병이 씻은 듯 낫기를 기원했으리라.

정구의 제자들은 스승의 온천욕을 극진한 정성으로 도왔다. 그들은 정구가 하루에 몇 번 몇 시에 목욕을 했는지 일일이 기록했을 뿐만 아니라 하루에 몇 차례 설사했는지도 기록하고 있다. 그들의 스승 수발은 참으로 숭고하기까지 했다.

다음은 『한강선생봉산욕행록』의 끝부분인데 마치 제자들에 의해 작성된 정구의 진료 기록과도 같다.

선생께서 사빈을 떠난 기간은 모두 45일이다. 그중 배에 머무신 것이 6일이다. 온천욕은 모두 41번을 하셨는데, 처음 한 번은 단지 물을 길어와 씻으셨

경주에 머문 사흘째 '황창랑'을 비롯해, 처용설화를 토대 삼아 주술적 성격의 가무극으로 발전시킨 '처용무' '도가' 등의 연희가 펼쳐졌다. 〈수가계첩〉, 필자미상, 1814, 지본담채, 29.0×36.4㎝, 국립중앙박물관 소장.

을 뿐이다. 목탕자에서 3번 목욕하셨고, 외석정에서 16번 목욕하셨으며, 내석정에서 21번 목욕하셨다. 목욕을 마치시고 동래를 출발하여 통도사에서 이틀을 조양하며 머무셨다. 9월 4일에 집에 돌아오셨는데, 안색과 기혈이 전보다 조금 더 나으니 보는 사람들이 모두 목욕의 효과라고 말하였다.

정구는 음력 7월 27일부터 한 달간 동래에서 요양하고 음력 8월 26일 아침에 귀갓길에 오른다. 이날 정구는 동래부사가 정성껏 준비한 석별연에서 무척이나 즐거웠던지 술을 많이 마셨다. 그런 탓에 취하여 도중에 가마를 멈추고 쉬기도 했다. 이날 송정松亭을 거쳐 양산까지 왔다.

8월 27일부터 30일 아침까지 양산의 통도사에서 유숙했다.

8월 30일에 언양을 거쳐 경주에 도착했다.

9월 1일에는 경주부윤과 함께 유상곡수流觴曲水의 흔적이 남아 있는 포석정에서 술을 마셨다. 그리고 교자에 올라 경주부윤에게 반월성에 가자고 청했다. 이어 계림·첨성대·봉황대를 방문했는데, 부윤이 잠시 술자리를 마련하고 피리를 불며 늦가을의 흥취를 만끽했다.

경주에 머문 사흘째인 9월 2일에는 경주부윤이 나악羅樂 관람을 청했다. 신라의 황창이란 7세 소년이 검무를 빙자해 백제왕을 죽이고 목숨을 잃는다는 내용의 '황창랑黃倡郞'을 비롯해, 처용설화를 토대 삼아 주술적 성격의 가무극으로 발전시킨 '처용무' '도가悼歌' 등의 연희가 펼쳐졌다.

경주부윤 윤효전은 정구가 경주에 도착하기 전인 8월 28일부터 편지로 안부를 묻는 등 만반의 준비를 갖추고 기다리다가 사흘간 경주에서 정구를 정성껏 모셨다.

정구의 귀갓길은 동래온천을 찾아갈 때와는 사뭇 달랐다. 연회에서 대

취하는 모습을 보이는가 하면 고적을 탐방하고 연희를 즐기는 여유를 보이기도 한다. 그는 동래에서의 한 달 요양으로 기력을 많이 회복했던 것이다.

3일에는 하양河陽 김사행의 집에서 숙박했다.

4일에는 이른 새벽부터 길을 나서서 경산慶山의 반야촌에서 아침을 먹은 뒤 해안解顔을 지나 팔공산 기슭의 소유정에 도착해 경상감사를 비롯해 연경서원研經書院에서 마련한 점심을 들며 여독을 풀었다.

5일, 날이 밝자 정구가 돌아왔다는 소식을 들은 인근의 유생들이 찾아와 문안을 드렸다. 미처 따라가지 못했지만 남아 있던 이들은 정구의 귀향을 위해 며칠 전부터 분주하게 준비를 하고 있었다. 곽치정 같은 사람은 며칠 전부터 먼저 와서 어량魚梁을 엮어 잡은 물고기를 송별연의 안주거리로 올렸다. 그가 잡아 올린 생선은 큰 고기 예닐곱 미尾와 작은 물고기 십여 미인데, 정구는 이것으로 회를 떠서 여러 손님께 나눠드리라고 명하고 술잔을 여러 번 돌리고 나서 자리를 끝냈다. 제자들이 차례로 인사를 올리고 떠났으며 그중 집이 가장 가까운 이윤우가 제일 늦게 귀가함과 동시에 요양길의 일정은 마무리됐다.

"그저 땅속에 묻히지 않았을 뿐"

퇴계와 남명 문하의 제자 가운데 학덕을 갖춘 이는 많다. 그러나 그 누구도 정구처럼 제자들에게 존경받았던 인물은 드물다. 많은 제자가 일신을 돌보지 않고 요양길에 나선 노쇠한 스승의 모습을 먼발치에서 바라보아도 좋다 하고, 기꺼이 따라나선 것이다.

정구가 지나는 곳의 대소 관리와 학자들이 빠짐없이 나와 그를 진심으로 영접했다. 정구가 왔다는 소식을 들은 유생들은 앞다투어 그를 찾아와 절을 했다. 빈손으로 올 수 없었기에 어떤 이는 생선과 나물을, 어떤 이는 포도 한 그릇을 올리기도 했다.

9월 1일 경주 연회의 참석자는 44명이었고, 9월 3일 담화의 참석자는 51명이었으며, 귀가할 때까지 동행한 제자는 무려 30명이나 되었다. 1617년 음력 7월 20일부터 한 달 보름에 걸쳐 이루어진 정구의 동래온천행은 가히 당시 영남의 최대 행사라고 할 수 있다.

그러나 제자들의 이러한 정성에도 정구의 병환은 완치되지 않았다. 노령인데다 병이 깊었던 것이다. 정구는 온천욕을 다녀온 다음해 김용에게 보내는 편지에서 "저는 심한 마비 증세를 5년 동안 앓으면서도 오히려 목숨을 보전하고 있어서 그나마 다행이지만 통증은 날이 갈수록 더 심합니다. 지금은 간혹 종일 자리에 몸져누워 숨이 곧 끊어질 것 같은 형편이니, 이러고서도 사람 축에 끼일 수 있겠습니까? 그저 땅속에 묻히지 않았을 뿐입니다"라고 했다.

동래의 온천욕과 제자들의 지극한 병 수발로도 병마를 쫓아낼 수 없었으니 참으로 안타까운 일이 아닐 수 없다.

요양길 일지—◉

【1617년】

윤7월 20일　새벽 견여를 타고 출발해 먼동이 틀 무렵 사빈 지암에서 배에 오름. 150리 이동해 부강정 → 원당포 → 창녕 우산촌까지 물길로 50리 여행

윤7월 22일　창녕 경계에서 출발. 마수원 나루 → 도홍탄 → 웃개나루까지 150리 이동

윤7월 23일　물길로 50리 이동. 부곡과 창원을 잇는 본포 부근의 촌집에 묵음

윤7월 24일　물길로 150리 여행. 창원 경양대 → 공명헌 → 남수정 → 미례 → 삼랑포 → 양산. 저녁에 황산을 지나 역촌에 이름

윤7월 25일　물길로 60리 여행. 산산 앞 여울에서 아침식사, 삼차강을 지나 김해부 동쪽의 신산서원에 도착

한강 정구는 주로 배를 타고 물길을 이용했다. 몸이 성한 구석이 없어 물의 부드러움에 실려 요양지까지 밀려갔다. 그림은 조선시대 부산 동래 포구 풍경

윤7월 26일   말을 타고 육로로 20리 여행. 양산 기장과 울주를 잇는 고개인 기
            울현까지 이동. 이후로는 견여를 타고 고개를 넘어 정오에 동래온
            천에 도착
윤7월 27일~8월 26일 한 달간의 요양이 시작됨. 온천욕 및 약 복용
윤8월 26일   동래부사가 석별연을 열어줌. 귀갓길에 오름. 송정을 거쳐 양산에
            이름
윤8월 27일~30일 양산 통도사에 유숙. 언양을 거쳐 경주에 도착
9월 1일   경주부윤과 포석정에서 술을 마심. 반월성 → 계림 → 첨성대 →
            봉황대를 방문
9월 2일   경주부윤이 나악 관람을 청함
9월 3일   하양 김사행의 집에서 숙박
9월 4일   새벽에 길을 나섬. 경산 반야촌에서 아침을 먹고 해안을 지나 팔
            공산 기슭 소유정에 도착
9월 5일   요양길 마무리

과거길

조선시대, 출세를 향한 먼 여정

차미희

성종 때에 충청도 공주에 사는 진사 이 아무개는 정시에 응시하고자 했지만 너무나 가난했다. 공주목사에게 비용을 지원해 달라고 부탁했지만 한 푼도 받지 못한 이진사는, 하는 수 없이 단 하나뿐인 낡은 도포를 술집 주모에게 잡히고 쌀 한 말을 얻어 과거길을 떠났다. 그런데 금강에 이르렀을 때 주모의 딸이 뒤쫓아와 "이 도포가 없으면 서울에 들어갈 수 없습니다. 나의 노모가 사리를 잘 알지 못하여 한 행동입니다"라고 하면서 도포를 되돌려주었다. 그리하여 이진사는 낡은 도포라도 걸치고 서울에 올라와 과장에 들어갈 수 있었다.

도포 팔고, 죽을 고비 넘겨 떠난 길

영조 46년(1770) 12월 25일 제주도 유생 장한철은 식년시의 복시覆試를
보기 위해서 애월포를 출발해 강진으로 향했다. 장한철은 지난 10월 식
년시의 초시初試로 실시되었던 전라도 향시에서 제주 출신으로 장원을 차
지하는 매우 드문 쾌거를 이룩했다. 이에 그는 마을 어른들의 한결같은
권유와 과거길 비용을 도와준 관청의 도움에 힘입어 봄에 열릴 복시에
대비해 일찌감치 서울을 향해 떠났다. 그러나 장한철을 태운 배는 소안
도 근처에서 태풍을 만나 갖은 고초를 겪고 사경을 헤매다가 12월 28일
유구열도琉球列島(지금의 오키나와)에 표착했다. 그곳에서 왜구倭寇까지 만났지
만 겨우 목숨을 부지하다가, 해를 넘긴 1월 3일 다행히도 안남安南(지금의 베
트남)의 상선商船을 만나 구사일생으로 살아났다. 그런데 이 배가 제주도에
상륙하기 직전인 1월 6일 다시 태풍을 만나 선체가 파손되고, 장한철은
제주에서 함께 출발했던 동행자 29명 중 21명을 잃은 채 청산도에 표착

264

했다. 장한철은 청산도에서 7일을 보낸 뒤 신지도, 고금도, 강진을 거쳐서 2월 3일 서울에 도착해 과거에 겨우 응시할 수 있었다.

성종(1469~1494) 때에 충청도 공주에 사는 진사 이 아무개는 정시에 응시하고자 했지만 너무나 가난했다. 공주목사에게 비용을 지원해달라고 부탁했지만 한 푼도 받지 못한 이진사는, 하는 수 없이 단 하나뿐인 낡은 도포를 술집 주모에게 잡히고 쌀 한 말을 얻어 과거길을 떠났다. 그런데 금강錦江에 이르렀을 때 주모의 딸이 뒤를 쫓아와 "이 도포가 없으면 서울에 들어갈 수 없습니다. 나의 노모가 사리를 잘 알지 못하여 한 행동입니다"라고 하면서 도포를 되돌려주었다. 이에 이 진사는 낡은 도포라도 걸치고 서울에 올라와 과장에 들어갈 수 있었다.

공주의 이진사가 자신이 가진 모든 것을 내던지고, 제주도의 유생 장한철이 죽음까지 불사하면서 서울로 올라가 응시하고자 했던 시험은 각각 정시, 식년시의 복시였다. 이 두 시험은 어떤 의미를 지니고 있었을까?

조선시대 과거시험에는 식년시와 별시가 있었다. 식년시는 3년마다 정기적으로 실시하면서 세 차례의 시험 절차를 두어 정해진 인원을 선발하는 것이었고, 별시는 부정기적으로 실시됐는데 선발 인원도 일정하지 않고 시험 절차도 다양했다.* 이 가운데 지방 유생이 서울로 올라가서 치러야 할 시험은 크게 두 가지로 나뉘었다.

첫째는 제주 유생 장한철의 예에서 알 수 있듯이, 8도 자체에서 치르

─────

* 실시 명분이나 절차가 점차 분화되면서 '중시대거(重試對擧)' 및 경사가 있을 때' 실시되는 고유명사로서의 별시도 생겨났다. 이 글에서는 후자의 경우를 '별시'로 구분했다.

는 초시의 한 종류인 향시에 입격한 뒤에 본 시험으로서 실제적으로 급제가 정해지는 복시(복시가 실시되지 않는 경우에는 전시가 그것을 대신함)에 응시하기 위해 서울에 올라가는 것이다. 여기에는 식년시, 증광시, '별시', 정시(국왕이 친림하지 않는 경우)가 해당되었다. 유생들이 서울에 올라가서 응시하는 또다른 시험은, 공주의 이진사에서 보았듯이 국왕이 직접 참여해 실시를 주관하며 단 한 번의 시험으로 급제를 결정하는 이른바 친림시親臨試다. 여기엔 알성시, 춘당대시, 정시 등이 해당된다.

공주의 가난한 이진사가 낡은 도포까지 팔아 과거길 비용을 마련하고, 제주도의 유생 장한철이 평소보다 두 배나 긴 시간을 소요한 끝에 40여 일 만에 죽을 고비를 몇 차례나 넘기면서까지 곧바로 서울에 올라가 시험에 응시한 것은 무엇 때문일까?

전근대사회인 조선시대는 이전 시기부터 추진된 중앙집권적 양반관료 체제가 완비된 시기였다. 즉 문무 양반관료는 조선이라는 국가가 나아가야 할 방향을 총체적으로 논의하고, 체제를 운영하는 주체였다. 그러나 조선시대에는 양반관료체제를 지향한다고 하면서 실질적으로는 문치주의에 따라 문반관료를 더욱 우대했다. 관품은 관직·과전·녹봉 등과 함께 각종 특혜의 기준이 되었는데, 정국을 이끄는 핵심 세력인 당상관은 주로 문반에 만들어져 있었고, 무반에 설정된 당상관 직책도 대개 문반 관료가 겸직하고 있었다.

문반관료에 대한 우대는 관직체계와 그 운영에서도 나타났다. 실제 담당 직무가 마련된 실직實職의 숫자를 보면, 문반은 중앙관직 741자리에 지방관직 1038자리를 합해 모두 1779자리였고, 무반의 경우는 중앙관직 3324자리와 지방관직 502자리를 합해 모두 3826자리로서, 실직 수만 비교해보면 무반이 문반보다 두 배가 많았다. 그러나 이러한 무반 실직의 숫자는 대부분 각종 군대 장교의 자리였고, 그나마 상급 자리의 상당수는 문반에게 돌아갔다. 무엇보다 문반이 정국운영의 핵심 관서와 관직을 모두 주도하고 있었다.

이처럼 조선시대 지배체제를 이끄는 핵심 엘리트인 문반관료가 되는 가장 정상적인 길은 과거시험, 그중에서도 문과시험에 합격하는 것이었다. 조선시대의 양반관료 역시 고려시대와 마찬가지로 과거제도, 문음제도, 천거제도 등을 통해 충원됐다. 그러나 개국을 주도한 신진사대부들은 고려시대의 지배세력이 지녔던 귀족적 성격을 극복하려는 노력으로 '모든 관료는 시험을 통해서 임용되어야 한다'는 능력 중심주의 원칙을 내세우면서, 과거제도를 관료 임용의 기본 통로로 만들었다. 더욱이 정국운영의 핵심 관서와 관직에는 반드시 문과출신 문반만을 임명할 수 있도록 규정함으로써, 문과출신의 문반관료를 엘리트 중의 엘리트로 부각시켰다. 조상을 잘 둔 덕택에 문음으로 문반관료가 된 경우에는 다시 문과시험에 급제해야 했던 것도 이 때문이었다.

급제를 위한 준비, 계속되는 불안

그러면 핵심 엘리트의 자격을 획득하기 위한 가장 기본적인 요건은 무엇이었을까? 그것은 과거 응시생들에게 부여됐던 시험과목을 통해서 알 수 있다.

과거시험에서는 문반관료의 가장 기본적인 자격으로 사서삼경을 비롯한 경학에 대한 이해, 부賦 · 표表 · 전箋 등과 같은 문장 제술 능력, 대책문對策文을 통한 사회현안 인식과 해결능력이 요구됐으며, 이는 초시나 복시를 막론하고 각각 초장·중장·종장에서 구체적인 시험과목으로 제시됐다. 문반관료의 기본 자격을 검증하는 시험과목이 가장 전형적으로 제시된 것은 식년시이지만, 시험 절차와 단계가 대폭 축소됐을 뿐 별시에서도 식년시의 기본적인 원칙은 살아 있었다.

이러한 시험과목 중에서 급제가 곧바로 결정되는 시험을 치르기 위해 유생들이 집중적으로 준비해야 했던 것은, 사서삼경을 외워서 구두로 시험 보는 것과 대책·표·전·부·조詔·논論·명銘 등과 같은 문체의 제술시험이었다.

시험과목 중에서 경학에 대한 이해는 사대부 유생의 도덕적 수양을 궁극적 목표로 삼아 요구된 것이었지만, 한정된 시험관이 한정된 기간 내에 그 이해를 질적으로 평가하는 게 쉬울 리 없었다. 즉 과거시험이 실제로는 경서에 대한 암송을 평가하는 것에 그치고 있다는 문제가 계속 지적됐다. 또한 시험과목에서 여러 문체를 제시해 문장의 제술능력을 요구한 것을 과문科文이라 했는데, 순수한 의미의 문학적 능력보다는 과거시험을 위한 과목의 문체로 자리잡음으로써 많은 비판이 제기됐다.

그럼에도 불구하고 사서삼경 암송이나 과문 제술은 시종일관 핵심적인 시험과목이었고, 이에 대한 준비는 유생들에게 큰 부담이었다. 사서삼경에 대한 구두시험은 특히 식년시 복시의 초장에서 강서講書, '별시'의 전시에 앞서 회강會講이라는 이름으로 실시됐다. 응시생들은 주로 초시에 입격된 이후부터 본격적으로 사서삼경에 대한 암송 공부에 돌입했다.

그런데 식년시의 경우, 가을 초시에 입격한 응시생들이 그다음해 봄의 복시에 대비해 사서삼경을 외우고 공부할 수 있는 기간은 5~6개월 정도

《평생도》 중 〈소과응시〉, 김홍도, 18세기, 지본담채, 국립중앙박물관 소장.

에 불과했다. 사서오경의 본문 글자 수가 43만여 자로, 하루에 200자씩 익혀도 꼬박 6년 정도 걸렸다. 유생들이 그 몇 개월 동안 얼마나 집중적으로 사서삼경을 암송해야 했는지를 알 수 있다. 과거시험을 앞두고 절에 들어가서 공부하는 유생이 많았던 것도 이 시험을 집중적으로 준비하기 위해서였다.

시험에 대비해서 경서를 암송하는 것은 엄청난 스트레스를 동반했다. 선조 때에 식년시 복시의 구두시험을 준비하던 영남 유생 정사신은 날마다 청심원을 열 알씩 먹으면서 긴장을 풀어야 했고, 시험을 볼 때도 긴장을 이기지 못해 시험관들에게 요청해서 청심원 세 알을 다시 먹어야 했다. 그는 다행히도 그 시험에서 급제했다.

과거시험을 준비할 때는 여럿이 함께 공부하기도 했는데, 이런 경우 시험으로 인한 스트레스는 좀더 다양한 방법으로 해소됐다. 함께 시험 준비를 할 때는 생원·진사시의 합격 동기들끼리 모이곤 했는데, 대체로 나이도 비슷하고 수준도 비슷해 공

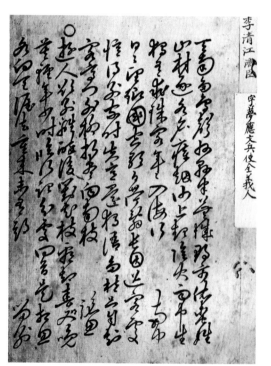

선조 때 문신이자 이 글의 주인공인 청강(淸江) 이제신(李濟臣)의 필적. 정연하게 흘려 쓴 글씨에서 공부벌레의 내음새가 물씬 풍겨온다.

감대를 형성하기 쉬웠다. 여기에 같은 지역 출신이라는 조건까지 붙으면 그보다 더 좋을 수가 없었다. 경기 유생 이제신, 김행, 김덕연이 그런 관계였다.

이 세 사람은 한두 살의 나이 차이가 있었지만 모두 1558년 생원·진사시에 합격했으며, 그 뒤로 함께 과거시험을 준비하게 됐다. 이들은 시험을 준비하는 동안 김덕연의 별장에서 고기를 낚으며 연꽃을 감상하기도 하고 자라탕을 즐기기도 하는 등 나름대로 스트레스를 해소했다. 시험공부를 마쳤을 때는 그동안 지었던 대책문을 모아 한 책으로 만들었다. 그리고는 '되돌아올 배를 남기지 않고 모두 태워버려 필사의 각오로 과거를 준비했음'을 의미하는 『분주탑시책焚舟楊試策』이라는 제목을 붙였는데, 이 책은 당시는 물론 그 이후에도 유행하던 과문집科文集이 됐다. 실제로 이들은 이제신(명종 19년, 1564), 김행(명종 21년, 1566), 김덕연(선조 1년, 1567)의 순서로 급제했다.

유생들이 과거급제를 위해 들이는 시간은 평균 10년 정도였다. 때문에 막상 시험 날짜가 임박하거나 시험을 보러 상경길에 오르면 유생들의 불안은 파도처럼 밀려들었고, 그들은 여기서 벗어나려고 안간힘을 썼다.

우선 유생들은 일상생활 중에 과거시험의 낙방을 연상시키는 말 자체를 사용하지 않으려 했다. 특히 '락落'이라는 글자는 물론이고 그와 같은 음을 쓰는 것도 싫어해서, 여러 유생이 함께 "우리 중에서 만약 락자를 사용하면 당장 주먹으로 몰매를 때려 몰아내자"고 약속하기도 했다. 또 어떤 유생은 낙지絡締를 구웠는데, 다른 유생에게 낙지를 젓가락으로 집어주면서 "입지立締 구운 것 드시오"라고 말했다. '립立'이라고 하는 것은 수립樹立한다는 의미로, 과거에 급제하라는 기원이었다.

유생들에게는 나름대로의 징크스도 있었다. 생원 신숙은 시험 날짜에 다다를 때마다 고양이가 그의 앞을 가로질러 가면 반드시 합격했다. 그런데 과거시험 날이 닥쳐와 종일토록 돌아다녔지만, 고양이가 자기 앞을 가로질러 가는 것을 발견하지 못했다. 그는 억지로 친한 벗들을 찾아다니다가 밤이 깊어서야 길가의 점포 문가에 병든 고양이가 쪼그리고 앉아 있는 것을 보고, 부채를 휘둘러 고양이를 놀라게 해서 자기 앞을 가로질러 지나가게 만들었다. 그때서야 신숙은 비로소 안도하며 돌아가 푹 쉴 수 있었다고 한다. 실제로 그는 선조 2년의 '별시'에서 급제를 했다.

　유생들은 과거시험을 앞두고 불안한 마음을 진정시키기 위해 점을 보기도 했다. 이러한 상황을 잘 보여주는 문학작품이 있다. 영남의 한 유생은 경상도 향시에서만 15~16차례 합격했지만 서울에 올라가 치르는 복시에서는 번번이 떨어졌다. 신기하게도 같은 마을의 김생원은 이러한 상황을 미리 알아맞히곤 했다. 이에 유생은 서울에서 정시가 열린다는 기별을 듣자마자 김생원에게 달려가 급제의 여부를 물었다. 김생원은 이번에도 낙방할 것이지만 액막이를 할 수 있다면서 "지금 이후 집에 들르지 말고, 곧장 서울 길로 떠나 오늘 50리를 가서 자고 내일 새벽에 동으로 험준한 고개를 넘고 긴 골짜기를 지나 내려가면 시냇가 버드나무 아래 소복한 여인이 있으니, 반드시 그 여자와 인연을 맺어라"라며 비법을 알려주었다. 유생은 실제로 생원이 말한 대로 여인과 인연을 맺었고, 그 정시에서 급제를 했다는 내용이다. 이 작품이 역사적 사실을 그대로 기술한 것은 아니겠지만, 급제에 대한 절절한 희망과 기대가 어떠했는가를 잘 보여주고 있다.

　중요한 시험을 앞두고 그 결과를 미리 알아보고 싶은 것은 시공을 뛰

<점 보셔요>, 필자미
상, 18세기, 지본담
채, 33.5×27.0㎝, 국
립중앙박물관 소장.

어넘는 모든 사람의 한결같은 마음이다. 인조 14년(1636) 생원 남훤은 병
자호란 때문에 '별시'의 전시가 다음해 봄으로 연기되자, 초시에 입격한
친구 세 명과 함께 북한산의 한 절에 들어가서 공부했다. 남훤은 이 절에
서 특이한 관상술이 있는 객승客僧에게 내년 봄 과거시험에 급제할지의
여부를 물어봤고, 객승의 점괘대로 이 '별시'에서 급제했다. 급제할 것
이라는 객승의 점괘가 남훤에게 큰 위로가 됐음은 말할 필요도 없었고,
혹시 그러한 위로가 그의 급제에 간접적으로 영향을 미쳤을지도 모르는
일이다.

　　과거시험에 대한 불안은 서울로 올라가는 과정에서도 나타났는데, 특

히 영남 유생들이 유난했다. 영남에서 서울로 갈 때 넘어가는 고개는 문경새재, 죽령, 추풍령 등이 있었는데, 유생들은 단연 문경새재를 선호했다. 죽령은 경상도의 풍기와 충청도의 단양을 이어주는 고개로, 특히 죽령과 가까운 영주·삼척·울진 등의 지역에서는 상경할 때 죽령을 넘어가는 것이 더 빠른 길이었다. 추풍령은 경상도의 김천과 충청도의 영동을 이어주는 고개로, 추풍령과 가까운 지역에서는 이 고개를 넘어 서울로 올라가는 게 한결 빨랐다. 그러나 과거를 보기 위해 서울로 올라가는 영남 유생들은 멀리 돌아가는 한이 있더라도 굳이 문경새재를 넘고자 했다. 호남의 유생들까지도 과거시험을 보러 서울로 올라갈 때 일부러 문경새재를 넘어가려고 하는 판이었다.

유생들이 죽령과 추풍령을 넘기 싫어한 것은 죽령을 넘으면 '죽죽 미끄러지며', 추풍령을 넘으면 '추풍낙엽처럼 떨어지기' 때문이었다. 그에 반해 굳이 문경새재를 넘고자 한 것은 문경閒慶, 즉 '경사스러운 소식을 듣는다'는 뜻 때문이었다. 문경의 고려후기 이름은 문희閒喜였다. 공민왕이 홍건적의 침입에 쫓겨서 안동으로 몽진(蒙塵, 임금이 난리를 당해 피함)을 왔을 때 고려군이 홍건적을 격퇴했다는 기쁜 소식을 이 새재를 통해 처음 듣게 되면서 이 지역의 명칭을 문희로 바꿨고, 조선시대에 그것이 문경으로 바뀌면서 유생들이 애용하는 고개가 됐다.

영남 유생들이 이름의 뜻 때문에 자주 넘었던 또다른 고개가 있었다. 문경새재를 넘지 못하고 어쩔 수 없이 추풍령 쪽으로 가야 할 때는 되도록이면 추풍령을 피하고 추풍령의 남쪽 고개로 '방榜에 이름이 걸린다'라는 뜻을 지닌 괘방령掛榜嶺을 넘어 서울로 올라갔다. 이 괘방령은 본래 『신증동국여지승람』에 괘방현卦方峴으로 되어 있었다. 아마도 그 주변지

문경 옛지도, 문경새재박물관 소장. 갈바람이 영을 넘나드는 문경새재의 관문 조령문이 맨 위에 보인다. 기쁜 소식을 듣게 된다 하여 영남은 물론 호남 선비까지 굳이 먼 길을 돌아 통과하던 장원급제길이 붉은 선으로 그려져 있다.

역의 유생들이 서울로 올라갈 때 추풍령을 피해 괘방현으로 넘어다니는 일이 많아지면서, 과거에 급제했으면 하는 간절한 바람이 반영돼 점차 음이 비슷한 괘방령으로 바뀐 것이라 여겨진다.

어쨌든 과거시험을 보러 서울로 올라가는 영호남의 유생들은 문경새재나 괘방령을 넘으면서 불안한 마음을 달래고 "나도 꼭 기쁜 소식을 듣게 될 것이야!" 하면서 마음의 안정을 찾는 계기로 삼았다.

'예비 나으리'에 대한 백성들의 기대

과거길을 떠나는 유생들이 급제에 대한 기대와 희망 그리고 그와 맞물려 나타나는 불안을 스스로 추스르는 동안에, 민인民人들도 이러한 유생들을 바라보며 큰 기대를 걸고 있었다. 민인들의 기대를 엿볼 수 있는 것으로는 우선 문경새재의 돌고개 성황당을 들 수 있다. 지금도 이 성황당에는 성황신의 그림으로 여인상 2개와 남자상 1개가 모셔져 있는데, 이 중 남자상은 완전한 관복 차림을 하고 있는 젊은이로 영락없이 과거에 급제한 젊은 유생의 모습이다. 이는 여느 성황당의 신상과도 다른 매우 드문 사례로서, 이 성황당의 성황신은 과거길의 유생과 여인의 이야기를 담고 있음이 분명했다.

조선시대 유생들이 서울에 올라가는 데 걸리는 시간은 출발하는 지역마다 차이가 있었지만 보통 5일에서 10일 정도였다. 대개 하인을 대동했으며 말에 올라타거나 짐을 싣기도 하면서 길을 떠났다. 간혹 일행을 만들어 함께 떠나기도 했다.

과거길을 떠난 영남 유생들은 대체로 문경새재를 넘기 전에 숙박을 했

복원된 조령원 터의 모습.

다. 그동안의 피로를 풀고 새재를 넘을 수 있는 힘을 보충할 필요도 있었
지만, 밤에 나무가 빼곡히 들어차 있는 새재를 넘는다는 것은 상상조차
못할 일이었다. 문경새재에는 장정 여럿이 안아도 모자랄 정도의 큰 나
무들이 깊은 숲을 이루고 있어서 호랑이를 비롯한 맹수가 많았으며, 도
적당하는 일도 빈번했다. 숙박을 하는 유생들은 새재 주막에서 한 잔의
술로 여독을 풀고 서로를 위로한 뒤에, 조령원鳥嶺院이나 동화원桐華院과
같이 나라에서 운영하는 여관을 찾기도 했으며, 어떤 경우에는 일반 민
가에서 숙박하기도 했다. 돌고개 성황당의 이야기는 이러한 민가 숙박에
서 다음과 같이 펼쳐졌다.

"300년 전 어떤 유생이 조그마한 초가집에서 하루저녁을 유숙했다. 그 집에

선비에게 버림받은 처녀에 얽힌 고모산성의 성황당.

는 부녀가 살고 있었으며, 아버지는 아름답고 착한 딸의 장래를 늘 생각해왔다. 때마침 유숙하게 된 유생의 인품이 범상치 않음을 알게 된 아버지는 자기 딸을 맡아달라고 간청했고, 유생은 마침내 이를 승낙했다. 그 뒤 유생은 이 초가집에서 며칠 더 머물다가 과거길을 재촉하면서 3년 내에 급제한 후 처녀와 다시 만날 것을 약속했다.

처녀는 매일 유생이 장원급제할 수 있도록 정성껏 빌었고, 과연 그 유생은 과거에 급제했다. 그러나 그는 처녀와의 옛 언약을 까마득히 잊어버렸다. 3년이 지나도록 유생은 돌아오지 않고 그동안 아버지마저 죽게 되자, 처녀는 고생을 참다못해 유생을 원망하며 자살했다. 그녀는 죽어서 큰 구렁이가 되었다.

그후 이곳을 지나는 행인들이 그 구렁이에게 자주 피해를 입었는데, 훗날 암행어사로 지방 순시에 나선 그 유생은 우연히 이 이야기를 듣게 됐고 구렁이가 처녀의 원귀임을 알게 됐다. 그는 크게 후회했으며 처녀의 영혼을 위로하고자 제사를 지내주었다. 그러자 구렁이가 뇌성벽력과 함께 나타났다가 눈물을 흘리며 사라졌고, 그 뒤에는 다시 나타나지 않았다. 이에 유생은 이 처녀의 원혼을 위로하기 위해 현재의 마성면 신현리에 성황당을 짓게 하고 매년 제사를 지냈다."

이와 같은 이야기에는 '과거길을 떠난 유생이 우연히 만나게 된 여인과 나누는 슬프고도 아름다운 사랑'이라는 메시지만 담겨 있는 것이 아니다. 조선시대 백성들도 나름대로의 수준에서 과거급제가 어떤 의미인지 파악하고 있었다. 따라서 백성들은 과거시험을 보기 위해 서울로 길을 나선 유생을 '이제 곧 급제해 우리를 다스리게 될 나으리'로 여기면서 '예비 나으리'에게 '누구와 맺은 약속이든지 잘 지켜야 한다'는 지배자의 기본적 덕목을 기대했던 것이다.

백성들은 과거길 유생에게 또다른 덕목도 기대했다. 인조대에 척화론을 내세워 절의가 높다고 칭송받았던 정온鄭蘊이 젊었을 때 과거길에서 경험한 이야기를 보자.

"정온은 안음현(현재 거창) 출신으로 같은 고향의 유생들과 과거길을 떠났다가 도중에 가마 탄 일행을 만났다. 그런데 가마를 따르던 17세의 노비가 계속 정온에게 눈길을 주었고, 이것을 감지한 정온은 '길가에서 요망한 여자를 만나 정욕에 이끌려서 동행까지 버린다'는 오해에도 불구하고 노비의 집까지 따라갔다. 아니나 다를까 노비에게는 원한이 있었다. 그녀의 상전이 음란한 여자에게 장가들었다가 살해당했지만 상전에게는 가까운 일가친척 하나 없어 노비 자신이 상전의 원통함을 씻어내고자 한 것이다. 노비는 이를 위해 뜻이 굳세고 담력이 남다른 유생을 찾다가, 정온이 적임자라고 판단해 집까지 유인했던 것이다.

노비는 간부奸夫를 죽이기 위해 미리 활과 화살을 준비해뒀고, 정온은 화살을 쏴 간부를 죽여 노비의 원한을 갚아주었다. 이후 정온은 자신을 따라나선 그 노비를 데리고 동행하던 유생들과 합류해 나머지 과거길을 재촉했다. 물론 이때에도 동행들은 '학문하는 사람이 길에서 여자를 데리고 오다니, 사대부의 행동이 차마 이럴 수 없다' 라고 하면서 정온을 호되게 나무랐지만, 정온은 '곡절이 있으니 차차 알게 될 것이다' 라고만 말했다. 정온은 이때 과거에 급제했고, 그 노비는 고향으로 데려가 소실로 삼았다."

정온의 과거길 경험도 단순한 사랑 이야기를 넘어선다. 백성들은 과거길을 떠난 '예비 나으리'에게 자신들의 원통함이 무엇인지 알아주고, 그것을 해결해주길 기대하고 있었던 것이다.

실력은 필수 조건일 뿐―과거급제와 정치

과거시험을 보기 위해 서울로 올라가는 유생들의 마음속에는 간절한 희망과 기대가 한결같았고 이들을 바라보는 백성들의 기대도 적지 않았다. 하지만 기대와 소망이 실현되는 경우는 항상 소수에 불과했다. 더욱이 과거시험에는 나이, 학력, 응시 횟수 등의 제한이 없는데 반해 선발하는 숫자는 제한돼 있어서, 경쟁률이 상상을 초월하는 수준에 이르기도 했다. 따라서 10년을 공부해 과거에 응시한다고 해도 낙방하는 일이 다반사였다. 개인적인 실력은 급제의 필수조건이었을 뿐이다. 정치적 변화속에서 지역이나 혈연 혹은 당색으로 당시의 집권세력과 연결되어 있지 않으면 급제하기 힘든 현실이었다.

설화문학작품 중에는 성종 임금이 변장해 민심을 탐방하던 중에 영남 출신의 유생들을 우연히 만나고, 이들을 위해 과거시험을 실시해서 급제시킨다는 내용이 유난히 많다. 그중 하나만 예로 들면 다음과 같다.

"성종 때에 영남에 사는 세 명의 유생은 같은 해에 생원진사시에 붙어서 진사라는 칭호를 받았다. 이들은 나이도 서로 같고 어릴 때부터 공부도 함께 해서 그 친분이 아교칠보다도 끈끈했다. 이들은 '세 명이 다함께 과거시험에 급제하기를 원하고 혼자서 출세하는 것을 원치 않는다'라고 맹세하고, 초시에 세 사람이 동시에 합격하지 않으면 복시도 보지 않았다. 그러다보니 나이가 서른이 되고, 성균관생활을 한 지 10년이 넘어 객지에서의 고생은 갈수록 심해지고 의복은 남루하게 되었다.

하루는 달밤에 세 친구가 난간에 의지해 달을 구경하고 있는데, 고향 생각이 너무나도 간절했다. 그러다가 옷에 생긴 이를 서로 잡아주면서 한바탕 논쟁을 벌이게 됐다. 논쟁의 주제는 '임금님의 몸에도 이가 있을까?'였고, 임금님의 몸도 사람의 몸이니 이가 있을 것이다, 임금님은 항상 비단 옷을 입고 또 자주 갈아입으니 반드시 이가 없을 것이라는 논의가 분분했다.

이때 마침 성종이 미행으로 성균관 담 밖을 지나다가 이들의 논쟁을 듣고는 크게 웃고 궁궐로 돌아왔다. 밤이 깊어 세 친구는 방에 들어가 잠을 자려고 했는데, 방문이 갑자기 열리더니 붉은 보퉁이 하나가 안으로 던져졌다. 깜짝 놀라 촛불을 밝히고 열어보았더니, 그 속에는 흰 솜조각으로 열 겹이나 싼 것이 들어 있었고, 차례로 열어보니 '어슬과삼개御蝨裹三介(임금의 이를 세 개 포장함)'라고 씌어 있었다. 세 친구는 이상하게 여기었다.

다음날 성균관에서 베푸는 과거시험이 내일로 정해졌다는 소식이 들렸고, 세 친구가 과장에 들어가 임금이 친히 낸 시험 제목을 보니 '영남유생사사어슬전嶺南儒生謝賜御蝨箋'이었다. 다른 응시생들은 그 뜻을 알지 못해 거의 모두 시험지를 백지로 들고 나왔지만, 세 친구는 지금까지 있었던 모든 일을 조리 있게 배치해 글을 지어 올렸고, 마침내 함께 과거에 급제하였다."

성종 후반부터 중종과 명종대로 이어지는 조선전기에는 과거길을 떠나는 지방 유생들의 희망과 기대가 실현될 수 있는 가능성이 컸다. 당시 훈구세력이 장기간 집권하면서 기득권을 유지하려 하자, 성종의 적극적인 후원 하에 영남 사림의 태두 김종직을 중심으로 훈구세력을 비판 견제하는 세력이 성장하고 있었다. 그런 가운데 별시가 자주 열렸고, 이 별시를 통해서 영남 출신의 급제자가 늘어가고 있었다. 따라서 영남의 유생들은 중앙 정계에 진출해 성리학적 이상사회를 만들고자 하는 커다란 희망을 품고 과거를 준비했으며, 이들은 대거 과거시험을 보기 위해 길을 떠났다. 영남을 중심으로 한 사림세력은 중종대에 이르러 그 기반을 기호지방으로까지 확대했고, 더 나아가 영남학파와 기호학파를 형성함으로써 이후 네 차례의 사화에도 불구하고 선조대에 이르러서는 사림정치를 실현할 수 있게 됐다. '영남이 인재의 보고다'라든지 '조선 인재는 절반이 영남에 있다'라는 소리를 듣게 된 것은 이러한 정치 상황과 관련된다.

그러나 조선후기에 이르러 과거급제에 대한 영남 유생들의 열망은 한풀 꺾였다. 영남은 당색으로는 남인에 해당됐는데, 남인은 서인의 주도 하에 인조반정을 성사시키고 연립정권을 구성했지만 효종과 현종대에 이르기까지 서인세력에 밀려 약세를 면치 못하다가 숙종 초반에 이르러서야 겨우 정권을 장악할 수 있었다. 그러나 그것도 오래가지 못해 서인과 남인이 정국 독점을 번갈아 이어가다가 숙종 20년에는 서인에게 정권을 내주면서 영남 남인은 중앙 정치의 핵심에서 밀려났다.

이후 탕평정치를 거쳐 세도정치기에 이르기까지, 중앙 정치는 지역적으로는 서울, 당색으로는 노론과 소론, 혈연으로는 국왕의 외척을 중심으로 한 몇몇 유력한 가문이 좌우하게 되었다. 이런 가운데 특히 시험 정보나 과목 등에서 서울 출신에게 절대적으로 유리했던 친림시와 같은 시험에서는 영남 등 지방 출신의 유생들이 급제할 가능성이 거의 없어졌다. 다만 식년시, 증광시, 별시 등과 같이 초시가 실시되는 과거시험에서만 급제를 조금 기대할 수 있었다. 이제 지방은 정치세력 형성의 기반이라는 의미가 거의 탈색된 채 행정적 통제와 관리의 대상, 즉 '시골'로만 남게 되었다. 따라서 지방의 유생들도 새로운 자기 확인을 모색하지 않을 수 없었다.

급제자의 금의환향 길

과거에 급제했다는 것은 조선을 이끄는 핵심 엘리트의 자격을 획득했다는 의미였다. 따라서 급제자의 귀향길은 그 위상에 걸맞은 다채로운 의식과 축하행사를 동반했다.

문과를 비롯한 과거시험의 합격 증서 수여식은 창방의唱榜儀 또는 방방의放榜儀라고 불렀다. 이 행사는 국왕이 직접 참석하고 문반과 무반의 모든 관료와 급제자의 부모 형제들이 참관한 가운데 성대하게 거행되었다. 문과 급제자는 오른쪽, 무과 급제자는 왼쪽에 정렬한 뒤, 호명에 따라서 국왕에게 사배례四拜禮를 올리고 합격 증서를 비롯해 술과 과일 등을 하사받았다. 또한 이후 시가행진에서 선보일 어사화御史花와 일산日傘도 하사받았다.

창방의가 끝나면 의정부에서는 곧바로 급제자들을 위해 은영연恩榮宴이라는 축하잔치를 베풀었다. 이 잔치는 당상에 시험을 주관했던 시관들을 앉히고, 당상에 이르는 계단을 중심으로 동쪽에 문과 급제자, 서쪽에 무과 급제자를 각각 성적순으로 앉혔다. 악공이 연주하는 가운데 기생들은 술을 권하고 재주꾼들은 여러 재주를 보여주며 그간의 노고를 위로했다.

축하행사는 여기서 끝나지 않았다. 다음날에는 문과 급제자들이 무과 급제자들과 함께 문과 장원의 집에 모여서 궁궐로 나아가 국왕에게 사은 례謝恩禮를 올렸다. 또 그다음날에는 무과 장원의 집에 다함께 모여 성균관 문묘에 가서 공자의 신위에 참배하는 알성례謁聖禮를 행했다. 뿐만 아니라 사흘 동안 시가행진도 했다. 유가遊街라고 불리는 이 행사는, 요즈음으로 치면 해외의 스포츠경기에서 메달을 획득해온 선수들을 무개차에 태우고 시청을 중심으로 축하행진을 벌이는 것과 유사했다.

유가를 할 때 앞에서는 천동天童이 길을 인도하고 악수樂手가 풍악을 울리면, 비단옷에 갖가지 꽃을 장식하고 황초립에 공작 깃털을 꽂은 광대가 풍악에 맞춰 춤을 추고 재주를 넘어 흥을 한껏 돋웠다. 어사화를 꽂은 급제자는 말을 타고 그 뒤를 서서히 따르면서 일가친척을 찾아다녔다.

지방 출신 급제자들은 서울에서의 유가를 마치면 광대들과 함께 고향에 돌아갔다. 각 지방에서는 급제자가 귀향하는 날 고을 사람과 관리들이 모두 나아가 환영했고, 급제자들은 자기 고향에서도 유가를 했다. 유가가 끝나면 급제자들은 부모와 동네 어른들이 참석한 가운데 홍패를 모시고 일생의 만사형통을 비는 '홍패 고사'를 지냈다. 광대들이 잔치 분위기를 돋우었음은 물론이다. 뿐만 아니라 고을 수령은 급제자와 그의 부모를 관아에 초대해 주연을 베풀었고, 부모가 안 계신 급제자에게는 제물을 마련해주어 부모님 묘소를 찾도록 하는 등 세심한 배려를 아끼지 않았다. 장차 국가와 사회를 이끌어갈 급제자를 배출한 것은, 한 개인이

〈삼일유가〉, 전 김홍도, 조선후기, 비단에 채색, 53.9×35.2cm, 국립중앙박물관 소장.

나 가문뿐만 아니라 그 지역의 영광이기도 했다.

낙방자의 좌절, 유람과 새로운 자기 확인

급제자의 금의환향길과 달리 낙방자들은 절망과 좌절 속에 귀향길에 올랐다. 밀양 출신으로 이후 영남 사림의 태두로 불렸던 김종직은 16세에 과거에 응시해 백룡부白龍賦를 지었지만 낙방했다. 이때 대제학 김수온이 낙방한 시권을 나눠주면서 "훗날 문형文衡을 담당할 솜씨다"라고 칭찬하고, 낙방을 애석하게 여겼다. 그리고는 그 시권을 세종에게 가지고 들어가 김종직을 영산靈山의 훈도訓導로 제수받게 했다.

그러나 김종직은 귀향하면서 한강 제천정濟川亭의 기둥 위에 "눈 속의 한매와 비 내린 후의 산은, 말하기는 쉬워도 그리기는 어려워라. 시인의 눈에 들지 않을 것을 일찍 알았던들, 차라리 연지燕脂 잡아 모란 그릴 것을"이라는 시를 지었다. 어린 나이에 과거에 응시해 대제학에게 기대할 만한 재목이라는 호평을 받았지만, 낙방에 좌절하는 데는 나이 구분이 없었다.

안동 출신의 유생 유우잠(1575~1635)도 문경새재의 마루에 올라 "지난해 새재에서 비를 만나 묵었더니, 올해는 새재에서 비를 만나 지나갔네. 해마다 여름비, 해마다 과객 신세. 필경엔 허망한 명성으로 무엇을 이룰 수 있을까?"라고 자신의 좌절감을 절절히 표현했다. 유우잠은 이후 아들 유직이 인조 8년(1630) 생원진사시에 입격하자 자신이 못다 이룬 꿈을 아들이 이룰 수 있을 것이라는 희망을 안고 살아갔지만, 아들도 과거에 급제하지 못함으로써 대를 이어 좌절을 맛봐야 했다.

이황의 손자인 이봉원 역시 과거에 낙방했다. 이황의 제자이자 조선통신사로 일본에 파견되었던 김성일이 이봉원의 귀향길을 전송하면서 "십 년 동안 남은 힘에 과거시험 공부했고, 가정에서 시례 배워 견문도 많았다네. (…) 즐거이 고향 가서 하던 공부 다시 하고, 궁달窮達로 마음에 누 끼치지 말지어다"라고 위로했다. 이봉원은 이 시를 가슴에 품고 문경새재를 넘어 집으로 돌아왔지만, 이후에도 과거에 급제하지 못했다. 결국 김성일의 위로는 평생의 위로로 남게 되었다.

낙방자들이 모두 좌절과 허탈한 마음으로 곧바로 귀향한 것은 아니었다. 그들 가운데는 명승지를 유람하다가 귀향한 이도 있었는데, 그것은 순조 때의 기행문인 「도담행정기島潭行程記」에 잘 나타나 있다.

순조 23년(1823) 4월, 정시의 시험 결과가 발표됐다. 서울에 살던 한진호는 충청도에 살던 그의 처가 식구 정혜교, 정수교 등과 절친한 친구들 이철유, 김영은, 권래수 등이 모두 자기처럼 낙방의 비운을 안고 쓸쓸하게 행장을 차려 집으로 돌아가야 할 형편이 되자, "이 기회에 배 한 척을 내어 평소의 숙원이었던 단양팔경의 유람에 함께 나서자"라고 제의했다. 모두 동의해서 이루어진 유람은 4월 12일부터 5월 13일까지 27일 동안이었으며, 기행문은 『동국지리지』의 저자 한백겸의 후손인 한진호가 담당했다.

일행은 4월 12일에 출발하면서 "친한 벗들이 함께 서운해하면서 길에 오르던 날, 시골 마을에 먼저 낙방한 사람의 이름을 전하네"라는 시구를 떠올렸다. 혹시나 급제했을지 모른다고 기대하며 축하행사를 준비하고 있을 고향의 부모와 친척, 고을 수령 등에게 낙방 소식이 전해졌을 것을 생각하면 마음이 편치 않았다.

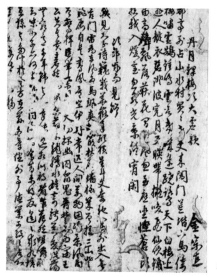

김종직의 편지 필적.

그러나 서울을 떠나 뚝섬, 팔당, 양수리, 마현, 여주, 단양, 제천 등의 코스를 거치면서 명소에서는 선인들의 시구나 기록들을 회고하고, 배에서 자거나 일행의 고향집 또는 친척집에 머물기도 하고, 오랜만에 또다른 친척과도 상봉해 서로 정감을 나누기도 했다. 그들은 배 안이나 명승지, 숙소 등에서 서로 제시題詩하여 담소를 나누고, 때로는 난간을 치며 큰소리로 자작시를 낭송하거나 흥을 돋우고 노래를 부르기도 했다.

4월 14일 일행은 양수리를 벗어난 강촌에서 생선 네 마리를 사서 아침 반찬을 만들어 먹으며, "희고 흰 강 물고기가 반찬으로 올라오네"라는 두보의 시를 읊조리며 아름다운 풍미에 젖었다. 그동안 과거 공부를 하면서 잊고 지냈던 자연의 아름다움을 되살리고, 낙방했다는 현실을 잠시 잊기도 했다. 서울에서는 방방의와 유가 등 급제자들을 위한 각종 의식과 축하행사가 진행되고 있었을 4월 19일에 이르러 유람 일행은 "이렇듯 강호에 유락해 낭만에 젖으니 낙방의 비탄도 잊어버렸다"라고 기록했다.

그러나 4월 26일 단양팔경 중의 하나인 사인암으로 향하던 일행은 다시금 현실을 깨달았다. 사인암으로 가기 위해서는 큰 논을 넘어서야 했는데, 들판에 가득한 농부들이 모내기에 급급해하면서 농사시기를 놓칠까봐 두려워하고 있는 것을 보고 "저 사람들은 힘들여 일하는데 우리는 한가하기가 이와 같으니 부끄러움을 이기지 못하겠다"라고 하면서 씁쓸한 현실을 되새겼던 것이다.

자신들의 본분을 자각한 일행은 유람이 끝나가던 5월 11일, 마현에 있는 정약용의 집에 들렀다. 그들은 이미 유람을 시작하던 무렵 여기에 들러 운서韻書를 빌리기도 했다. 다시 찾은 그곳에서 일행은 정약용이 춘천을 여행하면서 지었던 기행시문을 빌려 읽고, 자신들이 쓴 기행문과 비교하며 더욱 열심히 공부하겠다는 의지를 다졌다.

이후 단양팔경을 유람했던 일행 중에서 오직 한진호만이 같은 해 9월에 열린 정시에서 급제했을 뿐, 나머지 유생들은 끝끝내 급제하지 못했다. 서울과 지방 유생이 급제하는 시험이 현저히 분화되고, 지방 유생들의 급제가 거의 불가능해진 당시의 현실이 여기에서도 확인된다. 그러나 단양팔경 유람은 급제하지 못한 나머지 유생들의 절망을 한순간이나마 날려주었다. 뿐만 아니라 급제를 통해 관료가 되기 어려운 현실 속에서 자기 고향, 지역사회의 유생으로서 역할을 고민해보는 하나의 계기가 됐을 것이다.

이상과 현실 속에서 새로운 정체성을 찾고자 했던 지방 유생의 노력은 예천 유생 박득령(1808~1886)이 쓴 일기 『저상일월』에서 찾아볼 수 있다. 그

과거에 낙방한 자들은 바로 귀가하지 않고 한양의 명승지를 두루 유람하기도 했는데, 송파진은 대표적인 장소
였다. 송파나루는 서울과 광주(廣州)를 잇는 중요한 나루로 정면에 보이는 큰 기와집이 관할 관리가 머물던 관
사이며, 그 뒤로 보이는 것이 남한산성이고 맨 왼쪽 원경(遠景)으로 잡힌 산은 검단산이다. 우측 민가 위쪽으
로 푸른 기와를 얹은 삼전도비각도 보인다. 〈송파진〉, 정선, 1741, 견본채색, 20.1×31.5㎝, 간송미술관 소장

19세기 초 이방운의 서화첩《사군강산참선수석첩》속의〈사인암〉.

는 급제의 가능성이 조금이라도 남아 있던 식년시의 복시에 응시하기 위해 1834년, 1836년, 1839년, 1844년 네 번에 걸쳐 경상도 향시를 봤는데, 향시에조차 입격하지 못해 끝내 식년시 급제의 꿈이 좌절됐다. 박득령은 별시에도 열심히 응시했다. 그가 서울에 올라가 응시한 별시만 해도 1835년 춘당대시, 1836년 정시, 1837년 춘당대시, 1839년 춘당대시, 1846년 정시, 1847년 알성시, 1848년 정시 등 일곱 번이었다. 그는 별시에서도 급제하지 못했다. 결국 박득령은 26세부터 거의 매년 과거시험에 응시하다가 40세를 끝으로 더이상의 응시를 포기하게 됐다.

박득령은 예천의 천석꾼 지주 집안의 맏아들로서 농업을 직접 경영했고, 모든 정성을 여기에 쏟았다. 일기에 따르면 그의 본업은 지주로서의 농업 경영이며 과거 응시는 부업인 듯 여겨질 정도다. 땅에서는 확실한 수확물이 나왔지만, 과거에 급제한다는 것은 보장되지 않았던 현실 상황을 반영한다. 박득령이 한창 젊은 시절에 서울에 자주 올라가 과거시험에 응시하는 열의를 보였던 것은, 그 역시 인간이기에 혹시나 하는 기대를 가졌기 때문이다.

그의 과거 응시에는 또다른 부수적 효과도 있었다. 그것은 서울문화 체험이다. 1837년 8월 춘당대시에 응시하기 위해 상경한 박득령은 여관에서 자신이 맡았던 친구의 노자까지 몽땅 도둑을 맞았다. 그러나 그는 고발 한번 해보지 못하고 "서울 인심이 이러하니 매우 두렵다"라고 표현한다. 그는 "미동美洞 이진사 집을 방문했는데 하도 붙잡는 바람에 그 집에서 잤다. 그런데 알고 보니 이 집에서는 지난 3월부터 지금까지 하루에 한 끼만 밥을 먹어왔다고 한다. 매우 어려운 것이 분명하다"라는 일기도 썼다. 같은 고향 출신의 이진사가 서울에서 매우 어렵게 살고 있는 상

박득령의 『저상일월』

황을 알게 되면서, 과거에 급제하기 위해 모든 것을 다 바친다는 것이 얼마나 비현실적인가를 깨닫고 자신이 농업 경영에 주력하고 있음에 안도하며 가슴을 쓸어내렸다.

그는 이때 서소문 밖에서 천주교도의 목이 잘렸다는 소식에 접하고, 종로 거리에 나가서 서울 시가를 구경하기도 했다. 종로에서는 "바다가 육지로 변한 것같이 달라지고 있었다"라는 느낌을 전한다. 당시 서울의 인구는 하루가 다르게 늘어나 30만을 넘었고, 사대문 밖까지 인가가 빽빽하게 들어서는 변화를 보였다. 그리고 종로 바닥에는 무허가 상점들이 난립해 왕래하는 행인들로 발 디딜 틈이 없었다. 이러한 서울의 커다란 변화에 대해 지주로서의 박득령은 실로 많은 생각을 하게 됐을 것이다.

박득령의 서울 문화 체험은 그가 귀향한 뒤 곧 그의 고향과 주변 지역에 상세히 전해졌을 것으로 보인다. 박득령은 마지막으로 서울에 올라가 과거시험에 응시했던 1848년 이후, 계속 다른 사람으로부터 과거급제 결과를 비롯한 서울의 중요한 소식을 전해 듣고 있었다. 이제 지방은 '시골'로 전락해버려서, 서울의 정치와 문화에 대한 정확한 소식이나 정보를 얻어듣고자 해도 그 전달자가 한정되었기 때문에, 자신이 체험한 서울의 문화와 정보를 유포하면서 자신의 위상을 지키고자 하는 박득령 같은 사람들이 계속 출현했을 것이다.

결국 매우 어려운 상황이 됐지만 지방 유생들은 과거 응시를 위해 꾸준히 서울로 올라와 그들 나름대로 서울 문화도 체험하면서 새로운 자기 확인을 모색했다. 그들은 자신의 고향과 그 주변 지역사회에 자신이 체험한 서울의 인심과 문화를 생생하게 전달함으로써 여전히 지식인으로서의 자기 존재 의의를 확인하고자 했다.

향촌양반에게 과거급제는 무엇이었을까 — ●

"양반들도 이렇게 힘들었느니……"

최근 들어 조선시대 미시사, 생활사 연구가 붐을 이루고 있다. 그 대표적인 성과가 16세기에 활동한 이문건(1494~1567)의 『묵재일기』를 중심으로 이루어진 혼인과 가족관계, 노비의 사환과 신공수취, 제사설행, 출산과 생육, 양잠업 등에 관한 연구들이다. 유희춘(1513~1577)의 『미암일기』를 중심으로 한 연구들도 상당히 많이 진행되고 있다.

그러나 조선중기를 지나 18세기에 오면 양반들의 일상적 삶이 어떠했는지 잘 알려져 있지 않다. 특히 18세기는 왜란과 호란으로 인한 피해를 복구하고 국가 재정비 사업이 일단락된 시기로서, 숙종의 왕권 강화를 위한 잦은 환국으로 인한 폐해가 나타나기도 했지만, 치열한 정책 대결 속에서 국가 발전이 가속화되기 시작한 때다. 부세 제도의 개혁, 상업의 발달 등은 신분제도의 변화를 초래해 양반이 늘어났다.

또한 17세기 중엽을 전후해 적장자 중심의 부계친족체계로 사회가 변화했고, 이를 중심으로 한 동족 마을의 현성, 확산과 같은 향촌계의 변화가 있었는데, 이 속에서 생활하던 양반들은 이런 변화를 어떻게 받아들이면서 생활했을까. 최근 발굴된 이준(1686~1740)의 『도재일기』에 그 실상이 나타나 있다.

이준은 숙종 12년에 태어나 영조 16년에 사망하기까지 전라도 함평에 거주한 향촌 양반이다. 그의 삶은 신산스럽기 짝이 없고, 불운과 고통의 연속이었다. 그는 평생 17회에 걸쳐 과거에 응시했지만, 결국 모두 떨어지고 관직에 진출하지 못했다. 경종 2년에 3등을 하고 영조 5년에 간신히 턱걸이한 것 외에는 모두 떨어졌다. 일기에는 과거시험과 관련한 대목이 많이 나와 논문에 인용돼 있으니, 그중 한 대목을 보면 이렇다.

"영조 2년 9월 4일. 안치량의 아우가 와서 전하기를 방음榜音이 이미 나왔는데

문경새재를 넘는 장원급제길 중간중간에는 이렇게 생긴 돌탑이 듬성듬성 계속 나타난다. 과거급제를 염원하는 마음으로 다가오기보다는 계속되는 낙방의 절망이 혹을 이룬 느낌이다.

모두 유력자라고 했다. 깨닫지 못하는 사이에 놀라 말없이 말이 가는 대로 맡겼더니 회율을 지나갔다가 집에 도착하니 이미 초경 무렵이었다. 아픔과 분함을 참으며 집에 있던 사람에게 말할 것이 없었다."

경쟁률 자체가 천문학적인 수치인데, 거기다 줄을 대는 이가 많았으니 과거급제가 얼마나 어려웠을지는 짐작이 간다. 하지만 일기 속의 문장과 감정을 통해 볼 때 그가 그리 총명하지 못한 사람이라는 걸 알 수 있다. 따라서 이 당시 과거가 권문세가에 의해 좌지우지됐다고 단정 짓는 것은 성급하다. 인조반정을 주도한 최명길은 1, 2, 3차 시험을 한 해에 모두 통과했는데, 최명길의 상황 판단과 문장력은 가히 천재의 그것이었다.

아무튼 과거에 매번 낙방하기만 하던 이준은 경제적 사정도 그리 좋지 않았다. 효종 9년에 시작된 대동법 때문에 세금을 추가로 납부하게 되자 지주로서 부담이 컸던 것으로 기록돼 있다. 이준은 대동미를 운송해 납부한 후 "눈을 뽑고 못을 박는 느낌"이라고 적었다.

이준 역시 조선후기 만연했던 노비의 도망으로 고생했으며, 도망간 노비를 잡으러 다니는 게 일과의 하나일 정도였다. 도망간 노비를 수소문해서 찾아가니 아이들을 여럿 퍼질러놓고 사는 꼴이 말이 아닌 경우도 있었다. 붙잡고 얘기하니 사연은 구만리장천이다. 지난 일을 용서하고 다시 집에 들이려 해도 입이 느는지라 이것도 힘들고, 그렇다고 이웃집에 팔자니 사기를 당할까봐 어쩌지도 못했다는 기록도 있다.

이준이 일기를 남긴 숙종 43년(1717)부터 영조 7년(1731)에 이르기까지 그를 가장 괴롭혔던 것은 가족과 자신의 질병이었다. 17세기에서 18세기에 걸쳐 자주 전염병이 유행했는데, 전라도 함평지방 역시 예외는 아니었다. 실제 『도재일기』에는 왕조실록 등의 정사류에 등장하는 것보다 훨씬 많은 전염병이 기록돼 있는데 대부분 천연두, 홍역, 학질(말라리아)이고 독감 종류도 있다. 다 못 먹어서 걸리는 병이다. 가뭄과 홍수 등의 기상재해가 흉년을 부르고 흉년과 기아가 전염병을 부르는 것이다.

특히 이준 일가를 괴롭힌 것은 천연두였다. 이는 치사율이 매우 높다. 숙종 46년(1720) 3월 5일 형이 병이 났는데, 7일에는 홍두紅痘라고 판단했으나 9일 발진이 드러난 자리가 더욱 빛나고 부은 증상이 있어 곧 대두大痘(천연두)임을 알았고, 얼굴과 목에 물집이 잡히고 누런 진액이 고였다고 기록한다. 17일에는 형님의 딸이 홍역을 치렀고, 그 사이에 이준의 어린 딸도 홍두의 여열로 사망했다. 그리고 영조 3년(1727)에 다시 천연두가 돌아 딸과 종손인 명설命說이가 사망했다.

몇 달 사이에 외가의 숙부, 표종과 그 아내, 아들이 모두 사망했다. 그다음엔 부인이 학질에 걸려 모진 고통을 겪었으며, 영조 2년엔 장모가 집에 와 살다가 전염병에 걸려 사망했고, 이준도 결국 영조 2년 3월 11일 병에 걸리고 말았다.

이준은 이런 삶의 고통 때문에 종교적인 삶에 귀의하게 된다. 유학자답게 그는 주역 등에 주로 의지하지만, 점괘도 꽤 보았고 불교에도 친숙해, 집 안에 승려들이 와서 하루 종일 염불을 하는 바람에 뒷방 마루에 피신해 글을 읽었다는 구절도 눈에 띤다.

이렇듯 향촌 양반 이준의 『도재일기』에는 상당 부분 조문과 제사에 대한 기록으로 채워져 있다. 그만큼 주변 사람들이 많이 죽었고, 과거에는 계속 떨어지고, 나중에는 승려들의 삶이 차라리 부럽다는 식의 언급도 등장한다. 이것이 과연 그 시대 지방 사족의 보편적 모습이었을까. 학계의 좀더 많은 사례 연구가 필요하다.

※아래 논문을 발췌 정리한 글입니다
김영미, 「18세기 전반 향촌 양반의 삶과 신앙」, 『사학연구』 82호, 2006

마중길

어느 지방 수령의 손님맞이

이선희

손님을 맞이하고 보내는 행위는 사람살이에서는 늘 일상적으로 반복된다. 그러나 예법의 나라라고 할 만큼 예가 중요시되었던 조선시대에는 이 또한 정해진 절차와 법도가 있었다. 조선의 양반은 사람 간 사귐에는 도로써 하고 접대는 예로써 한다는 생각이 강했다. 예를 갖춘 손님맞이는 개인 간 접대뿐만 아니라 九등급으로 나뉜 관직 서열 간의 접대에도 마찬가지였다.

조선시대에는 양반이라면 찾아온 손님을 마당에 나가 맞이하는 것을 예로 알았다. 또한 마당에서 맞이한 손님을 주인이 이끌어 방까지 드는 데도 일정한 예가 있었다. 한옥은 구조상 마당에서 방까지 짧지만 몇 개의 공간으로 나뉜다. 마당을 지나 계단을 오르면 마루가 있고, 마루를 거쳐 방문을 지나 비로소 방에 들게 된다. 이렇듯 주인을 찾은 손님은 방까지 이르는 데 마당, 계단, 마루, 방문이라는 네 단계를 거치기 마련이다. 따라서 네 단계마다의 손님맞이 예법이 있었다. 우선 주인과 손님이 처하는 방위가 정해져 있어 주인은 동쪽을, 손님은 서쪽을 이용했다. 다음으로 주인과 손님이 매 공간마다 바로 들어서지 않고 서로 양보하는 몸짓과 말을 한 후 주인이 올랐다. 예컨대 계단을 오르내릴 때 주인은 동쪽 계단으로, 손님은 서쪽 계단으로 올랐다. 계단을 오를 때에도 서로 계단 오르는 것을 사양한 후에야 주인이 먼저 올랐고 손님이 뒤따랐다. 이와 같은 방식으로 주인과 손님은 계단을 올라 마루에, 마루에 올라 방문에,

방문에서 방으로 드는 것을 집 안에서의 '손님맞이 예법'으로 삼았다.

그게 우리네 사는 예인 것을

유학적 예법에서는 방위에도 높고 낮음이 있었다. 따라서 계단을 오르는 방향도 각기 입장과 관품의 고하에 따라 상황에 맞게 바꿔 적용했다. 손님이 주인보다 관품이 낮을 때는 손님이 동쪽 계단을 택했는데 주인이 여러 차례 사양한 후에야 손님이 서쪽 계단을 올랐다.

하지만 양반이라도 이와 같은 세밀한 절차를 모든 손님에게 갖춘 것은 아니었다. 우선 주인보다 어린 손님이 찾아오면 그 손님의 첫 방문 때만 이처럼 했다. 또 가까운 이웃에 살면서 자주 드나드는 경우에는 그냥 방에서 일어나 손님을 맞이했다. 때문에 계단, 마루, 방문에서 행하는 예법을 생략할 수 있었다. 다만 웃어른이 방문했을 때는 도포를 갖춰 입고 맞이했다.

집 안에서의 손님맞이 예는 어른의 행동을 봄으로써 아이들에게 자연스럽게 익혀졌다. 아울러 가정 예법은 글로써 정리돼 당대는 물론 후대로 이어지며 유지됐다. 반면 관리들의 손님맞이는 성종 때 완성된 법전인 『경국대전』 「예전禮典」편에 상세하게 규정돼 있었다. 관리들은 서울이든 지방이든 관청을 찾은 손님의 신분고하에 따라 정해진 법식대로 맞이하고 보내야 했다.

관리들의 손님맞이도 집 안에서처럼 대문에서부터 대청까지 구역이 나뉘어져 있었다. 물론 각기 자리 잡는 방위가 정해져 있었다. 맞이할 때는 남쪽이 상석이고 보낼 때는 북쪽이 상석이다. 공간 역시 맞이하는 단계에 따라 계단 아래, 중문 안, 중문 밖, 대문 밖 등 네 구역으로 나뉘어 있었다. 맞이하는 관리가 찾아온 관리를 마중하는 위치는 상호 간의 관품 격차가 클수록 점점 안에서 밖으로 향했다. 예컨대 7품 이하가 5, 6품을 맞이할 때는 계단 아래에서 했지만 3, 4품을 맞이할 때는 중문 안에서, 2품일 때는 중문 밖 그리고 1품일 때는 대문 밖에서 해당 상관을 맞이해야 했다.

어느 수령의 손님맞이

조선시대 손님맞이는 사적이든 공적이든 생활 속에서 끊임없이 반복되는 일상이었다. 하지만 반복되는 것은 집 안이나 관청이라는 공간과 정해진 예법이었다. 손님들이 개인을 찾은 이유나 관아를 방문한 사연은 각양각색이었다. 때문에 손님맞이 길은 역사 속의 어떤 길보다 짧으면서도 여러 이야기를 담고 있다. 사람이 오가는 곳에는 이야기가 있고 그 속에는 미약하게나마 당시 사회의 모습이 스며 있었다.

이유간(1550~1634)이 수령이 돼 천안에 부임한 것은 임진왜란의 광풍이 지나간 11년째, 그리고 광해군이 왕위에 오른 후 두 해가 지난 1609년 12월 말이었다. 천안에 부임할 당시 이유간의 나이는 이미 예순이었다. 그는 부임한 지 3년이 넘은 1613년 3월에 나이를 이유로 스스로 사직했다. 이유간은 천안에 있는 동안 하루도 빠짐없이 매일매일의 업무 내용과 그가 만난 인물을 기록했다. 스스로 밝히기를, 일기를 쓰는 것은 그날그날 출입한 벗을 기록해 후일에 살피기 위함이라고 했다. 그만큼 그의 기록에는 인물이 상세하고 매일의 손님맞이가 자세하다.

정성과 격식을 다하다

수령이 치러야 하는 손님 중 가
장 어렵고 정성과 격식을 잘 갖춰
야 하는 손님은 직속상관인 관찰사
였다. 한 도의 전권을 담당한 관찰
사는 도내 여러 고을의 수령을 직
접 감독하고 인사고과를 처리하는
역할을 맡았다. 조선은 초기부터 왕
은 관찰사를, 관찰사는 수령을, 수
령은 백성을 각각 잘 다스릴 때만이
나라가 온전하게 운영될 수 있다고
여겼기 때문이다.

하지만 오늘 이유간은 한껏 부푼
가슴이었다. 관찰사를 맞이하는 어
려운 하루가 될 것임에도 그의 발걸
음은 가볍기만 했다. '정엽을 만난
다…….' 이유간의 어릴 적부터 동

임진왜란 후 쇄환(刷還)인구 요청건 등에 대해 예조참의 정
엽(鄭曄)이 평조신(平調信)에게 보낸 답서에 대한 기록. 정
엽은 임란 이후의 조선사회를 엄격하게 정찰한 대쪽 관찰사
였다.

무였던 정엽(1563~1625)이 신임 충청도 관찰사가 돼 부임하는 날이었다.

이유간이 천안에 부임할 때 있던 관찰사는 "거칠고 비루하며 염치가
없다"는 평을 받는 사람이었다. 이유간도 그의 편지를 받아보니 거만하
고 자기 과시가 많은 사람임을 알 수 있었다. 관할 내 수령으로서 그런
인물을 상관으로 모시려니 이유간의 마음은 착잡하기만 했다. 그런데 얼
마 되지 않아 관찰사가 무슨 사연인지 알 수 없지만 스스로 사직서를 제

하늘에서 내려다본 시점으로 조선의
마을을 사실적으로 묘사했다. 고을의
주요 건물은 성으로 둘러싸여 있고
중문을 빠져나오면 논과 대로가 펼쳐
진다. 다시 맨 바깥문을 나오면 마을
전체를 싸고 도는 개천과 만나는 구
조다. 부드러운 곡선의 마을길이 서
로 교차하고 뻗어나가는 모습이 우아
하기 이를 데 없다. 한 수령이 다스렸
던 마을의 규모가 어느 정도였는지
알 수 있다.

출했다는 소식이 전해졌다. 관찰사가 제출한 사직서는 그대로 받아들여져 결국 1610년 윤3월 10일에 정엽이 새 관찰사로 정해졌다. 그가 새로 선출됐다는 소식은 3일이 지난 후에야 이유간에게 전해졌다. 천안과 서울의 거리가 말로 이동해도 꼬박 이틀이 걸리는 때였으니 제법 빨리 반가운 소식을 전해들은 셈이었다.

이유간이 이토록 새 관찰사를 반기는 이유는 그가 자신과 친분이 있기 때문만은 아니었다. 정엽은 옛 성현에 비견될 만큼 현명한 사람이었다. 정엽의 현명함과 높은 학덕은 두루 세상에 알려져서 그가 죽은 후 반혼返魂(장례를 치른 후 신주를 모시고 돌아옴)할 때 이를 맞이해 곡을 한 자가 대신大臣 이하만 해도 160여 명이나 될 정도였다. 이유간은 평소 정엽의 높은 인품을 늘 사모하듯 칭송했었다. 그렇기에 친분을 떠나 한 고을의 수령으로서 더할나위없이 반갑게 생각했다. 이유간의 생각에는 왕명을 대신할 관찰사가 어질고 현명하다는 것보다 백성에게 더 좋은 일은 없을 것이라고 여겨졌기 때문이다.

정엽은 현명할 뿐 아니라 의기가 강한 사람이었다. 그는 사사로운 이해관계로 일을 그르칠 사람이 아니었기에 백성에게는 다행스럽기 그지없었다. 정엽의 공명정대함은 이유간과의 교분에도 흔들리지 않았다. 이유간의 장남인 이경직(1577~1640)이 황해도사가 돼 의주에서 관직생활을 한 적이 있었다. 이유간은 관직을 그만두고 서울 본가에 머물던 때였다. 그의 친우들은 그가 노년의 나이로 장남을 먼 지방에 두는 것을 안타까워했다. 결국 친한 친구들이 나서서 이경직을 한양으로 오게 하려는 노력을 기울였다. 연평과 조수초 등이 임금에게 이경직의 파직을 간청한 것이다. 그와 교분이 있는 사람이라면 누구나 반기는 일이었지만 당시 대

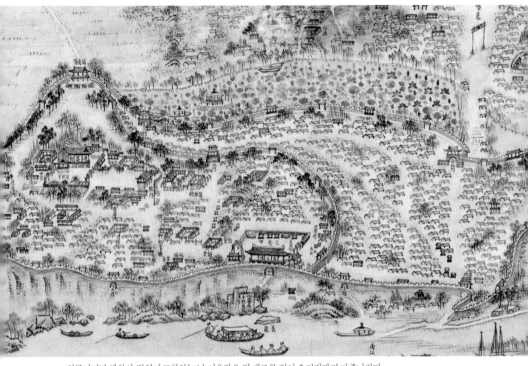

친구이지만 관찰사 정엽이 도착하는 날 이유간은 긴 대로를 걸어 오리정까지 마중나갔다.

사성의 자리에 있던 정엽만은 이를 공평치 않다는 이유로 반대했다.

신임 관찰사가 정해지자 관례에 따라 충청감영의 영리營吏와 역자驛子가 윤3월 17일 서울로 향했다. 감영의 관속이 직접 신임 관찰사를 모셔오기 위해서였다. 충청감영은 공주에 있었는데 공주에서 서울로 가려면 천안을 거쳐야 했다. 때문에 이유간이 이들을 만날 수 있었다. 그로부터 보름 후 정엽의 부임 행차가 천안에 도착했다. 그사이 신임 관찰사의 일정에 대해서는 서울에 머물며 천안과 관련된 여러 일을 담당한 경방자京房子가 지금의 보고서격인 고목告目을 통해 수시로 전해왔다.

객사에서 예를 행하다

드디어 정엽이 천안에 도착하는 날, 이유간은 미리 천안 경계에 사람을 보내 큰 깃발을 세워 신임 관찰사의 행차를 맞이하도록 했다. 그는 법률에 정한 바대로 조복朝服을 입고 여러 향리의 대표 각 한 명씩을 대동하고 오리정으로 향했다. 오리정에는 신임 관찰사의 일행이 도착하기에 앞서 장막이 설치됐다. 드디어 정엽 일행이 오리정에 도착했다. 이유간은 미리 공장空狀을 준비했다. 공장은 관찰사나 병사, 수사 등을 공식적으로 만날 때 드리는 자신의 관직명이 쓰인 종이였다. 함께 따라간 향리들은 공복公服을 입고 땅에 엎드려 관찰사 일행을 맞이했다. 하지만 관찰사라 하더라도 늘 이와 같이 맞이하는 것은 아니었다. 수령은 관찰사가 부임하는 첫 방문에만 이런 예법을 행했다. 관찰사가 부임한 후 다시 수령을 찾는 경우는 대부분 순행巡行 때였다. 관찰사는 수령을 감독하고 백성의 상황을 직접 살피기 위해 주로 봄가을로 한 번씩 관할 고을들을 순행했다. 관찰사의 순행 행차가 고을에 도착하면 수령은 시복時服을 입고 관아 대문 밖에서 관찰사를 맞이했다. 이때는 수령과 함께 관아의 모든 관속이 대문 앞에서 관찰사를 맞이했다.

이유간은 정엽 일행과 함께 관아로 왔다. 아직 관찰사를 맞이하는 예식이 끝난 것이 아니었다. 지방관아에는 객사客舍라는 건물이 있었다. 객사에는 정청政廳이 있는데 이곳에는 임금을 상징하는 전패殿牌가 모셔져 있었다. 궁궐로부터 멀리 떨어져 있는 지방관은 정해진 때나 경우에 따라 마치 조정에 계신 임금을 알현하듯 객사 정청에서 예식을 거행했다. 예컨대 임금의 글인 교서나 유서 등이 고을에 도착하면 이곳에서 임금에게 절하듯 의식을 치르고 교서 등을 받아들었다. 한편 객사는 공무로 방문한 관리들의 숙소로도 이용됐다. 정엽은 천안의 객사에서 사흘간 머물렀다.

천안 관아에 도착한 정엽이 객사에 들어서서 정청 동쪽 벽에 섰다. 그를 따르던 이유간과 여러 향리, 관속들이 마당에서 절을 했다. 정엽은 바로 방으로 들어가 복장을 바꿔 입고 나왔다. 이제부터는 공사례公私禮를 행할 차례였다. 정엽이 북쪽 벽에 마련된 의자에 앉자 수령, 찰방, 심약, 검률에게서 두 번의 절을 받았다. 다음으로 호장, 기관, 서원이 뜰에서, 다시 그다음에는 교생이 계단 위에서 예를 행했다. 공례는 전체가 함께 하는 인사였는데 공례가 끝나면 사례를 행했다. 사례는 일일이 개인적으로 한 명씩 관찰사에게 인사를 하는 절차였다. 그런데 일일이 거행하는 사례는 시간이 오래 걸리므로 관찰사는 수령 외에는 향리들의 수장首長인 호장의 인사만을 받고 나머지 관속들의 사례는 생략하도록 했다.

정엽이 천안에 도착하기 사흘 전에 구임 관찰사가 서울로 가기 위해 천안을 지나게 됐다. 관찰사는 한 도의 운영에 대한 전권을 행사하는 자리였던 만큼 관찰사에 대한 예우는 그가 구임이어도 현임에 준하는 법식을 따랐다. 이유간은 오리정까지 나가 구임 관찰사를 맞이했다.

이유간이 천안군수로 있는 동안 6명의 관찰사가 있었다. 본래 관찰사의 법적 재임 기간은 360일이었지만 6명 중 1명만이 1년을 채웠을 뿐이다. 결국 이유간은 신임 관찰사의 부임 초행 행차와 구임 관찰사의 환향 행차로 위와 같은 예법을 10회나 치러야 했다. 하지만 이유간이 늘 맞이하고 보낸 손님에 비하면 결코 잦은 횟수도 아니고, 많은 수고로움도 아니었다.

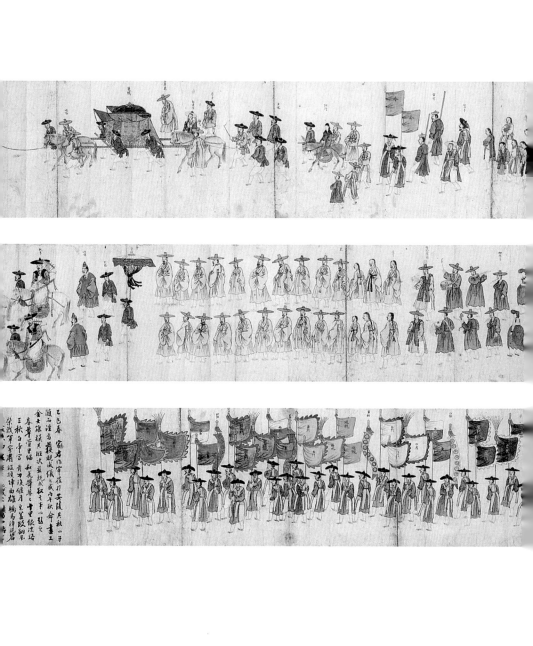

〈안능신영도〉, 전 김홍도, 1786년, 지본담채, 25.3×633.0cm, 국립중앙박물관 소장

신임 관찰사의 마중길은 장대한 행렬을 이루었다. 그중에서도 평안도 관찰사의 부임이 가장 화려했다.

꼬리를 물고 방문하는 손님들

"휴……" 이유간은 긴 한숨을 몰아쉬었다. 하루를 마감하는 의식처럼 그는 붓을 들어 일과를 되짚어 적어내려갔다.

"(1610년 2월) 초4일. 맑음. 찬바람이 크게 붊.
정언 목대흠을 맞이하기 위해 객사 동헌에서 근무했지만 하루 종일 오지 않았다. 이홍벽도 와서 기다렸다. 만호 이극이 연기현에서 돌아왔기에 술을 대접하고 함께 음식을 먹었다. 이극과의 자리가 끝나갈쯤 옥천군수인 이정익이 서울에서 도착했기에 잠시 그와 얘기를 나누고, 숙모와 형호가 그를 보았다. 한림이 초3일에 출발한다는 선문先文이 오후에 도착했다. 정원政院 사령이 내구마內廐馬를 끌고 전주부윤 강복성이 머무는 곳으로 가는데 선정善政한 일에 대한 상으로 하사하는 것이었다. 심사일이 초2일에 배사拜辭했다 하고 진위 수령 이경황과 문의 수령이 직위를 서로 맞바꾸게 됐다고 한다."

이유간이 오늘 관아 동헌에서 근무를 서는 대신 객사 동헌에 근무를 선 것은 어제 도착한 선문 때문이었다. 선문은 본래 나라에서 관리의 여행을 지원하기 위해 여행자에게 발급해준 공문서였는데 나중에 노문路文으로 명칭이 바뀌었다.

관리는 일반 공무는 물론 부임할 때, 사직하고 고향으로 돌아갈 때, 그리고 휴가를 받아 본가로 갈 때도 선문을 발급받았다. 선문에는 여행 일정별로 어디에서 점심과 저녁을 먹는지 어느 역에서 말을 바꾸는지 등이 상세하게 기록돼 있었다. 또한 관리의 관품에 따라 수행하는 인원, 지급받는 말의 수와 말먹이의 양 등이 차등 있게 적용됐다. 관리가 여행을 떠

〈신관도임연회도〉, 필자미상, 19세기, 종이에 채색, 140.2×103.3㎝, 고려대박물관 소장.

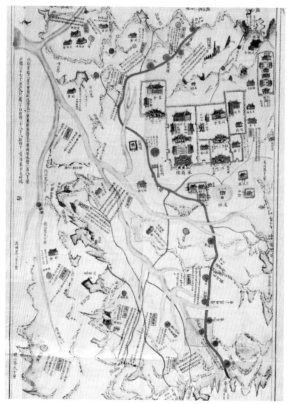

나면 여행 일정에 있는 고을의 수령은 그가 언제 도착하는지 선문을 받고 그에 맞추어 맞이할 준비를 했다. 여행길에 오른 관리는 도로에 마련된 역참과 원院에서 선문에 지정된 지원을 받기도 했지만 직접 수령을 방문해 관아나 객사도 이용했다.

1872년경의 천안군 지도. 차령을 넘어 호남으로 통하는 삼남대로가 굵은 선으로 표시돼 있다.

서울에서 해남까지를 잇는 삼남대로가 천안 관아 옆을 지나고 있었다. 현재의 호남선에 해당하는 삼남대로는 서울에서 부산을 잇는 영남대로와 함께 조선시대 주요 도로망이었다. 더욱이 천안삼거리는 경상감영으로 가는 진천로와 전라감영으로 가는 공주로가 나뉘는 분기점이기도 했다. 때문에 서울과 하삼도를 오가는 여행객과 공무로 왕래하는 관리들이 쉼 없이 천안 관아를 드나들었다. 이런 탓으로 오늘 하루 이유간을 찾은 관리는 도착하지 않은 정언을 빼고라도 만호, 옥천군수, 승정원 사령이었는데 평상시에 비해 그리 많은 날은 아닌 보통 수준의 손님 수였다.

목대흠은 그의 두 형인 목서흠, 목장흠과 함께 모두 과거에 급제해 벼슬이 크게 현달한 인물이었다. 정언은 사간원의 관직으로 간쟁을 담당한다는 점에서 관품보다 높은 의미를 갖는 자리임에 틀림없었다. 이유간에게 목대흠은 집안으로 보나 관직으로 보나 격식을 잘 갖추어야 하는 어려운 손님이었다. 그런 마음에 이유간은 본래 동헌에서 볼 업무를 목대흠이 머물게 될 객사에서 시작했다. 목대흠이 언제 도착하더라도 기꺼이 맞이하기 위한 마음이었다. 이유간의 준비하는 마음이 컸던 만큼 그에게는 어느 때보다도 긴 하루였다. 아침에 도착할 듯하던 목대흠은 점심을 지나 저녁이 되어도 오지 않았다. 결국 목대흠은 그다음날 늦게 도착했다. 뿐만 아니라 이유간은 목대흠이 도착한 날에도 그보다 앞서 도착한 또다른 관리의 선문을 받고 맞이할 준비를 해야 했다.

손님의 사연에 담긴 사회상

이유간이 천안에 부임한 때는 임진왜란이 끝난 지 10년이 넘은 때였다. 그러나 여전히 전란의 아픔은 남아 있었다. 부임한 지 석 달이 다 되어가던 때에 이유간은 관아를 새로 개보수하는 데 여념이 없었다. 그는 종종 공사터에서 백성들의 소송이나 기타 여러 수령의 업무를 살폈다. 이렇게 하면 공사에 총력을 기울이면서도 수령의 업무를 살필 수 있었기 때문이다. 1610년 2월 26일, 그날도 이유간은 아주 이른 아침부터 공사터에서 업무를 보고 있었다. 그런데 아침 식전에 죽주부사 홍명원이 천안에 들어왔다. 이유간은 전갈을 받자마자 급히 관아에 가서 그를 만났다. 홍명원은 바쁜 일정으로 잠시 차만 마시고 바로 공주로 향해야 했다.

그가 길을 나선 이유는 임진왜란 때 죽은 부인이 여산에 임시로 묻혀 있는데 이제야 시신을 이장해 정식으로 묘를 세우려는 것이었다. 이유간은 그의 처가 난리 중에 어떻게 죽음을 맞게 되었는지는 굳이 묻지 않았다. 홍명원 역시 그 사연을 깊이 다 풀어놓지 않았다. 두 사람은 그저 맑은 차 한 잔을 사이에 두고 짧지만 깊은 상념에 빠져들었다. 그들이 직접 겪어야 했던 난리의 어지러움과 이제껏 임시로 초장草葬되어졌던 망자에 대한 안쓰러운 마음이었다.

이유간을 잠시 보고 급히 길을 재촉했던 홍명원은 그로부터 보름이 조금 넘은 3월 12일 다시 천안을 찾았다. 이번에는 처의 상구喪柩와 함께였다. 그러나 이유간은 그다음날이 집안 제삿날이라 재계齋戒 중이었으므로 직접 가보지 못했다. 이유간은 다음날 제사를 모신 후에야 홍명원을 찾아가 예를 갖출 수 있었다.

한편 홍명원이 처음 천안을 지나가기 며칠 전인 2월 20일에 전의현 수령이 천안에 왔다. 전의현은 천안과 맞대어 있는 고을인 그곳 수령이 온 까닭은 살인사건에 대한 처리를 이유간과 함께 하기 위해서였다. 이처럼 두 명의 수령이 형사사건을 조사하고 처리하는 것을 동추同推라 한다.

조선시대 동추는 법의 공정한 준행을 위해 중요했다. 특히 죄목이 커서 사형에 처해야 할 중대한 범죄인 경우 한 명의 수령이 독단으로 조사하거나 법을 적용할 수 없도록 했다. 동추의 횟수는 조선후기에 이르러 지방은 1개월에 세 차례씩 하도록 명문화되었다. 다만 감영으로부터의 거리가 6~7일 정도의 거리에 있는 지역은 두 차례로 했다. 정해진 횟수를 지키지 않은 수령은 추고推考하도록 했다. 수령이 동추를 1차 생략할 경우 태笞 50대, 2차·3차도 생략할 경우는 장杖 100대에 처하도록 했다.

조선시대 태장(笞杖)하는 모습. 수령이 지켜보는 중에 마을 주민들도 몰려와서 구경하고 있다.

이와 같은 규정으로 이유간은 전의 수령과 함께 목천현에서 발생한 살인사건을 조사하게 되었다. 목천현 역시 천안과 맞닿아 있는 지역이었다. 살해당한 자는 목천현에 거주하는 화산이라는 자였다. 화산은 박귀부라는 이웃 사람과 달도 뜨지 않는 그믐날의 어두운 밤길을 따라 온양장시에 가던 중 실종되었다. 화산이 종적을 감추고 나타나지 않자 며칠을 기다리던 화산의 아들이 돌아오지 않는 아버지를 찾기 위해 온양장시로 향했다. 화산의 아들은 온양장시를 샅샅이 뒤졌으나 아버지를 찾지 못하고 낙담하며 전의로 가기 위해 천안을 지나게 되었다. 아들은 그 길목에서 우연히 구덩이에 내팽개쳐진 아버지의 시신을 발견하고 말았다. 시신의 사인을 확인하기 위해 관아에서는 즉시 검시를 시행했다. 시신의 목에는 끈으로 매인 자국이 완연했다. 살인사건임에 틀림없었다. 시신이 발견된 천안의 수령 외에 관찰사는 즉시 동추의 임무를 맡길 차사원差使員으로 전의 수령을 지정했다. 이때부터 천안과 전의의 수령이 동추하게 되었는데 이유간이 천안에 부임하기 이전의 일이었다.

이유간이 천안에 부임했을 때도 살인사건의 조사와 처리는 마무리되지 않은 상태였다. 이유간은 부임한 지 채 한 달도 되지 않아 전의 수령과 동추를 재개했다. 그리고 다시 한 달 정도의 간격을 두고 동추를 하기 위해 전의 수령이 천안을 찾은 것이다. 화산의 친척과 주위 이웃들을 일일이 조사해 화산의 아내가 박귀부와 간통한 사실을 알아낼 수 있었고 박귀부를 추궁해 결국 자백을 받아냈다.

이런 손님, 피하고만 싶다

이유간은 보통의 출근 시간보다 서둘러야 했다. 해마다 음력 3월인 이쯤이 되면 백성들의 곤궁함이 심할 때로 수령인 그에게 무엇보다 중요한 때라 하겠다. 오늘부터 굶주림으로 고생하는 백성에게 환곡을 나눠주는 업무를 시작하려 했다.

보통 때는 묘시(7~9시)에 출근해 유시(5~7시)에 퇴근했지만 이때는 새벽부터 밤까지 계속 일하곤 했다. 환곡 업무는 정해진 짧은 기한에 분급하는 일을 모두 마쳐야 했기 때문이다. 더욱이 동헌에서가 아니라 쌀이 보관된 창고 앞에서 근무해야 했기에 이유간은 곧잘 병이 나기도 했다. 새벽 공기를 가르며 곡식 창고로 향하는 이유간의 머리를 스치는 이가 있었다. '이홍벽……' 그도 모르게 쓴웃음이 묻어나왔다. "또 찾아오겠군." 들릴 듯 말 듯 혼잣말을 내뱉으며 새삼 수령살이의 어려움이 무겁게 느껴졌다.

이홍벽은 어디서 흘러들었는지 알 수 없는 인물이었다. 분명한 것은 천안 사람은 아니라는 점이었다. 이홍벽은 이유간이 부임하고 얼마 후

다른 천안에 거주하는 양반들이 그렇듯 그에게 인사를 왔었다. 그러나 이후 이홍벽은 방문할 때마다 개인적인 청탁을 늘어놓았다. 그의 부탁 중 환곡을 받게 해달라는 청탁이 잦았다. 본래 환곡은 환곡미를 받을 대상자를 미리 정하여 해당자만 창고 앞으로 와서 받아갈 수 있었다. 환곡은 국가에서 행하는 구휼정책이었으므로 그 대상자를 선정하는 것은 공정하고도 투명하게 행해야 했다. 하지만 현실은 그렇지 못했다. 해당되지 않는 몇몇 양반이 환곡미를 청했기 때문이다. 이홍벽 역시 굳이 환곡미를 받기 위해 여러 관리의 편지를 동원하기까지 했다.

이홍벽은 조정에 있는 좌랑과 사서의 편지를 가져왔다. 그가 가져온 편지에는 이홍벽이 부모님을 모시는데 얼마나 형편이 어려운지, 그 딱한 사정으로 구절구절 장황했다. 이유간은 편지를 보는 순간 이홍벽의 농간으로 이런 편지를 쓰게 했음을 알 수 있었다. 이유간은 이홍벽이 곤궁하다는 것을 믿을 수 없었고 속는 것임을 확신했지만 결국 한 섬의 환곡미를 내어줄 수밖에 없었다.

종종 천안을 지나는 손님 중에는 이유간을 직접 알지는 못하지만 이유간을 알 만한 사람에게 개인적인 서찰을 부탁해 관아를 방문하는 사람들이 있었다. 가끔 손님이 내민 편지를 쓴 사람을 정작 이유간은 들어본 적도 없는 사람일 때도 있었다. 편지를 가져온 손님들의 부탁은 여행의 편의를 위한 경우도 있지만 대부분은 개인적인 사정이 달린 것이었다. 다른 사람의 서찰을 가져와 청탁을 넣는 사람들은 먼저 관아에 찾아와 본인의 성명이 적힌 쪽지와 함께 준비해온 다른 사람의 서찰을 이유간에게 전하도록 했다. 이럴 때 이유간은 손님이 생전 보지도 못한 낯선 사람일지라도 그를 외면하기가 쉽지 않았다.

만나선 안 될 손님, 멀리하다

서찰을 가져와서 청탁하는 손님 중에는 도망간 노비를 잡기 위해 방문한 경우가 많았다. 일반적으로 노비는 주인과 함께 기거했던 것으로 생각하지만 꼭 그렇지는 않았다. 주인과 떨어져 사는 노비는 일 년에 한 번자신의 몸값에 해당하는 '신공身貢'으로 쌀이나 면포 등을 주인에게 내곤했다. 그런데 종종 신공을 내는 대신 종적을 감추는 일이 빈번하게 일어났다. 이처럼 도망간 노비를 잡는 일을 '추노推奴'라 했다. 그런데 간혹거짓으로 개인적 이해를 위해 추노를 악용하는 일이 있었다. 이로 인해추노해서는 안 될 사람을 잡아가는 피해가 생겼다. 반대로 당연히 찾아내서 잡아야 할 경우에 해당 고을 수령의 도움을 받지 못하는 경우도 있었다. 조정에서는 이런 폐단을 없애기 위해 추노에 관한 일정한 규정을마련해야 했다.

도망간 노비를 잡고자 하는 주인은 추노할 노비가 거주했던 군현의 수령에게 그에 대한 문서를 제출하는 것이 첫째 일이었다. 주인의 문서가접수되면 수령은 노비안에서 추노할 노비를 확인했다. 그리고 추노할 사항이 확실하면 관에서 했다. 이와 같은 규정이 정리되기까지는 양반가에서 여러 경로를 통해 해당 고을의 수령에게 추노를 재촉했던 점도 배경으로 작용했다.

이유간도 계속되는 추노 요구에 시달렸다. 추노는 도망간 노비의 주인이 직접 오는 경우는 적었다. 주인은 이유간에게 도망간 노비를 잡아달라는 부탁의 편지를 전했다. 혹은 노비의 주인집 종을 편지와 함께 보냈다. 이때 이유간에게 영향을 미칠 수 있는 인물의 편지를 함께 동봉하는일이 많았던 것이다.

하루는 이택민이란 자의 종이 이유간을 찾아왔다. 그 종이 가져온 편지에는 주인 이택민의 편지와 함께 충청도 관찰사의 편지도 있었다. 관찰사의 편지에는 이택민의 추노를 위해 최대한 편의를 살피도록 권유하는 내용이 담겨 있었다.

추노를 위해 수고로움을 감당하는 일도 일이거니와 이유간은 서로 다른 이해관계를 가진 양쪽 사이에서 이러지도 저러지도 못하는 난감한 일을 당하기도 했다. 이유간에게 익히 있어왔던 대로 추노를 청하는 유희발이란 자의 편지가 종을 통해 전달되었다. 그런데 그로부터 이틀 후 이번에는 전빙이란 자가 직접 천안 관아를 방문해 이유간을 뵙고자 했다. 하지만 이유간은 전빙을 만나지 않았다. 만나보지 않아도 그가 무엇 때문에 자신을 찾아왔는지 알 수 있었다. 유희발이 편지에 전빙의 첩의 아들이 추노할 종임을 밝혔기 때문이다. 전빙이 방문한 목적은 첩의 아들이기는 하나 본인의 자식이 다시 잡혀가는 곤욕을 피하게 하고자 함이 틀림없었다. 이유간은 유희발과 전빙의 엇갈린 이해관계 속에 휘말리고 싶지 않았다. 이유간은 거절 대신 회피함으로써 어려운 상황을 넘길 수 있었다.

그날은 오후부터 뿌리기 시작하던 비가 그치지 않더니 야심한 밤까지 계속되었다. 이유간은 처마에서 떨어지는 빗소리를 들으며 잠에 빠져들었다. 이항복이었다. 꿈인 줄은 알았지만 반갑기 그지없었다. 이항복(1556~1618)은 이유간의 오랜 친구였고 그의 장남인 이경직의 스승이었다. 그와의 친분은 아들의 대를 넘어 손자에까지 이

이항복 영정

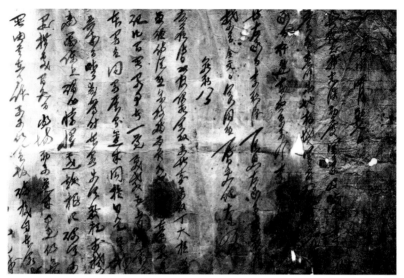

지방관이 조정의 소식을 접했던 조보(朝報). 사진은 1884년 갑신정변이 일어나기 몇 달 전인 4월 초7일자의 것이다.

어져서 이유간의 손녀가 이항복의 손자와 혼인을 했다. 이유간에게 이항복은 친우를 넘어 그를 관계官界에 들도록 길을 열어준 은인이기도 했다. 이유간이 마흔둘이라는 늦은 나이에 사마시에 합격해 생원이 된 두 해 뒤에 이항복이 그를 천거해 첫 관직을 제수받게 되었다.

그런 친구를 꿈에서 보는 것은 즐거운 일이었다. 그런데 꿈에 나타난 이항복은 혼자가 아니었다. 이유간의 이름이 새겨진 분패粉牌를 승정원 관리가 가지고 와서는 이유간이 전강殿講*에 낙점되었다고 했다. 분패는

---

* 성종 때 경학(經學)이 쇠퇴함을 걱정하여 매식년(式年) 문신 중 경서에 뛰어난 사람을 뽑아 이를 전경문신(專經文臣)이라 하고 가끔 어전에서 경서를 시험한 데서 비롯했다.

나뭇조각을 길쭉하게 만들고 그 위에 흰 분을 발라 만든 당하관堂下官*의 호패였다. 꿈이라도 이만한 영예가 있을까? 전강은 문신 중 경서에 뛰어난 사람을 몇 명만 뽑아 임금 앞에서 시험을 보는 일이니 뽑힌 것만으로도 큰 자랑이었다. 또한 시험 성적에 따라 문과 복시나 전시殿試에 바로 응시할 수 있는 자격을 받게 되니 중앙 요직으로의 관로가 보다 빨리 열리는 기회이기도 했다.

마음은 자꾸 중앙 정계로 달려가고

이미 수령으로 관직에 있는 이유간이었지만 임금이 있는 중앙 조정으로 마음이 가는 것은 어찌할 수 없었던 듯하다. 지방에 있는 관리에게 중앙 조정의 현황은 늘 궁금하고 중요한 소식거리였다.

지방관은 공식적으로 조보朝報나 한양에 있는 경방자의 보고서를 통해 조정의 소식을 알 수 있는 길이 있었다. 조보는 승정원에서 필사해 관청에 내려 보낸 관보官報였다. 그만큼 관보는 소식의 정확함이나 신뢰도는 높았지만 5일 단위로 정리되었기에 신속성은 떨어지는 편이었다. 한양에서 이틀 거리에 있던 이유간은 공식적인 소식통 외에 늘 조정의 움직임이 궁금했다. 이유간도 관리였기에 조정에서 행한 인사이동에 대해 민감했다. 하지만 한편으로는 조정 소식이 자신과 교분이 있는 친우들의 근황이기도 했기에 이유간은 더욱 한양 소식이 궁금했다. 이유간이 천안

---

* 조선시대 관리 중에서 문신은 정3품 통훈대부(通訓大夫), 무신은 정3품 어모장군(禦侮將軍) 이하의 품계를 가진 자.

군수로 있을 당시 이항복은 좌의정에 있었다. 광해군이 즉위한 지 얼마 되지 않았지만 조정은 이미 영창대군과 인목대비에 대한 대립된 입장에 따라 어지러운 형국을 예고하고 있었다. 이유간에게 조정의 정쟁은 단지 정치적 사건이 아니라 이항복을 포함한 절친한 친우들의 신상과 직결된 걱정거리였다. 더욱이 이유간은 본가가 서울 근동(현재 서대문구 충정로에서 의주로 부근)에 위치했기에 한양으로 향하는 이유간의 궁금증은 더했다.

천안이 지리적으로 한양과 남쪽지방을 잇는 길목에 있었기에 이유간의 궁금증은 뜻밖의 사람을 통해 해결되곤 했다. 한양에서 파견된 관리나 지방으로 내려가는 사람에게서는 조정의 소식을 듣고, 한양으로 올라가는 이에게는 그 행선지에 따라 본가로, 혹은 친구에게로 서신을 전달할 수 있었기 때문이다.

조선의 수령 노릇 어떤가

이유간의 일기를 깊이 여러 번 읽어서일까. 꿈인 듯 아닌 듯 그렇게 이유간을 만났다. 내가 물었다. "조선시기 수령 노릇하기 어떠하였는지요?" 옛사람을 만나서인지 나도 모르게 튀어나온 고어투 같은 애매한 말투였다. 나의 어설픈 말투를 타박하지 않고 이유간이 웃음으로 답했다. "한 읍을 얻어 운영한다는 게 어떠했겠습니까?" 뜻밖의 되묻는 듯한 애매한 답에 주춤하며 나는 서둘러 다른 물음을 던졌다. "공무도 많았을 텐데 꼭 그리도 많은 객을 치러야 했나요?" 이유간은 또 예의 그 웃음을 앞세우며 답했다. "그게 우리네 사는 예인걸요." 변명도 아닌 설명도 아닌 그의 대답에 뭐라 똑 부러진 답을 듣고자 몸을 앞으로 숙이며 입을 떼려는데 그가 사라져버렸다. 그저 아쉬움뿐이었다. 만났어도 만났다 할 수 없는 환영 같은 것이니 아쉬울 것도 없건만 허전함은 한참이 지나도 사라지지 않았다. 이유간의 마지막 말은 내 귓전을 계속 맴돌았다. '그게 우리네 사는 예인걸요.'

선잠에서 들은 말이 화두가 되어 큰 실마리를 지닌 암호처럼 여겨졌다. 나도 모르게 혹시 있을지도 모를 속뜻을 알아내려 골몰하다보니 머릿속은 뒤엉키기 시작했다. 해석되지 않는 말은 결국 내 머리를, 마음을 심하게 울렁이게 했다. 심한 멀미처럼 흔들리던 마음은 도연명의 독서법에 미쳐서야 진정되었다.

책 읽기를 무척이나 좋아했던 도연명은 어렵고 이해되지 않는 구절이 나와도 책 읽는 재미를 잃지 않는 법을 알았다. 불구심해不求甚解. 해득되지 않는 구절을 끌어안고 지나치게 연연해하지 않는 것, 독서를 하되 지나치게 깊이 탐구하려 하지 않음이다. 이와 같은 태도는 자칫 무책임하고 게으른 독서법 같기도 하다. 하지만 도연명은 굳이 이해하려 전념하지 않아도 뜻을 얻게 되면 너무나 기뻐 밥 먹는 것마저 잊곤 했다. 어쩌면 진정한 독서의 묘미가 아닐까. 비웠기에 즐거운 마음으로 책을 접하고 몇 구절에 매몰되어 그 마음을 해치게 되는 잘못에 빠지지 않는 도연명의 넉넉함이 쉼 없이 돌던 내 마음을 숨 쉬게 했다.

아는 만큼 보이는 것이 여행이라지만 꼭 무언가를 알아야 하는 여행만 있는 것은 아니다. 그저 걷는 것, 그러다 무언가 마음에 와닿고 정신을 일깨우는 것이 있다면 기쁜, 가벼운 여행도 있을 수 있다. 옛사람이 살았던 여러 갈래의 길을 그저 타박타박 욕심 없이 기꺼운 마음으로 뒤쫓다보면 가끔, 운이 좋으면 종종, 그 길이 품은 뜻을 얻는 운 좋은 날도 있을 것이다.

마중길—◉

귓속으로 십 리 마중길 끌어당기니……

나아가서 맞는다는 것은 귀한 손님에게만 해당하는 것이 아니었다. 남편의 귀갓길이 아내의 마중길과 입맞춤하듯 만날 때 마중길은 낭만적인 꽃길이다. LA에서 꽃신과 시계를 사들고 돌아오는 큰오빠를 가족들이 맞이할 때, 동구 밖 나무 뒤에 숨어 몰래 훔쳐보는 아가씨의 눈길은 차라리 배웅길에 가까웠을지도 모르겠다. 시인 기형도처럼 "열무 삼십 단을 이고 시장에 간 우리 엄마"를 기다리는 아이는 "배춧잎 같은 발소리 타박타박" 듣고 싶어서 귓속으로 십 리 마중길을 끌어당기고 있었을 것이다.

또한 마중하는 대상이 반드시 사람이 아니라도 좋았다. 봄이 오면 봄을 맞고 꽃이 피면 꽃을 맞는 것이 계절을 따르는 이들의 순리였다. 아침 옷깃을 여미게 하는 찬바람 속에서도 수만 리 밖에서 찾아온 절기는 먼 산 춘설 지붕 아래 머물고 있는 봄을 살금살금 불러들이고, 눈 녹은 물은 저 산기슭 모퉁이에 뿌리를 내린 느티나무에 닿아 새움을 밀어 올린다.

요즘 꽃마중 여행이라 해서 버스를 타고 기차를 타고 남도로 떠나는 사람들이 많다. 그러나 왁자지껄하게 웃고 떠들면서 꽃구경하는 길은 마중길이라 하기 어렵다. 자연의 숨소리 하나 놓치지 않기 위해 살그머니 다니는 길이 꽃마중길이다. 때로는 꽃이 사람을 맞기도 한다. 윤제림의 시 「직지사 가는 길」은 이렇게 노래한다. "방직공장 지붕 우에 달빛은 발가숭이 누이의 속곳으로 감기우고 이 고을 등燈 대신 내걸린 마알간 꽃잎들이 스사로 길 위로 내려앉아" 있었다. 시인의 눈에 그 꽃들은 어떻게 보였을까. 술이라도 조금 취했다면 안개 낀 비행기 착륙장에 일렬로 들어온 유도조명 같지 않았을까. 이런 착란과 착시 현상은 낭만 시인의 고유한 재주일 것이다. 아무튼 그런 착각이 있었기에 우리는 직지사 가는 길의 뜻하지 않은 호젓한 분위기를 만날 수 있는 것이다.

어떤 이에게 마중길은 외롭고 독한 길이다. 들판에 나가 먼 길을 내다봐도 칼국수 국물 속에 밀가루 풀리듯 숨 막히는 어둠만 자욱해지고, 온다던 사람은 오지 않는다. 그래도 기다려야 한다고, 기다리고 싶다고 오랑캐꽃 바람에 외길 한 줄기 흔들어 보인다면 그걸로 그날 하루가 지나기기도 했다.

집 나가면 고생이라는 말이 괜히 있는 게 아니듯, 외지의 아들이나 남편을 기다리는 부모나 아내로서는 마중길은 애가 타는 길이다. 그래서 그들의 눈에 길은 그리운 이를 소실점으로 놓고 일직선으로 내다보는 길이다. 반면, 마중을 받는 입장에서는 산천은 의구한데 인걸은 간곳없는 고향의 변화가 눈에 설고, 그래서 주위를 둘러보느라 지그재그 제멋대로의 길이다. 길 끝에 눈을 주고 있던 가족은 그를 먼저 발견하고 냅다 소리를 지르면서 손짓하거나 달려가지만, 정작 그는 듣지 못한다. 그렇게 마중길은 닿을 듯 닿지 않는 멀리서 외치는 소리가 길바닥에 내동댕이쳐지는 그런 길이기도 하다.

장길·보부상길

짚신에 감발 치고

이 장 저 장 뛰어다니니

김대길

보부상의 활동 범위는 다양했다. 거주지를 중심으로 인근 장시를 돌며 五일마다 돌아오는 자가 있는가 하면, 한두 달 장사에 나섰다가 오거나 설이나 추석 등 명절에나 돌아오는 자도 있었다. 심지어 정월에 떠나 연말에 돌아오는 자들도 있어 행상이나 보부상이 많은 고을에는 생일이 비슷한 아이들이 많았다는 얘기가 나올 정도로 이들의 생활은 불안정했다. 그럼에도 이들이 장기간 장터를 순회하며 상업활동에 나설 수 있었던 것은 무엇 때문일까? 그건 바로 화폐를 매개로 한 교역이 일반화되고, 동전을 대신할 수 있는 수표나 어음 사용 등 신용거래가 아니라, 임치표나 어음 사용 등 신용거래가 이뤄졌기 때문이었다.

거미줄 같은 간선도로와 지선, 소로, 지름길, 샛길은 조선시대 장돌뱅이들의 애환이 서린 장길로 자리잡게 되었다. 어느 길인들 장꾼의 발길이 닿지 않은 곳이 있었을까?

장돌뱅이들이 다니던 길은 생존을 위한 길이었다. 그들의 발끝에 자신과 가족들의 생계가 달려 있었다. 열심히 일한 만큼 이득을 얻을 수도 있지만 허탕을 치는 일도 피해갈 수 없었다. 장꾼들은 장날을 달리하는 4~5개 장을 순회하기도 하고 여러 날에 걸쳐 장들을 오가기도 했다.

먼 길을 떠나는 만큼 짧은 시간에 쉽게 이동할 수 있는 지름길과 샛길은 그들의 발길을 유혹했다. 하지만 빠른 만큼 위험이 도사리고 있었다. 도적을 만나거나 예상치 못한 산짐승을 만나 피해를 입기도 했다. 때문에 위험을 무릅쓸 필요까지야 있겠는가 싶어, 애당초 사람들의 왕래가 많은 간선도로를 택하는 경우가 많았다. 이들은 보통 일정표를 짜 목표지역을 순회하기도 했지만, 그저 발길 닿는 대로 전국을 휘돌아다니는 장꾼들도 있었다.

생산지와 직거래를 열다

조선후기에는 전국적으로 이름을 날리던 이른바 15대 장시가 있었다. 한양 근교에 있던 장시 가운데 광주의 송파장과 사평장, 교하의 공릉장도 대장시로 꼽히며 크게 성장하고 있었다. 대장시는 아니더라도 한양에서 동북지역으로 연결되는 도로의 요지에 있던 양주의 누원점과 포천의 송우장 역시 사람의 왕래가 끊이지 않고 상품의 집산이 활발히 이뤄졌다. 이곳 상인들은 가장 많은 이득을 취한 자들이었다. 조선시대 최대의 소비지인 한양, 바로 그곳 상인들에게 상품을 공급했기 때문이다. 그중 주요하게 취급됐던 상품 하나가 동해안 함경도 원산에서 생산되는 북어였다.

"북쪽 바다 사람들이 말하기를 가을부터 북어가 많이 이르는데 한번 잡으면 배에 차서 산처럼 쌓인다"고 했고, "북어가 온 나라에 넘친다"(『오주연문장전산고』)고도 했다. 원산장은 어촌에서 열리는 평범한 장이었다. 그러다가 18세기 후반 지역 간의 상품유통과 부상대고富商大賈*

이 시절 겨울이면 동해안 포구마다 갓 잡아올린 명태가 산더미처럼 쌓였는가 하면 이걸 말리느라 해안마을이 온통 명태밭을 이뤘다.

---

* 많은 밑천을 가지고 대규모로 장사를 하는 상인

들의 활동 범위가 확대되면서 이곳에 거주하는 인구가 늘어났고, 상인들의 왕래도 활발해지면서 새로운 상업유통 중심지로 성장했다. 돈이 생기는 곳에 자연스럽게 상인들과 교역에 필요한 기구, 일꾼들이 모여들었다. 원산의 북어는 한양은 물론이고 멀리 서해안 강경장까지 운송해 유통되었다. 북어 운송은 육로와 해로를 거쳤다. 이들 유통로가 상인들의 장길과도 긴밀하게 연결됐다.

많은 이익을 얻기 위해서는 발품을 팔아 생산지에서 직접 물건을 사다가 소비자에게 팔아야 한다. 중간상인을 거치면 거칠수록 손에 들어오는 수입은 감소될 수밖에 없다. 송파나 누원에 거주하는 상인들도 초기에는 포천의 송우장이나 좀더 거리가 먼 장시에 가서 물건을 사 다른 장에 팔거나 한양의 상인들에게 팔았다.

『각전기사各廛記事』의 1816년 9월 기록에 보면 한양 내외에서 어물전인들이 호소를 하고 있다. 그들의 주장에 따르면, 칠패와 이현에 거주하는 김평심, 이춘택, 임성서, 김여진 등이 매년 가을과 겨울에 원산까지 직접 가거나 혹은 상품이 운반되는 중간 정도의 장시에 머물렀다가 그것들을 매점하고 가격을 조종해 판매하므로 폐업할 지경이라는 것이다. 또한 양주 누원에 사는 중간도매상인인 최경윤, 엄차기, 이성로 등은 동북지방에서 서울로 들어오는 각종 어물을 매점해두었다가 칠패와 이현의 난전인들과 결탁해 물량과 가격을 조종하므로 어물전이 실업 상태에 빠진다고 호소했다. 시전상인들과 경쟁하며 성장하고 있는 사상인들의 상업활동은 이처럼 열기를 띠었다. 이현과 칠패, 그리고 양주 누원을 배경으로 활동하던 자들은 한양 인근의 시장권뿐만 아니라 함경도지역까지 진출하고 있었다.

〈휴식〉, 이교익, 조선후기, 종이에 담채, 28.9×19.7㎝, 국립중앙박물관 소장.

　누원점에 근거지를 두고 있던 이들이 원산까지 가는 길은 어떠했을
까? 주변 장시를 순회하는 것과는 비교할 수 없었다. 가고 싶을 때면 언
제라도 갈 수 있는 거리가 아니기 때문이다. 게다가 산천을 유람하는 여
행길도 아니었기에 주도면밀하게 계획을 세워 떠나야 했다. 생산지에서
조금이라도 싼값으로 물품을 사오는 것도 목적이었지만, 그곳에 갈 때
빈손으로 가기보다는 지역 특산물을 갖고 가는 것이 유리하다는 건 불
보듯 뻔한 일이었다. 거기 가서 좋은 값으로 팔 수 있는 것은 뭐가 있는
지, 가는 길에 다른 장터에서 팔 수 있는 것은 없는지 고민해야 했다. 가
는 길에 누구와 몇이서 떠날 것인지 사전에 약속돼야 함은 두말할 필요
도 없었다. 깊은 산중에서 예상치 못한 맹수나 도적을 홀로 맞닥뜨리면

누원 상인들은 원산까지 저 험준한 산을 넘어다녀야 했다. 하지만 서울과 동북지역을 연결하는 삼방간로가 개척되면서부터는 오가는 상인들이 많아지고 촌락도 형성되는 등 성황을 이루었다.

어쩌겠는가.

이들은 대체적으로 누원 → 파발막 → 만세교 → 양문역 → 풍전역 → 김화 → 금성 → 창도역 → 신안역 → 회양 → 철령 → 고산역 → 용지역 → 남산역 → 안변 → 원산창으로 이어지는 노정을 택했다. 결코 짧은 거리가 아니기에 가볍고 돈이 될 만한 것을 선택해야 했다. 돌아올 때 가능한 한 많은 물건을 싣고 와야 하는데 말이나 소가 힘을 미리 다 써버리면 곤란하기 때문이다. 말이나 소가 준비되지 않을 때는 사람을 동원할 수밖에 없는 일이다. 그러나 사람의 힘은 소나 말에 비해서 비효율적이므로 원산까지 다녀오는 길에 사용할 방법은 아니었다. 소는 장정 대여섯 명의 힘을 감당할 정도로 밭갈이뿐만 아니라 운송 수단으로 매우 요긴했다.

박제가의 말처럼 "원산에서 말에 미역과 건어를 싣고 사흘에 돌아오면 조금 이익이 생기고, 닷새 동안 걸리면 남는 것도 밑지는 것도 없지만 열흘이나 유숙하게 되면 큰 빚을 지고 돌아오"게 되는 것이었다. 즉, 장길을 떠난 상인들은 많은 상품을 최대한 빠른 시일 내에 운송하는 데 골몰

할 수밖에 없었다.

한양에서 동북지역으로 가는 데는 보통 철령을 통과했다. 하지만 18세기 중엽 이후에는 평강을 지나는 삼방간로가 개척됐다. 평강과 안변 사이를 이어주는 삼방간로는 덕원이나 안변에서 한양으로 가는 지름길이었는데, 북어 상인들이 자주 이 길을 애용하면서 곧 새로운 장길이 되었다. 이 길은 철령을 지나는 것보다 빠르고 편했기에 상인이나 여행객들이 모여들었다. 더욱이 송도 옛길로 곧장 연결되는 곳이라 평양이나 서북지역과의 연결도 매우 유리했다. 이런 연유로 이 지역은 주막이 촌락을 이루었다. 일정한 거리를 두고 주막이 있는 것과 달리 점촌店村이 형성됐다는 것은 이곳을 왕래하는 유동인구가 얼마나 많았는지를 보여준다.

5일장을 순회했던 행상들은 짐을 지고 이동하기 때문에 이동속도가 느릴 것 같지만 별반 차이가 없었던 것 같다. 행상들로서는 장에서 장으로 이어가며 순회하는 것이 일상적인 일이기 때문에 이동능력 면에서 일반인보다 결코 뒤지지 않았다. 장꾼들의 이동속도와 거리는 운송하는 상품의 양과 출발 시각에 따라 크게 좌우되었다. 대개의 장이 일몰과 함께 파했기에 행상들은 해질 무렵이나 해뜨기 전후 새벽 시간에 이동했다. 조선후기 장시와 장시 사이는 대개 30~50리 거리를 유지했고, 행상들은 이동하는 데 4~5시간을 소요했다.

장돌뱅이들이 먹고 자는 것을 해결하는 곳

상인들이 왕래하는 장길에서 약방의 감초처럼 빠지지 않는 것이 주막이었다. 장돌뱅이들은 여기서 먹고 자는 문제를 해결했다. 먹는 것이야

간단하게 준비한 주먹밥이나 장떡 같은 걸로 해결하면 된다. 하지만 비가 오거나 추워지기라도 하면 노숙은 불가능한 것이었다. 사정이 여의치 않으면 물불 가릴 형편이 못 되었다. 다리 밑이나 서낭당, 헛간은 그들의 또다른 보금자리가 되었다.

장꾼들의 지역 간 왕래가 활발해지면서 새로운 지름길이나 샛길이 개척됐고, 곳곳에 점막이나 주막이 들어섰다. 시장이 발달하면서 민중의 휴식처가 되었던 주막은 주점, 술막, 숫막, 여점旅店, 야점, 점막店幕 등으로 불렸다. 주막은 대개 장터 부근이나 마을과 마을을 이어주는 큰 고개 밑의 길목, 나루터 등에 있어 술이나 밥을 팔고 잠자리를 제공했다. 주막에는 흔히 주모라고 부르는 여인이 있었다. 소위 술집 여주인인 셈이다. 주막은 양반의 첩이나 일선에서 은퇴한 기생, 홀로된 여인 등이 생계 수단으로 운영하곤 했는데, 행상이나 소상인들이 묵어가곤 했다.

울타리도 없는 허름한 주막도 있었지만 대개 문짝이나 집 앞의 나무에다 '주酒' 혹은 '주점酒店'을 써 붙이거나, 창호지로 만든 등에다 '주' 자를 써 붙여 표시했다. 장대에 용수를 달아 지붕 위로 높이 올려, 오가는 이들에게 주막임을 알리는 곳도 있었다. 간판이라고 할 만한 것이 없었지만 이름은 있었다. 그러나 그 이름도 주인이 짓기보다는 대개 찾아오는 이들이 붙여준 것이다. 오동나무가 있으면 '오동나무 집', 버드나무가 있으면 '버드나무 집' 우물이 있으면 '우물 집', 주인이 천연두를 앓았으면 '곰보 집'으로 불렸다. 주막에서는 작은 규모의 상거래가 이루어지는가 하면 다양한 정보를 얻어 들을 수도 있었다. 여행객이 아닌 지역 주민들에게도 막걸리로 목을 축이거나 잠시 쉬어갈 수 있는 휴식 공간이자 여럿이 어울릴 수 있는 유흥장이었다.

신윤복의 〈주사거배〉와 김홍도의 〈주막도〉.

　규모가 작은 주막에서는 주모가 직접 술을 빚고 음식을 만들며 시중드
는 일까지 담당했다. 경제적으로 좀더 여유 있는 여행객이나 규모가 큰
물품을 거래하는 부상대고들이 묵는 곳은 같은 주막이라도 분위기가 달
랐다. 이런 곳에서는 부엌일을 맡은 찬모鑽母와 작부까지 두고 손님에게
시침을 들게 하기도 했다. 또한 중노미라 하여 주로 안주를 굽거나 군불
을 때는 등의 잡일을 하는 일꾼을 두기도 했다. 김홍도의 〈주막도〉 그림
에 나오는 주모의 모습은 수더분한 아주머니의 모습 그대로인 듯하다.
주막의 전체적인 모습은 초가이고 별다른 시설을 갖추고 있지 않다. 반
면 신윤복의 풍속화에 등장하는 주모는 머리를 땋아 틀어올리고 빨간색
의 짧은 댕기로 한껏 멋을 부리며 남정네들을 유혹하고 있다. 치마는 앞
으로 돌려 가슴에 닿을 듯이 추켜올려 중간에 허리띠를 매었는데 단속곳
과 바지가 노출돼 있다. 일부러 빈틈을 보이는 것이다. 주모로서는 당연

히 매상을 올리기 위해 손님의 술맛을 좋게 해야 했다.

장돌뱅이들이 주막에서 먹는 식사와 잠자리는 어땠을까? 주막의 마당에는 술청이라는 평상이 몇 개 있고, 주모가 앉아 있는 방이나 마루에는 부엌이 붙어 있어 술이나 국을 바로 뜰 수 있는 구조였다. 메뉴는 허기를 채워주는 장국밥을 비롯해 숙취를 풀어주는 해장국이 주를 이루었다. 여기에다 막걸리나 모주로 목을 축이고 김치 조각이나 고기 한두 점을 안주 삼았다. 주머니 사정이 좋으면 먹고 마시는 게 조금 나았지만 주막이라는 데서 먹는 음식이라 해봐야 거기서 거기였다. 허기진 배를 채우고 나면 아무 생각도 들지 않는다. 다음날을 위해 잠자리를 잡을 생각뿐이었다. 하지만 그 잠자리조차 여의치 않았으니, 한말 영국의 지리학자 비숍 여사가 쓴 기행문을 보면 그 실상이 드러난다.

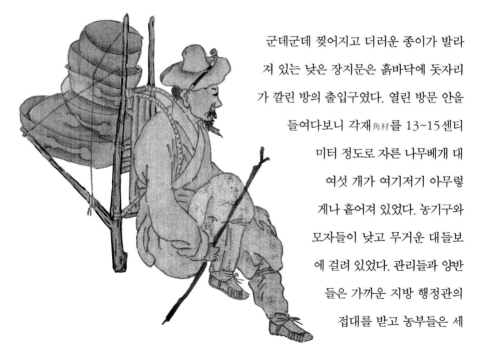

군데군데 찢어지고 더러운 종이가 발라져 있는 낮은 장지문은 흙바닥에 돗자리가 깔린 방의 출입구였다. 열린 방문 안을 들여다보니 각재角材를 13~15센티미터 정도로 자른 나무베개 대여섯 개가 여기저기 아무렇게나 흩어져 있었다. 농기구와 모자들이 낮고 무거운 대들보에 걸려 있었다. 관리들과 양반들은 가까운 지방 행정관의 접대를 받고 농부들은 세상 돌아가는 이야기를 들을 수 있는 어떤 길손도 환영하기 때문에 이런 방에는 주로 마부들, 하인들, 그밖의 하층민들이 빽빽이 들어찬다.

별다른 시설을 갖추고 있지 못한 정경이다. 주막에서 술이나 음식을 사먹으면 잠자리는 대개 공짜였다. 길손이 많을 때는 한방에 대여섯 명이 합숙했고, 지정석이 아니었기에 먼저 자리를 잡는 사람이 따뜻한 아랫목을 차지했다. 때로는 남녀가 한방에 자기도 했는데, 이때는 가운데다 발을 치고 잤다. 하지만 그 발이 얼마나 든든한 가림막이 됐을지는 모를 일이다.

장날은 여성의 바깥출입이 자유로운 날

조선후기 지역 간의 상품유통이 활발해지면서 5일마다 열리는 장시는 여성들이 상품 생산과 판매에 적극 참여하는 기회가 되기도 했다. 평소 여성들에게는 바깥출입이 여의치 않았다. 하지만 장날만큼은 장보는 일로 자연스럽게 바깥세상과 접촉할 기회를 얻었다. '여자는 제 고을 장날을 몰라야 팔자가 좋다'는 속담이 생길 정도로, 장날을 통한 여성들의 경제활동이 활발하게 이루어지고 있었다.

운송 수단이 여의치 않던 시기에 농민이나 상인들이 가장 많이 사용한 것은 지게다. 말이나 소, 조랑말, 선박을 소유하고 있는 자들이야 상품을 운송하거나 거래할 때 손쉽게 할 수 있었지만, 가난한 장돌뱅이들에게는 그림의 떡이었다. 농촌과 산촌에서는 물론이고 행상들이 장을 순회하며 물건을 운반하는 데 지게는 필수적인 도구였다. 주로 소나무로 만들었고

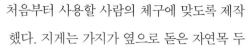

처음부터 사용할 사람의 체구에 맞도록 제작
했다. 지게는 가지가 옆으로 돋은 자연목 두
개를 A자형으로 나란히 세우고 그 사이에
받침대를 끼우고 걸방을 달아 어깨에
메도록 한 것이다. 뒷가지가 달리지
않은 맨지게도 있었다. 등짐장수
들이 주로 사용했는데 짐의 크
기를 마음대로 조정할 수 있
는 게 장점이었다.

남자들도 장을 보러 많이 나
다니지만, 실제로 시장에서
가사에 필요한 물품을 구입하
는 쪽은 여성들이었다. 장에
내다 팔 물건을 나르는 데는 주
로 지게를 질 남자들이 동원됐
지만, 그렇지 않을 때는 여성들이 직
접 이거나 들고 장을 보러 갔다. 남성과 여성이 거래하는 내용을 정확히
구분 짓기는 어려우나 대개는 상품교역 시 거래액의 많고 적음에 따라
정해졌다고 보면 된다.

예를 들어 우시장이나 가축전의 거래는 대개 남성들이 주도했다. 우시
장은 쇠전, 쇠장, 혹은 소시장이라 부르기도 했다. 이곳에서는 소뿐만 아
니라 양이나 돼지, 염소 같은 가축들의 거래도 겸해 공식적으로는 가축
시장이라고도 했다. 이 쇠전 규모의 크고 작음에 따라 장시의 형세도 좌

우됐다. 농우 매매는 그 어떤 상품보다 고액의 현금이 오갔기 때문이다.

우시장은 소를 팔거나 사러 온 사람과 그 가족, 거간꾼이나 바람잡이들, 그리고 시세를 알아볼 겸 구경 나온 사람 등, 소와 사람이 엉켜 복잡하기 이를 데 없다. 소 거래에는 한 푼이라도 더 받거나 덜 주려는 홍정이 오가지만 워낙 고액이라 쉽게 성사되지 않는다. 이때 거간꾼이 바람을 잡아 일을 성사시키기도 한다. 그러나 우시장에서는 '사돈 돈도 속여 먹는다'는 속담이 있을 정도로 자칫 잘못 판단하면 서운한 거래에 속상하는 일이 있을 수 있다. 따라서 소를 사거나 팔러 갈 때는 대개 이웃에 사는 믿을 만한 사람과 동행했다. 몸에 지닌 돈이나 소를 잃어버리거나 강탈당하는 일을 예방하고 거래할 때 조언을 구할 수도 있기 때문이다. 이와 같은 모습은 1960년대에도 마찬가지였다. 경기도 용인시 모현면에 거주하던 원제덕이 남긴 일기에서도 이러한 내용을 확인할 수 있다. 하지만 소를 사거나 파는 것은 고사하고 애써 마련한 목돈을 장터 분위기에 휩쓸려 그냥 털려버리는 경우도 없지 않았다. 『영암군소지등서책靈巖郡所志謄書冊』에 보면 전남 해남군 모두리에 사는 조소사의 아들이 소를 사기 위해 64냥을 가지고 영암의 쌍교장에 갔다가 옥천마을에 거주하는 김상록의 유혹에 넘어가 잡기雜技를 하다가 76냥이나 빚지고 있는 모습도 보인다(『영암군소지등서책』 도광 18년(1838) 7월 26일). 이런 일들 때문에 소를 사거나 팔러 간 남편이나 아버지를 기다리는 가족들은 무슨 일이라도 생길까 전전긍긍하며 하루를 보내기도 한다.

여성들은 가사와 농사일에 매여 있다가 장을 보러 갈 때면 발걸음이 사뿐사뿐해졌다. 평소의 바깥출입은 제한되어 있었지만, 장날만큼은 달랐다. 장을 보러 가는 분명한 목적이 있기 때문이다. 그렇다고 반드시 물건을 팔거나 살 필요는 없다. 그저 장구경이어도 좋다. 19세기 말 황해도 봉산에서 비숍 여사가 본 장날의 모습은 활기에 넘치는 정경이었다.

평상시 잠잠하고 답답했던 마을들은 장날에 일변한다. 떠들썩해지고 울긋불긋해지고 사람들의 물결로 뒤덮이는 것이다. 이른 아침부터 공식적으로 지정된 장터로 가는 길은 농부들이 팔거나 물물교환할 물건들로 가득 찬다. 예컨대 우리에 넣은 닭, 돼지, 짚신, 밀짚모자, 그리고 나무숟가락 등을 메고 지고 간다. 그 옆의 주요 도로에는 대개 힘세고 단정하고 잘 입은 상인 즉 보부상들이 무거운 짐을 지고 스스로 지고 가거나 또는 짐꾼이나 황소에 짐을 싣고 길을 메운다.

장에 가기 위해 평소에 아껴두었던 옷을 꺼내 입고 필요한 것을 구입하기 위해 여유 있는 물품을 손에 들거나 머리에 이고, 혹은 등에 짊어지고 집을 나서는 사람들과 전문 상인들의 모습이 눈에 잡힐 듯하다.

여성들이 전업상인이 되어 장터를 순회하는 것은 남성에 비해 힘든 일일 수밖에 없다. 하루 일정으로 장터를 오갈 수 있는 거리라면 그나마 다행이다. 하지만 숙박을 해야 할 경우라면 노심초사다. 상인들이 하룻밤 묵어가는 주막이나 점막에서 여성들을 재울 공간을 따로 마련해놓지 않았기 때문이다. 부부가 함께 다니는 경우라면 그나마 마음이 놓인다. 하지만 그 역시 그리 녹록치는 않았다. 안성에서 전해지는 〈안성장터가〉에서 여성들이 자연스럽게 시장을 통해 상품거래에 나섬을 알 수 있다.

경기 안성 큰아기 유기장사로 나간다

안성맞춤이라는 말이 생겨날 정
도로 안성의 유기장터는 최고급
유기제품을 내놓기로 유명했다.
사진은 20세기 초 안성유기장터
모습.

한닙팔고 두닙팔어 파는 것이 자미라

경기 안성 큰아기 숫가락 장사를 나간다

은銀동걸이 반수저에 깩기 숫갈이 격格이라

　여성을 통해 안성에서 생산된 유기와 같은 특산물이 판매되는 모습을
노래로 표현한 것이다. 이처럼 당시 여성들이 수공업 제품의 생산과 판
매에 참여하는 모습은 풍속화와 민화 등을 통해 확인된다. 풍속화에 나
타난 모습이 자가소비를 위한 생산일 수도 있지만 17세기 이래 대동법의
실시, 동전 유통의 활성화, 조세의 금납화, 상업적 농업의 확대에 따라
일반 농민들도 자연스럽게 상품화폐경제로 편입되었다.

　시장에서 잉여생산물을 판매해 화폐 이득을 본 농민들은 상업으로 직
업을 바꾸곤 했다. 그런 추세에 따라 인삼 같은 약재나 연초, 생강 등 특
수작물을 재배하는 이들, 채소나 과일을 상업적인 목적으로 재배하는 이
들도 증가했다. 이른바 상업적 농업은 적은 토지에서 많은 소득을 올릴
수 있는 대체농법이었다. 상업계의 변화와 장시의 발달이라는 분위기에

서 여성들도 유통경제에 적극적으로 참여하는 계기가 마련되었다.

장터의 감초 보부상

보부상은 보상褓商과 부상負商을 합해서 부르는 말이다. 사실 '보부상' 이라는 용어는 19세기 이후의 자료에서나 볼 수 있다. 개별 분산적으로 활동하던 보부상이 전국적인 조직을 갖추게 된 것은 개항 이후부터였다. 보부상단은 대개 관의 허락을 얻은 공식적인 조직으로 성립되기 이전부 터 자신들에 관한 기록을 남기고 있다. 그 이유는 보부상의 행적이 일정 하지 않고 생활이 불안정했으므로 상부상조하는 일종의 계의 형태를 띤 규약을 가짐으로써 공동체를 유지하고자 한 것이다. 이 과정에서 보부상 들의 규약이 입의立議나 절목節目 등의 형태로 나타났다.

상인들 사이에서 장돌뱅이, 장돌림, 봇짐장수, 등짐장수, 황아장수, 돌 짐장수 등으로 불리는 이들이 보부상이었다. 이들은 대개 5일마다 열리 는 지역 장을 순회하며 상품을 매매했다. 보부상은 농업생산자, 가내수 공업자, 시장상인 등과 소비자 사이에서 경제적 교환을 중개하며 상품유 통을 활성화시켰다.

취급하는 상품에 따라 보상과 부상을 구분하기도 했다. 보상은 봇짐장 수 또는 황아장수로 불리던 자들로, 대개 부피가 작고 가벼우며 값이 비 싼 것들을 취급했다. 이를테면 금, 은, 동의 각종 장식품과 인삼, 피혁, 주단, 포목, 염낭, 분통, 빗, 비녀, 면화, 담뱃대, 칼, 종이, 붓, 먹 등이었 다. 이에 비해 부상들은 등짐장수 또는 돌짐장수로 불렸고, 비교적 부피 가 크고 값이 싼 농가의 생필품들을 다루었다. 목기, 토기, 담배, 어물,

소금, 미역, 솥, 죽물 등이 이들의 주요 상품이었다.

보부상들은 신의와 상도의를 중시했고, 남녀의 분별도 엄격히 했다. 이들은 각 지역의 장시를 순회하며 상거래를 했기 때문에 보부상들의 숙소인 도방道房에서 남녀가 함께 자야 하는 경우가 많았다. 그들 중에는 처자를 데리고 다니는 자도 적지 않았다. 이럴 때 풍기문란을 막기 위해 여자 보상들을 형수나 제수와 같이 대접하되 만일 이를 여겼을 때에는 엄히 처벌하도록 규정했다. 남자 부상들은 여자 보상들의 짚신도 넘어가지 않는다는 등의 엄격한 규율을 정하기도 했다. 보부상들이 지니고 다니는 일종의 신분증인 험표驗標 뒷면에는 '물음란勿淫亂'이라는 글귀가 있었다.

보부상의 활동 범위는 다양했다. 거주지를 중심으로 인근 장시를 돌며 5일마다 돌아오는 자가 있는가 하면, 한두 달 장사에 나섰다가 오거나 설이나 추석 등 명절에나 돌아오는 자도 있었다. 심지어 정월에 떠나 연말에나 돌아오는 자도 있어 행상이나 보부상이 많은 고을에는 생일이 비슷한 아이가 많다는 얘기가 나올 정도로 이들의 생활은 불안정했다. 그럼에도 이들이 장기간 장터를 순회하며 상업활동에 나설 수 있었던 것은 무엇 때문일까? 그건 바로 화폐를 매개로 한 교역이 일반화되고, 동전을 대신할 수 있는 수표手標가 통용되었을 뿐 아니라, 임치표任置標나 어음 사용 등 신용거래가 이뤄졌기 때문이다.

조직이 있다 해도 보부상들 역시 여느 장꾼처럼 장터를 전전하는 게 매일반이었다. 장이 파한 후 밤길을 걸어 다른 장으로 이동하는 경우가 아니면 새벽시간을 이용해 서둘러 떠나야 했다. 새벽에 그날 열리는 장터로 발길을 재촉하면서 머릿속에는 여러 가지 생각이 뒤섞인다. '오늘 도착하면 좋은 자리를 차지할 수 있을까? 지고 가는 물건을 다 팔고 새

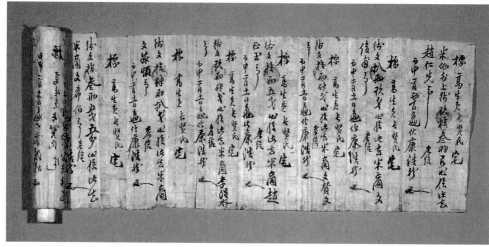

〈거래문서〉, 21.56×149cm, 조선시대, 1896, 서울 역사박물관 소장.
강호연이라는 사람이 미상米商에게 돈을 지급했다고 고생원에게 통보하는 문서로 보여짐. 이 문서에는 영수
증의 일종인 척문尺文이 두 장 포함되어 있는데, 각각 고생원으로부터 250냥씩 받고 작성해준 것이다.

로운 물건을 사서 다음 장으로 옮겨갈 수 있을까?' 함께 이동하는 동료
장꾼과 서로를 격려하며 기대감에 부풀어 떠난다.

일찍 장터에 도착해 목 좋은 곳에 자리를 잡아야 했다. 늘 다니던 곳이
라면 으레 자리가 정해져 있기 마련이다. 그러나 매번 순회하는 장이 아
니라면 먼저 도착한 사람이 목 좋은 곳을 선점하게 된다. 좌판을 벌일 자
리를 두고 한바탕 입씨름이 오가거나 실랑이가 있기도 했다. 이런 일이
생길 때 함께 다니는 장꾼의 도움을 얻어 기득권을 행사할 수도 있지만
장담할 길은 없다.

장터 분위기가 무르익으면서 처음 찾은 손님이 마수걸이*를 기분 좋게

---

* 맨 처음으로 물건을 파는 일, 또는 거기서 얻은 소득

해주면 그날 운세는 희망이 있다. 그러나 항상 좋은 일만 있을 수는 없는 법. 오는 손님이 번번이 물건 값을 두고 흥정만 하다 발길을 돌려 옆 장꾼에게 가서 같은 물건을 똑같은 값으로 사는 걸 보노라면 울화가 치민다. 괜히 끓지도 않는 가래를 '카악!' 뱉어본다. 그래도 기분은 가라앉지 않는다. 주머니에 싸두었던 잎담배를 꺼내 입에 물고 연기 한숨 길게 내뿜으니 그제야 조금 성이 풀린다.

시간이 지나며 이럭저럭 준비해온 물건도 어느 정도 팔리고 점심끼니를 채울 시간이 됐다. 주머니 사정이 넉넉지 않아 장국 하나 말아서 훌훌 먹고 힘을 낸다. 오전부터 간간이 다음 장에서 팔릴 만한 물품을 적당한 값에 사둔 것도 제법 된다. 아침부터 서둘러 좋은 자리를 잡으려 한 것은 물건을 파는 것도 그렇고 팔기 위해 가져오는 각종 물품을 선수 쳐서 사두기 위함이었다. 장터에서의 하루는 늘 그렇게 지나간다. 이제 하루를 쉬기 위해 집으로 돌아가든지, 장날에 맞추어 다른 장으로 발길을 옮기는 장돌림의 길에 오를 시간이다.

지리지, 지도에 장길이 표시되다

늘 다니던 주변의 장이 아닌 멀리 떨어져 있는 지역으로 이동할 때 노정은 어떻게 정했을까? 적당히 방향을 잡고 가다 만나는 사람에게 묻거나 장승이나 돌무지, 비석, 정자목, 성황당 등 도움이 되는 이정표를 이용하기도 했다. 하지만 이런 건 너무 막연한 방법이고 좀더 구체적인 일정과 노정은 지리지나 지도를 활용했다.

조선후기 편찬된 각종 지리지와 읍지 등에는 당시의 사회경제 변화가 반영되어 있다. 앞선 시기에 군사적, 행정적인 내용이 주를 이루었던 것과 많은 차이를 보여준다. 지리지나 지도에 이전에는 볼 수 없던 장시명이 표시되거나 장시개설 상황이 비교적 자세히 기록되어 있다. 또한 18세기 말에서 19세기 초에 편찬된 각 지방의 읍지를 살펴보면 상업 분야에 관한 내용이 많이 보완되고 있음을 확인할 수 있다. 즉 도로, 장시, 점막, 진선津船, 어염魚鹽 등의 항목이 새롭게 등장한다. 이런 항목들은 상업적 현상이나 유통 수단에 관한 내용을 수록한 것으로 이들 현상이 일반화됨과 아울러 절실하게 요구되었음을 올바로 파악하고 있었다.

각 지방의 장시를 연결하는 장길로는 간선도로망이 주로 이용되었다. 조선시대 간선도로망에 대한 구체적인 내용은 신경준의 『도로고』에 처음 보인다. 이 자료에 따르면 전국의 간선도로망은 6개 대로와 각 대로에서 나뉘는 주요 지선들과 경유지를 표시하고 있다. 경유지는 읍치를 비롯해 주요 취락과 고개, 하천, 산봉 등과 교량, 진도, 역, 원, 참, 점막, 장시 등 교통과 상업에 관한 내용이 두드러지게 나타난다. 신경준은 당시 평민들과 상인들의 도로 이용 확대와 도로와 장시와의 연계성을 포함해 상업계의 변화상을 반영하고 있다.

영조대에 편찬된 『여지도서』는 건치연혁조 앞에 도로조를 독립시켜 놓았다. 기존의 읍지와는 다른 구성을 보인다. 또한 이웃하는 고을의 경계까지 도로망을 자세히 기술해놓았다. 더욱이 지역 주민들이 자주 이용하고 있던 것으로 추정되는 작은 도로까지 기술했다. 이는 17~18세기 상품화폐경제의 발전과 전국적인 시장망이 형성되는 과정에서 여행객이나 상인들로부터 상업지리, 교통지리에 대한 정보가 절실하게 요청되면서 나온 결과이기도 하다. 지도상에 표시되는 소로들은 대체로 마을과

마을을 가장 가까운 거리로 이어주는 지름길 또는 샛길이었고, 장을 보러 가는 장길로 이용되었다.

정선 아우라지 뗏목축제의 한 장면. 뗏군 등의 모습을 재현했다.

물길로 이어진 장길

조선후기 목재 수요가 늘어나면서 목재의 상품화가 크게 진전되었다. 이에 따라 목재상인들의 활동이 활발하게 전개됐다. 목재 수요가 많기는 한양이 으뜸이었다. 인구 증가와 집중으로 인한 각종 건축자재와 관곽용 棺槨用* 수요가 크게 늘어났다. 질 좋은 목재의 상품화는 운반이 관건이었다. 부피가 크고 무게가 제법 나가는 목재를 인력이나 축력으로 감당하기에는 한계가 있었다. 이와 같은 상황에서 한양을 지나는 한강의 물길은 더없이 좋은 목재 운송로였다. 더욱이 남한강 상류의 정선, 영월 등지에는 건축자재나 선박건조 또는 관곽용으로 사용하기 좋은 아름드리 송목이 많았다.

17세기 이래 송목의 수요가 많아지고 남벌이 자행되자 정부에서는 송목의 보호와 확보를 위해 금산을 지정하고 각종 절목과 사목을 제정했다. 이런 가운데 송목이 돈이 되는 중요한 상품으로 등장하면서 목재상

---

* 시체를 넣는 속 널과 겉 널을 아울러 이르는 말

인들의 활동이 크게 늘었다. 목재상인들은 한양에서 멀리 떨어져 있는 강원도 북한강과 남한강 수로를 이용해 목재를 운송했다. 목재 운송은 상인들이 직접 하기도 하지만 보통은 떼꾼들을 고용했다.

떼목으로 한양까지 이동하는 물길이 떼꾼들에게는 장길이었다. 정선의 떼꾼들은 출발에 앞서 안전한 운행을 위해 고사를 지내기도 했다. 남한강 상류 정선 아우라지에서 떠난 떼목은 영월 → 단양 → 충주 → 여주 → 양평을 거쳐 뚝섬이나 노량진, 마포에 당도해 떼목을 주인에게 넘기고 운임을 받았다. 정선에서 한양까지는 닷새에서 열흘 정도 소요됐다. 운임을 받은 떼꾼들은 대개 걸어서 정선으로 돌아왔는데, 원주로 해서 멧둔재와 벽파령을 넘고 성마령을 넘는 등 주로 산길이나 지름길을 이용했다. 이들은 산촌에서 구하기 어렵고 비교적 가벼운 물건을 구입해다 팔면서 경제적 이익을 얻기도 했다. 떼꾼이 소상인으로 변신했던 것이다. 떼꾼들이 다니던 샛길이나 지름길이 상인들에게는 장길로 이용되었다.

한양을 오가던 떼꾼들이 받는 돈은 꽤 컸다. 떼를 탄다는 것은 언제나 목숨을 잃을 수 있는 위험한 일이지만 그만큼 벌이가 좋은 편이라 해방 전에만 하더라도 한 번 운반하고 나면 쌀 다섯 가마를 살 수 있었다고 한다. 그러나 그 돈을 집에 가져오는 경우는 매우 드물었다. 가고 오는 도중에 주막에서 술과 여자, 투전으로 돈을 날려버리고 빈털터리가 되는 경우가 다반사였다. 떼꾼들에게 술과 여자, 투전은 암초와 같은 것이었다고 할까? 한양까지 이르는 한강 물줄기 곳곳의 수많은 나루와 주막은 장시를 순회하는 장꾼들을 비롯해 이들 떼꾼이 주요 고객이었다.

물길과 관련해 나루 역시 중요한 도로시설이었다. 나루는 강을 건너기 위한 것이기도 하지만 하천에 의해 끊어진 육로를 이어주는 시설이기도 했다. 나루는 규모가 크든 작든 육로와 연결되어 있기 마련이다. 다시 말해 장꾼들의 지역 간 이동을 수월하게 해주는 지름길과 같은 역할을 했다. 나루에는 상인이나 여행객 등 사람을 비롯해 각종 물화가 집산되기도 했다. 이에 따라 주막이나 객줏집이 들어섰고, 나루 주변에 생계를 이어가는 자들이 늘어나면서 이곳에 시장이 열리기도 했다.

이런 곳에 다리가 놓이기라도 하면 지역경제는 단숨에 변화했다. 다리가 가설되는 곳은 대개 나루가 있던 곳이다. 나루는 육로와 육로를 이어주는 고리 역할을 하기 때문에 다리를 놓기에 안성맞춤이었다. 다리가 놓이면 주민과 여행객, 상인들은 더없이 편리했지만 나루사공을 비롯해 주막이나 객줏집을 운영하던 자들은 졸지에 생계 수단을 잃어버리기도 했다. 이런 변화 과정에서 장시가 없어지거나 다른 곳으로 옮겨갔다.

우리들 삶의 흔적이 담겨 있는 장터

5일마다 돌아오는 장날은 지역 주민들에게 활기를 불어넣었고, 생활 주기가 되었다. 장시는 고액이 오가는 농우에서부터 자잘한 산나물이나 채소까지 각종 물품이 거래되는 유통경제의 중심이 되었다. 뿐만 아니라 사람과 사람, 지역과 지역 간의 상품, 문화, 정보를 연결해주던 고리였다. 장터는 세상 돌아가는 소식을 얻어들을 수 있는 공간이었다.

20세기 초 외국인의 눈에 비친 장날의 모습은 어떠했을까? W. E. 그리피스는 당시 시골장의 모습을 다음과 같이 표현했다.

조선 사람들의 최대의 즐거움은 장을 보러 가는 일이다. 왜냐하면 일반적으로 말해서 조선에는 상점이 거의 없고 매 5일 또는 6일 만에 장이 열리고, 그곳에서 자기가 만든 물건을 바꾸고 의견을 교환하기 때문이다. (…) 장터에서는 물건을 팔고 사고, 행상을 하고 남의 얘기를 늘어놓는 일 외에 기분풀이로 술 마시고 싸우는 일이 허다하다. 옷감을 사러갔다가 빈털터리가 되어 돌아오는 농부도 흔히 있지만, 그들은 마냥 즐겁기만 하다.

장 보러 가는 발걸음이 가볍게 보이고, 장터에서 일어난 정황들이 간략히 소개되어 있다. 어느 장터에서나 볼 수 있는 그런 정경이다. 여기에는 남녀노소의 구분이 없었다.

장터는 볼거리와 먹을거리도 많지만 유혹거리도 만만치 않았다. 오랜만에 나선 장 걸음에 술과 노름판 혹은 색주가에서 기분 좋게 스트레스를 풀 수도 있지만 낭패를 당하기도 했다. 잠시 들른 발걸음이든 일정 기간 머무는 처지든 점막이나 주막에서 때로는 마음이 동해 노름판에 끼어들기도 했다. 먼 길 떠나와서 계획했던 물건이 확보되지 않는다든지, 예상치 못한 날씨를 만난다든지, 갑자기 생산지의 물건 값이 크게 올라 시간을 벌고자 할 때 갈 곳은 없고 숙소에 머물러 때를 기다릴 수밖에 없다. 이럴 때 투전이나 골패와 같은 잡기판에 끼어들기도 했다.

영조대 이후에는 잡기로 도박하다가 농우나 토지를 팔아 가산을 탕진하는 폐단이 많다는 기록을 많이 볼 수 있다. 이에 감고監考*, 도장都將 등으로 하여금 장터나 점막을 탐문해 금지하게 했다. 또한 투전을 하다가

---

* 조선시대에 지방 관청에서 전곡(錢穀) 출납의 실무를 맡거나, 지방의 세금 및 공물의 징수를 담당하던 사람

조선 사람들의 최대 즐거움은 장보러 가는 길이었다. 때론 소에 나무를 싣고 가서 옷가지와 바꿔오기도 했다.
〈전가락사〉(부분), 심사정, 1761, 31.2×101.5cm, 개인 소장.

발각되면 처벌한다는 전령傳令을 사람이 많이 왕래하는 주막이나 길거리
에 내걸거나 투전, 골패 등을 수거해 불태우면서까지 잡기의 폐단을 바
로잡으려 했다. 목돈을 마련하려고 작심하고 먼 길을 갔다가 노름판에서
씨종자 같은 밑천을 털리기도 했다.

　장시는 일반인이 자연스럽게 가장 많이 모일 수 있는 공간이고, 장날
은 시간적으로 이에 상응하는 날이었다. 이러한 장점을 관에서는 정부시
책의 홍보나 민심의 동향을 파악하는 공간으로 활용했고, 모역자나 반역
자의 처형, 죄인의 회술레 같은 것을 행하는 장소로 이용했다. 민중은 일
종의 대자보로서 괘서掛書나 벽서壁書를 붙여 사회적 불만을 토로하거나

개인적인 억울함을 호소하는 장소로 활용했다. 또한 골패나 투전 같은 잡기판을 벌이거나 사당패, 걸립패 등의 풍물놀이를 접하기도 했다.

장시는 농촌생활에 있어서 활기를 불러일으키는 곳이었다. 무엇보다 사람이 많이 모이기 때문이다. 각양각색의 사람이 모이다보니 각양각색의 일이 일어났다. 장날이 민중에게는 물건을 팔고 사는 경제생활뿐만 아니라 문화생활도 접할 수 있는 기회였다. 하루의 짧은 시간이지만 장돌뱅이든 농민이든 그들이 걸어왔던 장길을 되돌아 집으로 가거나 또다른 장으로 옮겨가야 한다. 전문 장꾼이라면 다음과 같은 콧노래를 흥얼거리며 다음 장으로 발걸음을 재촉할 것이다.

짚신에 감발 치고 패랭이 쓰고
꽁무니에 짚신 차고 이고 지고
이장 저장 뛰어가서
장돌뱅이 동무들 만나 반기며
이 소식 저 소식 묻고 듣고
목소리 높이 고래고래 지르며
비가 오나 눈이 오나 외쳐가며
돌도부장사 하고 해질 무렵
손잡고 인사하고 돌아서네
다음 날 저 장에서 다시 보세.

〈부상도負商圖〉, 김홍도, 조선 18세기말, 지본수묵, 27×38.5cm.

봇짐을 지고 성벽 아래를 지나는 두 사내. 동행인 댕기머리 총각은 수염이 삐죽하다. 그림의 제목과
는 달리 값나가는 물건을 보자기에 싸서 들고다니거나 질빵에 걸머지고 다니면서 팔았던 보상褓商
에 가까운 듯 보인다. 반면 부상負商은 부피가 크고 무거운 상품을 지게에 지고 파는 등짐장수의 모
습이었다.

장길—◉

"뭐라도 팔아야 했고, 아파도 길을 나서야 했다"

옛날 보부상은 장꾼 중에서도 윗길에 속했다. 세력화를 이룬 전문 장사치들이다. 반면 집도 절도 없는 단독행상꾼도 많았다. 장길은 보부상만 다니는 길이 아니라 제 한 몸 건사하기 위해 뭐라도 팔아야 했던 수많은 사람이 다니던 길이었다.

지금은 사용하지 않는 옛 장꾼들의 명칭으로는 과일, 음식 등을 광주리에 담아 가지고 다니며 파는 '광주리장수', 둥우리에 쇠고기 따위를 담아 가지고 다니며 파는 '둥우리장수', 병에 술을 담아 들고 다니면서 파는 '들병이', 치룽에 물건을 넣어 다니며 파는 '치룽장수', 닭이나 오리를 어리에 넣어서 팔러 다니는 '어리장수'가 있었다.

또 장사를 전문으로 하지 않고 어쩌다 사람이 많이 모이는 곳에서 아무 물건이나 파는 '뜨내기장수', 장마다 나오지 못하고 한 장씩 걸러서 나오는 '간거리장수', 요행수를 바라고 시세를 살피며 돌아다니는 떠돌이 장사치인 '듣보기장사'가 있었다.

또한 일 없이 장에 나오는 '맥장꾼', 철이 지나 헐고 싼 물건을 주로 파는 '마병장수', 뱀을 전문으로 잡아다가 파는 '땅꾼', 만병통치약을 파는 '약장수', 사주 궁합 작명을 하는 '점쟁이' 등이 부지런히 장길을 걸어와서 왁자지껄한 장마당을 이루는 것이다.

이런 장꾼들은 지금은 모두 사라지고 없다. 하지만 불과 1세기 전만 해도 집 밖의 큰 길은 모두 이들이 지나다니는 장길이었다.

산등성이에 난 제법 큰 길을 예전엔 소금길이라 불
렀다. 바다와 내륙을 오간 길이 곧 대로大路였던 것
이다.

물장수

방물장수는 여자들의 일상생활에 필요한 물건을 팔
러 다니던 행상이다. 주로 노파들이 이 행상을 했다
고 하여 아파牙婆라고도 한다. 이들은 연지, 분, 머릿
기름 등의 화장품을 비롯해 거울, 빗, 비녀 등의 장
식물과 바느질그릇에서 패물에 이르는 잡다한 물건을 커다란 보퉁이에 싸서 등
에 지고 이 마을 저 마을 전전하며 행상했다. 방물장수의 기원은 삼국시대까지
거슬러가는데, 이들은 여염집 여인들에게 세상 물정이나 저간의 사정 등을 전
해주는 정보매체의 구실도 했으며, 특수한 심부름을 해주는 중개자, 혼인의 다
리를 놓아주는 매파 역할도 마다하지 않았다. 고려 때는 이러한 행상 방식이 일
본에도 건너가 일본에서는 고려에서 건너간 물건을 팔고 다니는 보따리 행상을
고마모노야小間物屋(고마는 일본 훈(訓)으로 고려와 같음)라 했다.

물장수는 식수食水를 팔거나 길어다 주는 일을 업으로 삼는 사람이다. 상수도가
보급되기 이전에는 물은 전적으로 샘물에 의존할 수밖에 없었으나, 샘이 있다
해도 수질이 나쁜 곳이나 샘이 먼 집에서는 물장수로부터 사야만 했다. 물장수
에는 물통을 지거나 수레에 싣고 팔러다니는 급수부汲水夫도 있었고, 일정한 구
역의 배급망을 쥐고 물을 배달해주던 판매업자도 있었다.

통메장이는 통 종류를 만들거나 땜질하는 사람이다. 황아장수는 온갖 잡화를
등에 지고 팔러 다니던 장수로 '황아'는 잡화를 이르는 옛말이다. 황아장수를
만나는 일은 우리네 일상이었을 테니 그와 관련된 속담으로 "황아장수 망신은
고불통이 시킨다"는 말이 있다. 고불통은 흙으로 구워 만든 담배통으로서 이런
것이 끼어 있으면 옆의 화사한 물건들까지 구닥다리로 보이기 때문에 부분의

결함이 전체에 나쁜 영향을 준다는 의미로 쓰였다. "황아장수 잠자리 옮기듯"이라는 말도 있는데, 한 곳에 오래 머물지 않고 떠돌아다니거나 이사를 자주 하거나 직업을 자주 바꾸는 경우를 말한다.

마병장수는 오래되고 철지난 헌 물건을 가지고 다니며 파는 사람이다. 마병장수는 매매의 성격상 최근까지 우리 곁에서 찾아볼 수 있는 존재였다. 신경림 시인의 「안의에서」라는 시를 보면 마병장수가 등장한다. "산나물을 한 소쿠리 다 팔고 / 비누와 미원을 사든 할머니가 / 늙은 마병장수와 장국밥을 먹고 있다 / 한낮이 지나면 이내 파장이 오고 / 이제 내외가 부질없는 안팎사돈 / 험하게 살다 죽은 사위 / 아들의 얘기 애써 피하면서 / 같이 늙는 딸 / 며느리 안부만이 급하다 / 손주 외손주 여럿인 것이 그래도 대견해 / 눈물 사이사이 웃음도 피지만 / 누가 말할 수 있으랴 이토록 / 오래 살아 있는 것이 영화라고 / 아니면 더 없는 욕이라고"

시겟장수는 곡식을 말이나 소에 싣고 다니면서 파는 사람이다. 곡식을 파는 시장을 '시겟전'이라 하고 곡식을 담는 자루를 '시겟자루'라고 했던 것에서 보듯 '시게'란 예전에 시장에서 팔고 사는 곡식이나 그 시세를 이르던 말이었다.

어리장수는 닭이나 오리 따위를 어리나 장에 넣어 지고 다니며 파는 사람, 혹은 어리처럼 생긴 그릇에 잡화를 담아서 지고 다니며 팔던 사람을 말했다. '어리'는 병아리 따위를 가두어 기르는 물건으로 싸리나 가는 나무로 채를 엮어 둥글게 만든다. 박경리의 『토지』를 보면 "넉넉한 구석이라곤 없어 뵈는 빈 마당에 칡넝쿨로 엮은 어리 하나가 엎어져 있고 어리 속에서 삐약거리는 병아리 이외 인적기가 없다"라고 나온다.

꾸미장수는 말 그대로 꾸밋거리를 이고 다니며 파는 장수다. '꾸밋거리'라 해서 얼핏 장식품이라 생각하기 쉽지만, 꾸미로 쓰는 조개, 오징어, 쇠고기 따위의 고기를 말한다. '꾸미'란 국이나 찌개에 넣는 고기붙이로서, 최남선의 『금강예

찬』을 보면 "생선탕만을 온전히 맛보자면 쇠고기 꾸미를 넣지 말고 끓여야 한다는 말을 들었더니……"라고 언급돼 있다.

더욱 낯선 이름인 치룽장수도 있다. 싸리로 가로 퍼지게 둥긋이 결어 만든 그릇에 물건을 담아서 팔러 다니는 사람을 이렇게 불렀다. 이 치룽도 어지간히 흔하고 못난 그릇이었는지 어리석어서 쓸모가 없는 사람을 낮잡아 '치룽구니'라고도 불렀다.

신기료장수는 헌 신을 꿰매어 고치는 일을 직업으로 하는 사람이다. 대개 떠돌이 장사치나 기술자들은 마을을 돌아다니면서 동네 사람들에게 자신의 존재와 직업을 알리기 위해 특이한 발음이나 억양을 사용하여 소리를 외치곤 했다. 그러다 보니 소리만 듣고는 언뜻 무슨 말인지 알아듣기 힘든 경우가 많았다. 신기료장수도 신을 기우겠냐는 뜻으로 '신 기리오?' 하고 외치고 다닌 데서 나온 말이다. 한편 지금은 찾아볼 수 없는 직업이지만 옛날에는 맷돌의 닳은 이를 정으로 쪼아 날카롭게 만드는 것을 업으로 삼은 사람들이 있었다. 마찬가지 이유로 이들을 흔히 '매죄료장수'라고 불렀다.

납지게장수는 작은 지게에 물건을 지고 다니는 장사꾼을 널리 부르는 말이었다. 김남천의 장편소설 『대하』를 보면 납지게장수가 무엇인지 대충 짐작이 간다. "박참봉네 아랫집 김용구네는, 남처럼 밑천이 없어서 활짝 가게를 번화하게 늘리지는 못했으나, 어떻게 재치 있게 이익을 취해보자고, 커다란 납지게를 하나 장만해다가 이층으로 덕대를 매고, 나무 목판 두 개를 질 수 있도록 마련했다. 이 지게에다 호두엿이며, 쳇다리과자며, 얼음과자며, 깨엿이며, 과실이며, 혹은 둥굴레나 각색 과일 같은 것까지라도 듬뿍 실어 가지고, 씨름터와 운동회장과 부인네들이 오르는 소재를 번갈아 행상해볼 생각을 먹었다."

■ 참고 문헌

첩보길

『강북일기』

장례길

심노숭, 『눈물이란 무엇인가』, 김영진 옮김, 태학사, 2001

이승수, 『옥 같은 너를 어이 묻으랴』, 태학사, 2001

유미림 · 강여진 · 하승연 외, 『빈 방에 달빛 들면』, 학고재, 2005

안대회, 「무덤가는 이 길도 나쁘지 않군」, 『선비답게 산다는 것』, 푸른역사, 2007

황수연, 「조선후기 제문 연구-여성 대상 제문을 중심으로」, 『대동한문학』, 2006

상소길

「정유소행시일기丁酉疏行時日記」(『사빈지泗濱志』에 수록, 안동시 임하면 김춘대 소장

자료)

*『사빈지』는 사빈서원의 건립에서부터 훼철에 이르기까지의 전말을 기록한 각종 자료들

을 수록한 서원지(書院志)로서, 여기에는 배향자의 경력을 비롯해 설립 및 이건 당시의

상황을 기록한 일기도 포함돼 있다(『안동문화연구』 4집 부록, 안동문화연구회, 1990)

유배길

조희룡, 실시학사 고전문학연구회 역주, 『조희룡전집』, 한길사, 1999

김영회, 『조희룡 평전』, 동문선, 2003

한영규, 「조희룡의 예술정신과 문예성향」, 성균관대박사논문, 2000

휴가길

『이재난고』(1~9), 한국정신문화연구원 국학진흥연구사업추진위원회 편, 한국정신문화

연구원 (現 한국학중앙연구원)

*『이재난고』 역주작업을 하고 있는 부산대 인문학연구소의 동학들에게 감사드린다. 이

글 가운데 '정고묘苦'는 유영옥 전임연구원이 강독한 부분에서 인용했음을 밝힌다.

암행어사길

『서수일기』, 서울대 규장각 소장본, 번역 및 해설은 오수창 「암행어사가 되어 떠나는 200

년 전 평안도 여행」 www.hallym.ac.kr/~changa/tour/pytour/pyindx.html(1999년 게시)

『여지도輿地圖』 국민대학교박물관, 1996

강석화, 「19세기 전반의 실무관료 박내겸의 생애와 사상」, 『조선의 정치와 사회』 집문당,

2002

김명숙, 「서수일기를 통해 본 19세기 평안도 지방의 사회상」, 『한국학논집』 35집, 한양대

한국학연구소, 2001

양보경, 「대동여지도」, 『한국사시민강좌』 23호, 일조각, 1998

오수창, 「조선후기 평양과 그 인식의 변화」, 『조선의 정치와 사회』, 집문당, 2002

─────, 『조선 후기 평안도 사회발전 연구』, 일조각, 2002

육재용, 「암행어사 소설: 신원과 복수의 이야기」, 『암행어사란 무엇인가』, 박이정, 1999

전봉덕, 『한국법제사연구』, 서울대학교출판부, 1968

정원용 「암행어사생읍지규」, 『수향편』 권3.

요양길

『한강선생봉산욕행록寒岡先生蓬山浴行錄』

정구, 『한강집寒岡集』

허준, 『동의보감東醫寶鑑』

황도연, 『방약합편方藥合編』

『동의학사전東醫學辭典』, 여강, 2003

과거길

『도담행정기―입협기』 上・下, 이민수 옮김, 일조각, 1993

『어우야담』, 자귀선・이월영 역주, 한국문화사, 1996

『저상일월渚上日月』, 박성수 주해, 민속원, 2003

『표해록』, 장병욱 옮김, 범우사, 1993

『학봉전집』, 정선용 옮김, 민족문화추진회, 1981

권갑하, 『왕권과 떠나는 문경새재 답사여행』, 세시, 2000

김동주 편역, 『밤바람아 무슨 일로 비단 휘장을 걷느냐』, 전통문화연구회, 1997

――――, 『매화는 피리소리에 취하여 향기롭구나』. 전통문화연구회, 1997

――――, 『사립문 앞에서 친구를 맞아오네』, 전통문화연구회, 1997

김하돈, 『마음도 쉬어가는 고개를 찾아서』, 실천문학사, 1999

문경시・문경새재박물관, 『문경새재의 전설과 신앙』, 1998

미야자키 이치사다, 『중국의 시험지옥―과거』, 박근칠・이근명 옮김, 청년사, 1996

이우성 · 임형택 편역, 『이조한문단편집』, 일조각, 1978

차미희, 「조선시대 문과급제자의 일생」, 『조선시대 사람들은 어떻게 살았을까』 2, 청년
사, 1996

─────, 「과거길의 풍속과 여정」, 『길 위의 역사, 고개의 문화』, 실천문학사, 2002

최완기 외, 「조선시대 한양에서의 도보 일수」, 『역사부도』, 교학사, 2001

마중길

『경국대전』, 서울대학교 규장각, 1997

『녹문집』, 민족문화추진회, 1999

『우곡일기』, 국사편찬위원회, 2001

이선희, 「17세기 수령의 접빈객과 그 성격」, 『사학연구』 75호, 2004

장길

『각전기사各廛記事』

『북학의北學議』

『여지도서輿地圖書』

『영암군소지등서책靈巖郡所志謄書册』

『오주연문장전산고五洲衍文長箋散稿』

『도로고道路考』

이사벨라 버드 비숍, 『한국과 그 이웃 나라들』, 이인화 옮김, 살림, 1994

W.E. 그리피스, 『은자의 나라 한국』, 신복룡 역주, 집문당, 1999

■ 원고출처

오수창, 「암행어사 길」, 『역사비평』 73호, 역사비평사, 2005

차미희, 「과거 길」, 『역사비평』 75호, 역사비평사, 2006

최기숙, 「유배길」, 「예술가의 유배 체험과 내적 성찰-조희룡의 유배 체험과 글쓰기」, (『한

국문화연구』 9호, 이화여대한국문화연구원, 2006)를 보완하여 풀어 씀.

국립중앙박물관 소장 도판 복제허가 일련번호(중박 2007-08-357)

삼일유가, 점 보셔요, 말 징박기, 수가계첩, 누숙경직도, 백천교, 취중송사, 영통동구, 휴

식, 진두과객, 나침반, 의송관단도, 안능신영도, 소과응시, 압록강변계도, 나루터.

서울대 규장각 소장 자료

안주목지도, 1872년, 채색필사본, 138×110cm(306쪽 게재)

진주지도, 19세기 중엽, 채색필사본, 80×122cm(309쪽 게재)

역사, 길을 품다
ⓒ 최기숙 외 2007

1판 1쇄 2007년 9월 17일
1판 2쇄 2007년 10월 1일

지 은 이 최기숙 외
펴 낸 이 강병선
편 집 인 강성민
편 집 장 이은혜
펴 낸 곳 (주) 문학동네
출판등록 1993년 10월 22일 제406-2003-000045호
임프린트 글항아리

주   소 413-756 경기도 파주시 교하읍 문발리 파주출판도시 513-8
전자우편 bookpot@hanmail.net
전화번호 031-955-8888(관리부) 031-955-8898(편집부)
팩스 031-955-2557

ISBN 978-89-546-0385-0 03910

이 책의 판권은 지은이와 문학동네에 있습니다.
이 책 내용의 전부 또는 일부를 재사용하려면 반드시 양측의 서면 동의를 받아야 합니다.

글항아리는 역사, 철학, 심리학 분야의 인문교양서를 펴내는 (주)문학동네의 임프린트입니다.

이 도서의 국립중앙도서관 출판시도서목록(CIP)은 e-CIP홈페이지(http://www.nl.go.kr/cip.php)에서 이용하실 수 있습니다.
(CIP제어번호: CIP2007002653)